国家自然科学基金项目（72302039，72272030）、教育部人文社会科学研究项目（22YJC630123）、中央高校基本科研业务专项资金资助（N2306010）、东北大学博士后科学基金资助项目（20220318）

基于数据驱动的多产品库存鲁棒优化研究

孙　月　邱若臻◎著

Data Driven Robust Optimization for Multi-product Inventory Management

经济管理出版社
ECONOMY & MANAGEMENT PUBLISHING HOUSE

图书在版编目（CIP）数据

基于数据驱动的多产品库存鲁棒优化研究 / 孙月，邱若臻著. -- 北京 : 经济管理出版社，2024. -- ISBN 978-7-5096-9780-1

Ⅰ. F253

中国国家版本馆 CIP 数据核字第 2024PY3644 号

组稿编辑：张巧梅
责任编辑：张巧梅
责任印制：张莉琼
责任校对：蔡晓臻

出版发行：经济管理出版社
（北京市海淀区北蜂窝 8 号中雅大厦 A 座 11 层　100038）
网　　址：www. E-mp. com. cn
电　　话：（010）51915602
印　　刷：北京晨旭印刷厂
经　　销：新华书店
开　　本：720mm×1000mm/16
印　　张：13. 25
字　　数：231 千字
版　　次：2024 年 9 月第 1 版　　2024 年 9 月第 1 次印刷
书　　号：ISBN 978-7-5096-9780-1
定　　价：88. 00 元

联系地址：北京市海淀区北蜂窝 8 号中雅大厦 11 层
电话：（010）68022974　　邮编：100038

前　言

市场环境的不断演变和竞争的不断加剧，使得供应链企业陷入了一片不确定的浪潮中。不确定性已经成为企业管理中普遍和内在的现象，严重影响着企业的运作绩效。因此，决策者必须有效地应对不确定性，并将其视为最重要的任务之一。在库存管理领域，尤其是多产品库存管理领域，大量学者对不确定性问题进行了显著探索，但在对不确定性进行建模时，大多假设其服从某一已知分布或已知其部分分布信息，而对仅知不确定参数历史数据的深层不确定性关注较少。

近年来，随着鲁棒优化和数据驱动技术的蓬勃发展，解决深层不确定性问题的有效手段逐渐崭露头角，且将供应链库存鲁棒性问题推向了研究的前沿。本书在前人研究的基础上，综述了多产品库存决策问题、鲁棒建模问题和数据驱动方法应用问题。在此基础上，着重研究了不确定条件下的多产品库存鲁棒运作问题。首先，在需求不确定条件下，研究了单一渠道中的零售商多产品库存决策问题。特别地，考虑了现实中的两种情况：一种是多产品订货时导致的联合订货成本；另一种是多产品销售过程中引发的交叉销售。针对这两种情况，分别采用基于 ϕ-散度的数据驱动鲁棒优化方法和基于 SVC 的数据驱动鲁棒优化方法制定了能够有效抑制需求不确定性扰动的多产品库存鲁棒运作策略。其次，在前述问题基础上，将单一渠道扩展至双渠道，采用基于 Wasserstein 度量的数据驱动鲁棒优化方法研究双渠道运作中的多产品库存决策问题，同时，考虑在线渠道运作通常涉及交货提前期问题，本书中进一步考虑了顾客服务水平约束，其中，主要分析了多产品库存鲁棒运作策略对于不确定性的抑制效果。上述问题暗含的基本假设是上游供货是稳定的，并且未考虑是否存在多个供应商问题。现实中，对于从事多产品销售的零售商来说，不同产品可能来源于多个不同供应商，并且供应商的供货能力具有波动性。基于此，进一步考虑零售商上游存在多个供应商且供应商产出率存在不确定性，在此背景下，研究考虑了预算约束的多供应商多产品库存决策问题，且基于非参数 Bootstrap 的基本原理确定了具有鲁棒性的库存策略。

本书是国家自然科学基金项目（72302039、72272030）、教育部人文社会科学研究项目（22YJC630123）、中央高校基本科研业务专项资金资助（N2306010）、东北大学博士后科学基金资助项目（20220318）的研究成果体现。最后，感谢经济管理出版社对本书出版工作的指导和支持。

目　录

第1章 绪论

1.1 研究背景

当今企业竞争激烈，管理者致力于建立强大的经营管理模式和利用有效的工具来管理整个供应链。作为供应链管理中的关键问题，库存优化长期以来备受关注。为迎合消费者的多样化需求，零售企业通常经营多种产品，以促进其良性运营和可持续发展。自 Hadley 和 Whitin（1963）的开创性研究之后，多产品库存问题得到了学者们的广泛关注和探讨（Zhang 等，2009；Zhang 和 Du，2010；Zhang 等，2014；Fan 等，2015；Li 等，2015），但相关研究大多假设已知不确定参数的完备分布信息，通过优化期望成本或期望利润获得最优库存策略（Zhang 和 Du，2010；陈杰和胡江南，2018）。

随着企业竞争环境的日趋复杂，企业所面对的各种不确定性日益增加，难以精确把握不确定市场环境的变化（Han 等，2021；Xiong 等，2022；Chen 和 Wang，2023），同时缺乏有效的数据分析，难以制定出能有效对抗不确定性扰动的库存策略。现实中，由高通货膨胀、极端天气等问题引发的供应、市场需求和运营成本等不确定性严重影响着供应链的有序运作，并直接影响到行业的未来发展趋势和竞争格局。例如，我国 2022 年第一季度家电市场整体销售低迷，增长乏力。奥维云网发布报告《2022 Q1 中国家电市场复盘》显示，2022 年第一季度，中国家电零售额约1430亿元，同比下降11.1%，其中线上市场下降7.5%①。为了保证供应链的安全稳定，我国出台了一系列重要举措。习近平总书记在中国共产党第二十次全国代表大会上明确提出：着力提升产业链供应链韧性和安全水平②。《国家"十四五"规划和2035年远景目标纲要》提出：鼓励商贸流通业态与模式创新，推进数字化智能化改造和跨界融合③。国家层面相关文件的出台，为不确定环境下的库存问题研究提供了重要依据。

在应对不确定性方面，鲁棒优化方法已被广泛应用于供应链库存管理（Cheng和Tang，2018；Shapiro，2022；Sun等，2024）、网络设计（Mohseni和Pishvaee，2020）、生产调度（De La Vega等，2023）等诸多方面，其关键思想是为不确定参数定义一个不确定集，并在鲁棒建模准则基础上针对集合内的最差场景问题进行优化。传统鲁棒优化方法在解决不确定环境下的库存优化问题时主要采用区间或相应的矩信息对不确定性进行建模（Ben-Tal等，2005；Bertsimas等，2015；Lim等，2021）。然而，采用这种事先指定的不确定集可能会丢失相关数据的重要信息，从而对最终决策带来不利影响（Cao等，2022；Ren和Bidkhori，2023）。此外，相关参数信息的精确指定需要决策者具备足够的专业知识，使得这一方法具有一定的局限性。

近年来，数据科学发展突飞猛进，庞大的数据中蕴藏着巨大的经济价值和社会效益。工业和信息化部印发的《"十四五"大数据产业发展规划》提出：数据是新时代重要的生产要素，是国家基础性战略资源④。2022年10月，国务院关于数字经济发展情况的报告中明确提出，要牢牢抓住数字技术发展主动权，把握新一轮科技革命和产业变革发展先机，大力发展数字经济⑤。目前，越来越多的零售企业（如百丽国际、京东、永辉超市等）通过数字化搭建零售网络。通过数据来支持决策能够帮助企业在不确定环境下制定更加准确的运作策略。数据驱动鲁棒优化方法通过对观测数据进行分析，为不确定参数建立具有一定置信水平的不确定集，所建集合可以消除冗余和不合理的情景。此方法不再依赖于精确获

① https：//baijiahao. baidu. com/s？ id=1730352189590954178&wfr=spider&for=pc.

② https：//www. gov. cn/xinwen/2022-10/25/content_5721685. htm.

③ https：//www. gov. cn/xinwen/2021-03/13/content_5592681. htm.

④ https：//www. gov. cn/zhengce/zhengceku/2021-11/30/content_5655089. htm.

⑤ https：//www. gov. cn/xinwen/2022-10/29/content_5722450. htm.

知关于不确定参数的均值和方差等分布信息，得到了学者们的关注并将其应用于收入管理、在线广告以及投资组合等领域（Li 等，2023；Liang 等，2023）。然而，在供应链库存管理领域，数据驱动鲁棒优化方法尚未得到广泛的应用。在不确定因素日益增加、数字化浪潮愈演愈烈的今天，利用数据驱动鲁棒优化方法制定库存策略有助于进一步增强企业竞争力。

1.2 问题提出

业界实践领域，零售企业致力于提供丰富的商品选择、良好的购物环境和有效的库存管理，以满足消费者的需求。然而，多渠道销售、多供货源、产品间交叉销售影响等均可能导致成本（如物流成本和库存成本）增加，影响客户服务水平（如订单交付时间、需求满足率），进而对零售企业的库存决策及绩效产生影响。此外，市场需求、供应及成本等不确定性进一步增强，使得决策者更难精准预测不确定参数的概率分布，这进一步对企业的库存管理提出了挑战。在学术研究领域，关于库存管理的相关研究与现实中的实际问题之间尚存在研究缺口。特别地，鲁棒优化方法虽然可以有效处理供应链运作中的不确定性问题，但往往不能保证所建集合能够准确地描述现实运作中的不确定参数，从而导致决策过于保守，产生次优解。数据驱动鲁棒优化方法能够利用观测数据挖掘有效信息，构建能够精准刻画数据内在几何结构的不确定集，在建模不确定性方面比传统鲁棒优化方法更具优势。

基于以上，本书旨在研究如何在不确定环境中，基于企业历史运营数据，为管理者制定能有效抑制不确定性扰动的多产品库存策略，从而确保企业稳健运行并获得理想收益。具体地，这一问题可通过以下子问题得到解决：

（1）考虑多产品联合订货导致的固定订货成本时，如何建立多产品库存鲁棒优化模型？如何利用已有数据构建关于未知参数的不确定集，并将其嵌入所建模型中进行模型求解？应确定何种结构的库存策略？所建模型在对抗需求不确定性扰动方面的能力如何？

（2）考虑产品间交叉销售影响时，如何定义有效需求？如何建立带有预算约束的多产品库存鲁棒优化模型？如何利用已有数据构建关于未知参数的不确定集，并将其嵌入所建模型中进行模型求解？所建模型的绩效表现如何？采购预算和交叉销售系数对零售商利润绩效及库存策略有何影响？

（3）考虑双渠道销售模式和服务水平时，如何建立具有服务水平约束的双渠道多产品库存分布式鲁棒优化模型？如何利用已有数据构建关于未知参数的不确定集，并将其嵌入所建模型中进行模型求解？所建模型在对抗需求不确定性扰动方面的能力如何？服务水平约束的松紧度、价格敏感性、提前期敏感性以及消费者渠道偏好等对零售商的决策和利润有何影响？

（4）考虑多个供应商和预算约束时，如何建立具有预算约束的多供应商多产品库存分布式鲁棒优化模型？如何利用已有数据构建关于未知参数的不确定集，并将其嵌入所建模型中进行模型求解？所建模型在对抗需求和产出率不确定性扰动方面的能力如何？不确定性水平、预算、供应商的可信赖程度以及产出率相关系数对最优库存策略有何影响？多源采购是否总是优于单源采购？如何在可信赖供应商和不可信赖供应商之间进行选择？

以上述这些问题为出发点，本书展开了一系列的研究，力图从不同层面探索零售商的多产品库存鲁棒运作策略，并进一步验证所制定的库存策略在抑制不确定性扰动方面的有效性。

1.3 研究意义

（1）理论层面的意义。传统关于库存鲁棒性问题的研究主要集中于单一产品库存策略，忽视了多种产品并存的情况。已有研究对多产品库存问题进行建模时大多假设已知不确定参数的精确值或分布信息，忽视了不确定性对运作的影响，从而直接影响模型和策略的应用性，所得策略虽然能够为决策者的库存管理提供借鉴，但并不能提供一种有效的决策支持。本书在仅知未知参数历史数据条件下，结合统计推断理论和机器学习等方法，综合运用支持向量聚类、ϕ-散度和 Wasserstein 度量等数据驱动方法，构建关于未知参数的置信域或不确定集，建立一系列多产品库存鲁棒优化模型，并给出相应的库存策略，在理论上丰富和深化了库存决策问题和不确定性问题的研究，所建模型对于探索不确定环境下的多产品库存鲁棒优化问题具有重要的理论价值。

（2）实际应用层面的意义。科学技术的飞速发展与日新月异显著改变了人们的生活方式与工作方式。受此影响，人们的消费偏好和消费习惯等也在持续更迭变化，这便大大增加了市场需求的不确定性。同时，供应商由于能力有限、材料短缺或外部环境变化，如罢工、骚乱、禁运、自然灾害及其他不可抗力因素，可能会出现供应短缺或供应中断，从而影响下游企业的经营运作。因此，如何在不确定条件下制定合理的库存策略，提高企业抵抗风险的能力，对每位库存管理者而言至关重要。本书采用数据驱动鲁棒优化方法对不同运作背景下的多产品库存决策问题进行研究，构建了基于不确定参数历史数据的多产品库存鲁棒优化模型。所提方法能够用于解决不确定环境下考虑联合订货成本、产品间交叉销售影响、双渠道销售以及多源采购的多产品库存决策问题。本书可引导供应链企业重视不确定性带来的风险，为管理者在一系列不确定环境下制定库存策略提供技术支持和决策参考，从而有助于企业通过有效抑制运作中的不确定性扰动获取市场竞争优势，提升绩效水平。

1.4 研究框架及主要内容

1.4.1 研究框架

本书研究框架如图 1-1 所示。

（1）第 1 章：绪论。阐述选题的背景并提出所要研究的问题，明确研究意义，确定研究内容，给出章节安排，阐述本书的特色及创新之处。

（2）第 2 章：理论基础与文献综述。概述与本书研究内容相关的理论方法，包括多产品库存基本模型、鲁棒优化建模准则、不确定集合建模、DRO 以及数据驱动鲁棒优化，为后续研究奠定理论基础。对文献检索情况进行综述和分析，总结已有研究的贡献和不足以及这些研究对本书关注问题的启示。

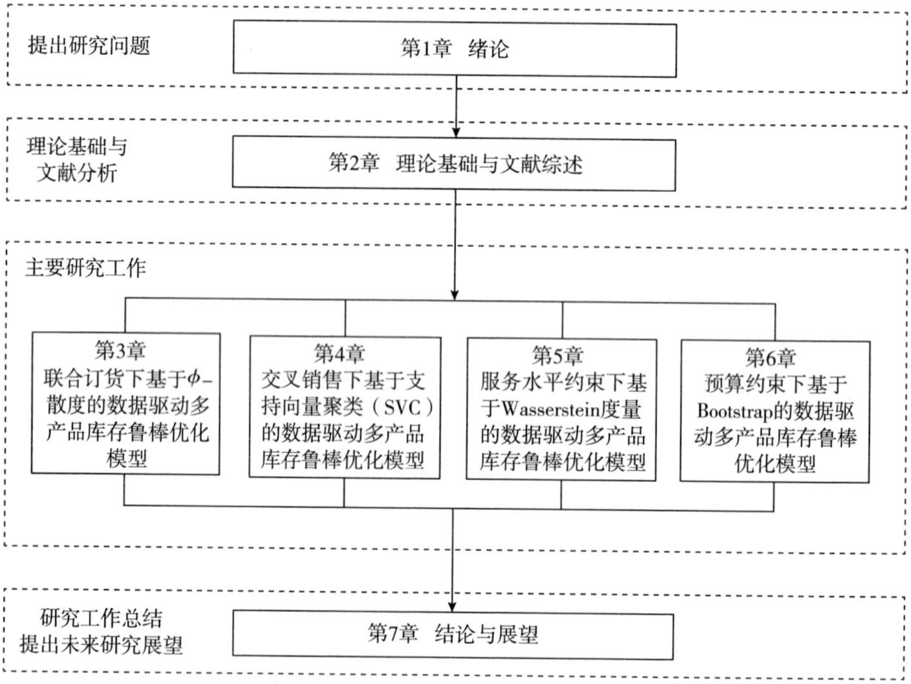

图 1-1 研究框架

（3）第 3 章：联合订货下基于 ϕ-散度的数据驱动多产品库存鲁棒优化模型。针对需求不确定下考虑固定订货成本的多产品联合库存决策问题，构建基于数据驱动的多产品库存鲁棒优化模型，制定能够有效抑制不确定性扰动的库存策略。

（4）第 4 章：交叉销售下基于支持向量聚类（SVC）的数据驱动多产品库存鲁棒优化模型。针对考虑交叉销售的多产品库存决策问题，采用基于 SVC 的数据驱动鲁棒优化方法探究能够有效对抗不确定性扰动的库存策略。

（5）第 5 章：服务水平约束下基于 Wasserstein 度量的数据驱动多产品库存鲁棒优化模型。针对考虑服务水平约束的多产品库存决策问题，采用基于 Wasserstein 度量的数据驱动鲁棒优化方法探究能够有效对抗不确定性扰动的库存策略。

（6）第6章：预算约束下基于 Bootstrap 的数据驱动多产品库存鲁棒优化模型。针对供需不确定下的多供应商多产品库存决策问题，采用 DRO 方法探究能够有效抑制不确定性扰动的库存策略。

（7）第7章：结论与展望。

1.4.2 研究内容

本书主要研究内容包括以下五个方面：

1.4.2.1 基础性研究框架

在综述了多产品库存决策问题研究、鲁棒优化及其在库存管理中的应用研究和数据驱动及其在鲁棒优化方法中的应用研究基础上，重点研究供应链库存运作中的不确定性描述、多产品库存鲁棒性建模等内容，为后续研究奠定理论基础。

1.4.2.2 联合订货下基于 ϕ-散度的数据驱动多产品库存鲁棒优化模型

首先，针对多产品联合库存决策问题，在市场需求不确定条件下，建立考虑联合订货成本的多产品库存鲁棒优化模型。针对不确定市场需求，采用一系列未知概率的离散情景进行描述，给出基于最小最大准则的鲁棒对应模型。其次，给出 K_0-凸函数定义及其相关性质，在此基础上分析所建模型的结构属性，证明存在形如（$\boldsymbol{s}$，$\boldsymbol{S}$）结构的最优库存策略使得库存成本最低。再次，在仅知多产品市场需求历史数据基础上，采用基于 ϕ-散度的数据驱动方法构建满足一定概率保证的关于未知需求概率分布的不确定集。进一步地，通过施加约束的方法将构建的数据驱动不确定集嵌入多产品库存鲁棒优化模型中，运用拉格朗日对偶方法将所建模型等价转化为易于求解的数学规划问题，以便获得（$\boldsymbol{s}$，$\boldsymbol{S}$）库存策略的相关参数。最后，采用计算机仿真随机生成具有代表性的、类似于市场需求结构的样本数据，通过数值计算验证所提方法在抑制需求不确定性扰动方面的有效性，对比分析不同散度函数和置信水平下的多产品库存绩效，为库存管理者提供决策支持和管理见解。

1.4.2.3 交叉销售下基于支持向量聚类（SVC）的数据驱动多产品库存鲁棒优化模型

在上述研究内容的基础上，将问题扩展到现实中的另一种情况：考虑多产品销售过程中引发的交叉销售。首先，针对单周期环境下考虑交叉销售的多产品库存决策问题，在市场需求不确定条件下，建立交叉销售下带有预算约束的多产品库存鲁棒优化模型。针对不确定市场需求，在仅知历史需求数据的基础上，采用基于 SVC 的数据驱动方法构建满足一定置信水平的数据驱动不确定集。其次，通过施加约束的方法将所建 SVC 数据驱动不确定集嵌入多产品库存鲁棒优化模型中，利用对偶理论将所建模型转化为易于求解的线性规划，从方法层面改进库存策略的制定水平。最后，采用计算机仿真随机生成具有代表性的、类似于市场需求数据结构的样本数据，用于数值计算。通过对传统不确定集和 SVC 不确定集下的利润绩效作比较评估并对相关参数进行灵敏度分析，从而验证所提方法的有效性、实用性。依据理论研究和数值分析，给出库存管理的具体建议。

1.4.2.4 服务水平约束下基于 Wasserstein 度量的数据驱动多产品库存鲁棒优化模型

在上述研究内容的基础上，将问题扩展至双渠道销售模式，研究双渠道运作中的多产品库存决策问题。首先，在市场需求不确定条件下，建立具有服务水平约束的多产品库存分布式鲁棒优化模型。其次，针对不确定市场需求，在仅知多产品市场需求历史数据基础上，采用基于 Wasserstein 度量的数据驱动方法构建满足一定置信水平的关于未知需求概率分布的不确定集。进一步地，通过施加约束的方法将构建的数据驱动不确定集嵌入多产品库存鲁棒优化模型中。进而，运用拉格朗日对偶方法、CVaR 近似以及分段仿射松弛技术，将所建模型转化为能够有效求解的混合整数二次规划（MIQP）模型。最后，采用计算机仿真随机生成具有代表性的、类似于市场需求结构的样本数据。通过数值实验验证所提方法在处理需求不确定性方面的有效性和实用性，分析交货时间敏感性、价格敏感性和消费者渠道偏好指数等关键参数对最优决策和利润的影响，为同时开通线上和线下渠道的零售商的库存管理提供有力的决策支持和见解。

1.4.2.5 预算约束下基于 Bootstrap 的数据驱动多产品库存鲁棒优化模型

在上述研究内容的基础上，进一步考虑多个供应商并存的情形。首先，针对多供应商多产品库存决策问题，在市场需求和产出率不确定条件下，建立具有预算约束的多产品库存分布式鲁棒优化模型。其次，基于 Bootstrap 基本原理，构建未知参数概率分布不确定集。特别地，针对单一可信赖或不可信赖供应商情况，在所建不确定集基础上，依托拉格朗日乘子技术确定最优订货量的闭式解并给出求解算法。针对多个供应商情况，通过施加约束的方法将所建不确定集嵌入多产品库存鲁棒优化模型中，探究最优库存策略。进一步地，针对两个（一个完全可信赖，另一个不可信赖）供应商情况，给出最优供货源选择的判定条件。针对多个同类和非同类供应商情况，分析零售商的最优库存策略，并讨论有效改进库存策略的措施。最后，通过数值实验验证所提方法在应对需求和产出率不确定性方面的有效性，分析相关参数，如预算、需求均值和标准差、产出率均值和标准差，以及产出率相关系数等对零售商库存策略和利润的影响，并在实际应用中对基于所提方法得到的最优库存策略的样本外性能进行评估。

1.5 研究特色及创新之处

本书的特色和创新主要体现在以下五个方面：

（1）针对供应链多产品库存运作中的不确定性，在获取历史数据基础上采用统计推断、机器学习等理论方法，给出满足一定置信水平的基于数据驱动的不确定性建模方法。

由于建模的复杂性和较高的求解难度，数据驱动鲁棒优化方法在多产品库存管理领域的应用研究较少。伴随着计算技术的进步，企业正面临着建立创新模型、利用数据制定决策的挑战。本书在获取企业实际经营数据的基础上，采用ϕ-散度、SVC、Wasserstein 等数据驱动方法构建具有一定置信水平的关于不确定参数的不确定集。所建集合的几何结构随数据样本的变化而变化，保证了所建模型适用于不同的供应链运作环境，增强了所建模型应用的广泛性。本书有效避免了传统关于库存决策问题的研究文献依据决策者经验制定策略的弊端，丰富了供应链库存系统中的不确定性建模理论。

（2）考虑联合订货成本，给出具有（s，S）结构的基于数据驱动的多产品库存鲁棒运作策略。

多数针对多产品库存决策问题的研究主要集中于采用随机优化方法，通过优化期望利润或成本获得最优库存策略。一些学者虽然采用数据驱动方法探讨了库存决策问题，但未考虑是否存在具有某种结构的最优库存策略。此外，鲜有研究考虑多产品联合订货导致的固定订货成本。基于此，本书考虑了具有固定订货成本的多产品联合库存决策问题，在仅知每种产品市场需求历史数据的基础上，采用基于ϕ-散度的数据驱动方法构建满足一定置信度要求的未知需求概率分布不确定集，建立了基于绝对鲁棒性准则的多产品库存鲁棒优化模型。在此基础上，证明了（s，S）库存策略的最优性并针对由数据驱动不确定集导致的模型难以求解问题，并给出了有效的求解方法。本书为不确定环境下考虑固定订货成本的多产品联合库存决策问题构建了一套完整的分析框架，在一定程度上补充和完善了现有多产品库存决策问题的研究体系，并拓展了鲁棒优化模型的求解技术。

（3）考虑产品销售过程中引发的交叉销售，给出基于数据驱动的多产品库存鲁棒运作策略。

部分学者虽然采用基于统计推断的数据驱动方法构建了多产品库存鲁棒优化模型，但未考虑产品间交叉销售影响。此外，与传统多产品库存问题研究不同，考虑交叉销售的多产品库存决策问题由于所建模型的复杂性，通常不考虑产品采购预算限制，从而限制了其应用性。现实中，不确定需求的潜在分布可能是复杂多变的，当面对高维不确定性时，亟须构建能够灵活适应数据内在结构的不确定集。基于此，本书针对交叉销售下带有预算约束的多产品库存决策问题，在仅知历史需求数据基础上，采用 SVC 方法构建满足一定置信度要求的数据驱动不确定集，建立了交叉销售下基于 SVC 的数据驱动多产品库存鲁棒优化模型，并针对由数据驱动不确定集导致的模型难以求解问题，给出了有效的求解方法，制定了可有效对抗不确定性扰动的多产品库存策略。本书为不确定环境下考虑交叉销售的多产品库存决策问题构建了一套完整的分析框架，在一定程度上补充和完善了现有多产品库存决策问题的研究体系，并拓展了鲁棒优化模型的求解技术。

（4）综合考虑双渠道销售模式和服务水平，给出基于数据驱动的多产品库存鲁棒运作策略。

产品零售价格和订货量、提前期以及服务水平是零售商在需求不确定环境下通过在线直销渠道和传统零售渠道销售多种产品时所需做出的主要决策或所面临的主要挑战。传统的双渠道库存问题研究通常假设产品需求服从某一已知分布，且鲜有研究在探究产品定价、订货量和提前期决策时考虑服务水平。基于此，本书针对带有服务水平约束的双渠道多产品库存决策问题，基于 Wasserstein 度量基本原理，建立了带有服务水平约束的双渠道多产品库存分布式鲁棒优化模型，并给出了有效的求解方法，制定了可有效对抗不确定性扰动和实现特定服务水平的多产品库存策略。本书为双渠道销售模式下考虑服务水平约束的多产品库存决策问题构建了一套完整的分析框架，更加深刻地剖析了服务水平对双渠道运营企业运作的影响，在一定程度上补充和完善了现有双渠道多产品库存决策问题的研究体系，并拓展了鲁棒优化模型的求解技术。

（5）综合考虑多个供应商和预算约束，给出基于数据驱动的多产品库存鲁棒运作策略，确定最优供货源。

已有的关于零售商多源采购的研究主要集中于假设供应商的产出率是相互独立的，并在此基础上探究零售商的订货决策。此外，鲜有研究在探究多产品库存决策问题时同时考虑产品需求和供应商产出率的不确定性。基于此，本书针对市场需求和供应商产出率不确定下的多产品库存决策问题，提出 Bootstrap 方法估计随机需求和随机产出率的均值和标准差。在此基础上，采用 DRO 方法建立了具有预算约束的多产品库存分布式鲁棒优化模型，并给出了有效的求解方法，制定了可有效对抗不确定性扰动的多产品库存策略。本书为供需不确定下多产品库存决策问题构建了一套完整的分析框架，更加深刻地剖析了供应商的可信赖程度对企业运作的影响，在一定程度上补充和完善了现有多产品库存决策问题的研究体系，并拓展了鲁棒优化模型的求解技术。

第2章　理论基础与文献综述

本章介绍多产品报童模型、鲁棒优化建模准则、不确定集合的建模方法以及DRO模型和数据驱动鲁棒优化模型，为开展基于数据驱动的多产品库存鲁棒优化问题研究工作提供理论支撑。此外，分别从随机多产品库存决策问题研究、鲁棒优化及其在库存管理中的应用研究、数据驱动及其在鲁棒优化方法中的应用研究三个方面对已有研究成果进行文献检索和梳理，主要检索源为公开的国内外学术数据库。通过对已有相关研究进行综述和分析，总结已有研究的贡献和不足，为后续研究工作的开展奠定基础。

2.1　理论基础

2.1.1　多产品报童模型

本节主要针对经典多产品报童模型进行阐述和说明，并进一步介绍多产品报童模型的扩展研究。

2.1.1.1　多产品报童基本模型

多产品报童模型（Hadley 和 Whitin，1963；Nahmias 和 Schmidt，1984；Lau 和 Lau，1996；Abdel - Malek 和 Montanari，2005；Niederhoff，2007；Zhang 等，2009）是库存问题研究中的经典模型，其相关研究主要关注风险中性假设下的某

一绩效指标，如最大（最小）化企业的总期望利润（成本）。多产品报童问题的基本描述如下：在销售季节来临之前，企业面临不确定市场需求，需要为每一种产品确定最优的库存策略（订货量）以满足消费者需求。其中，采购提前期为零，即假设供应商会立即交付企业订单。从销售期开始，企业以固定的市场价格出售产品；在销售期末，如果产品有剩余，则产生残值收益；而对于未满足需求的部分，将导致缺货成本。企业的目标是确定每种产品的最优订货量，以使某一绩效指标最优。该模型在生产经营短生命周期产品的制造、分销和零售企业中得到了广泛应用。

下面以某一零售企业为例，建立以最大化期望利润为目标的多产品报童模型。为便于研究，假设不确定需求服从某一概率分布。在此基础上，定义本节中所涉及的数学符号，如表 2-1 所示。需要说明的是，未在表 2-1 中列出的相关符号将在本书中做具体说明。

表 2-1 符号说明

通用符号	含义及说明
i	产品种类，$i=1, 2, \cdots, n$，n 为一正整数
c_i	产品 i 的单位采购成本
p_i	产品 i 的单位零售价格
v_i	产品 i 的单位残值
l_i	产品 i 的单位缺货成本
随机变量	**含义及说明**
x_i	产品 i 的需求量
决策变量	**含义及说明**
Q_i	产品 i 的订货量

零售商销售产品 i 获得的利润可描述为：

$$\begin{aligned}\pi(Q_i;\ x_i) &= p_i\min\{Q_i,\ x_i\}+v_i(Q_i-x_i)^+-l_i(x_i-Q_i)^+-c_iQ_i \\ &= (p_i-c_i+l_i)Q_i-(p_i-v_i+l_i)(Q_i-x_i)^+-l_ix_i \end{aligned} \tag{2-1}$$

其中，$(\cdot)^+=\max\{\cdot,\ 0\}$。

式（2-1）等价于

$$\pi(Q_i;\ x_i)=\begin{cases}p_ix_i-c_iQ_i+v_i(Q_i-x_i) & \text{如果 } Q_i\geqslant x_i\\ p_iQ_i-c_iQ_i-l_i(x_i-Q_i) & \text{如果 } Q_i<x_i\end{cases}\tag{2-2}$$

当市场需求信息足够时，假设市场需求服从某一连续概率分布，则连续随机需求下多产品库存期望利润函数$\mathbb{E}[\pi(Q_1,\ \cdots,\ Q_n)]$可描述为：

$$\begin{aligned}\mathbb{E}[\pi(Q_1,\ \cdots,\ Q_n)]&=\sum_{i=1}^{n}\left\{\int_0^{Q_i}(p_ix_i-c_iQ_i+v_i(Q_i-x_i))f_i(x_i)\,dx_i+\int_{Q_i}^{\infty}(p_iQ_i-\right.\\&\qquad\left.c_iQ_i-l_i(x_i-Q_i))f_i(x_i)\,dx_i\right\}\\&=\sum_{i=1}^{n}\{(p_i-v_i)\mu_i-(c_i-v_i)Q_i-(p_i-v_i+l_i)\mathbb{E}[S_i(Q_i)]\}\end{aligned}\tag{2-3}$$

其中，$f_i(\cdot)$表示随机需求 x_i 的概率密度函数，$\mathbb{E}[\cdot]$表示期望算子，$\mathbb{E}[S_i(Q_i)]=\int_{Q_i}^{\infty}(x_i-Q_i)f_i(x_i)\,dx_i$ 表示期望缺货量。

容易证明式（2-3）是关于 Q_i 的严格凹函数，因此，根据一阶最优性条件推得最优订货量 Q_i^* 为：

$$Q_i^*=F_i^{-1}\left(\frac{p_i-c_i+l_i}{p_i-v_i+l_i}\right)$$

其中，$F_i(\cdot)$表示随机需求 x_i 的累积分布函数。

当无法获得足够的市场需求信息时，基于离散需求分布构建多产品库存优化模型。假设产品 i 的市场需求存在 J 种情景，分别为 x_i^1，x_i^2，$\cdots$，d_i^J，第 j 种情景发生的概率为 p_i^j，满足 $\sum_{j=1}^{J}p_i^j=1$。则离散随机需求下多产品库存期望利润函数$\mathbb{E}[\pi(Q_1,\ \cdots,\ Q_n)]$为：

$$\mathbb{E}[\pi(Q_1,\ \cdots,\ Q_n)]=\sum_{i=1}^{n}\sum_{j=1}^{J}\pi^j(Q_i,\ x_i^j)p_i^j\tag{2-4}$$

产品 i 的最优订货量 $Q_i^*=\mathrm{argmax}\{\mathbb{E}[\pi(Q_1,\ \cdots,\ Q_n)]\}$，其中 $\mathrm{argmax}\{h(a)\}$ 为使函数 $h(a)$ 取得最大值时对应的自变量 a。

2.1.1.2　多产品报童模型的扩展研究

自 Hadley 和 Whitin（1963）的开创性工作以来，多产品报童模型及其扩展研究获得了学者们的大量关注。下面将从三个方面呈现相关研究成果：

（1）考虑带有约束的多产品库存决策问题。将预算、仓储能力、服务水平等约束纳入多产品报童基本模型中是报童模型扩展研究中较为重要的研究成果。带有约束的多产品库存优化模型的一般形式可表示为：

$$\max_{Q_i} \pi(Q_i; x_i)$$

$$\text{s.t.} f_j(Q_i; x_i) \leqslant b_j, \ \forall i=1, \cdots, n, j=1, \cdots, J$$

其中，$f_j(\cdot)$是关于 Q_i 和 x_i 的函数，b_j 是常数，n 和 J 分别表示产品的种类和约束的数量。

针对形如 $\sum_{i=1}^{n} s_i Q_i \leqslant S$ 形式的约束问题，其中 s_i 表示每一单位产品 i 所需的存储空间或资源系数，S 表示总存储空间或总资源，可采用拉格朗日乘子技术及动态规划方法（Hadley 和 Whitin，1963）、启发式算法（Nahmias 和 Schmidt，1984）和一般迭代方法（Abdel-Malek 等，2004）等进行求解。此外，为了保证决策的非负性，可将决策变量的非负性约束纳入模型中，采用启发式方法（Erlebacher，2000）及二分搜索方法（Zhang 等，2009）等进行求解。特别地，针对服务水平约束，可将其建模为单一机会约束或联合机会约束形式。

（2）考虑交叉销售、库存、价格、提前期等因素的多产品库存决策问题。在多产品库存决策问题中，将产品交叉销售影响纳入研究中符合实际情况。在企业实际运营中，很多产品之间存在交叉销售，如数码相机和存储卡，打印机、硒鼓和墨盒，以及啤酒和尿布等。交叉销售，即顾客在购买一种产品的同时也会以一定的可能性附加购买与之相关的另一种产品，或者由于某种内在联系，一些产品被同时购买（Zhang 等，2014）。如果交叉销售组合中的某种产品缺货，此销售组合模式会被破坏，从而导致该组合中其他产品丧失销售机会（Wong 等，2005）。在交叉销售影响下，一种产品的有效需求 x_i^e 可定义为关于其他产品需求的线性函数，即

$$x_i^e = d_i - \sum_{j=1, j\neq i}^{n} \gamma_{ji}(d_j - Q_j)^+$$

其中，d_i 为产品 i 的总需求，是指在整个销售期间所有产品都不缺货时产品 i 的需求。$a^+ = \max(a, 0)$，$(d_j - Q_j)^+$表示产品 j 的缺货数量。交叉销售系数 γ_{ji} 可利用损失规则 $i \rightarrow \Diamond j$ 的数据挖掘技术来估计（Wong 等，2005）。

此外，市场需求还会受到库存、零售价格和交货提前期等因素影响。通常企

业现有库存水平越高，市场需求越高；而产品的零售价格越高或提前期越长，市场需求越低。基于此，可将市场需求建模为关于库存水平（订货量）的线性函数：

$$x_i = a_i + b_i Q_i + \xi_i$$

及关于价格和提前期的线性函数：

$$x_i = a_i - \alpha_i p_i - \delta_i L_i + \xi_i$$

其中，a_i 表示产品 i 的潜在市场需求，b_i 表示产品 i 的库存弹性，α_i 表示顾客对产品 i 的价格敏感性，δ_i 表示顾客对产品 i 的提前期敏感性，L_i 表示产品 i 的提前期，ξ_i 表示需求函数 x_i 中的随机需求变量。在此基础上，采用对偶方法、拉格朗日乘子法、梯度算法和迭代算法等确定多产品库存、价格及提前期等决策。

（3）考虑供应和需求两方面不确定的多产品库存决策问题。在当前的全球经济环境下，供应不可靠已成为供应链面临的主要风险之一，而产量的随机性正是造成供应不确定性的主要原因之一。在报童问题研究中，供应商的随机产量通常以随机比例的形式被刻画，即供应商的实际产量（供货量）是原材料投入量（产品订货量）的一个随机比例（左晓露，2014）。针对供需不确定下的多产品库存决策问题，一些学者将预算约束纳入研究中，在均匀或正态分布假设下采用不同方法，如拉格朗日乘子法、莱布尼茨规则和牛顿方法、分离规划以及对偶方法等，确定最优决策（Mardan 等，2015；Sadralashrafi 等，2018；Abdel-Malek 和 Otegbeye，2013；Abdel-Malek 等，2008）。特别地，多源采购作为降低供应风险的一个有效手段已得到企业界和学术界的广泛关注。

2.1.2 鲁棒优化建模准则

鲁棒优化实施的关键是基于某一适当的鲁棒建模准则为包含不确定参数的问题产生一个易于求解的鲁棒对应。根据已有研究，常用的鲁棒建模准则包括绝对鲁棒性、鲁棒偏差和相对鲁棒性（Roy，2010；Zhu 等，2013；Lu 和 Shen，2021；张多琦，2017）。不同准则下产生的鲁棒对应模型具有不同的保守性，并且直接影响着最终模型的结构和求解，在建模时应根据所研究的问题进行选择。

2.1.2.1 绝对鲁棒性

绝对鲁棒性准则也称为极小极大准则。在该准则下，鲁棒决策是在未来所有可能输入数据的情景下使得最低（最高）利润（成本）尽可能高（低）的决策。下面基于单一情景下最小化模型对绝对鲁棒性准则做进一步阐述。

采用情景方法对输入参数的不确定性进行描述，构建单一情景下的最小化模型为：

$$z_s^* = f(X_s^*, \xi_s) = \min_{X \in F_s} f(X, \xi_s) \tag{2-5}$$

其中，$s \in S$ 表示输入数据 ξ 可能发生的情景，ξ 表示随机参数，S 表示这些情景构成的集合，ξ_s 表示情景 s 下输入数据的实现值，X 表示决策变量，F_s 表示情景 s 发生时对应的可行决策集，$f(X, \xi_s)$ 表示模型中的绩效函数，用于衡量决策 $X \in F_s$ 的质量，X_s^* 和 z_s^* 分别表示情景 s 下的最优决策和最优目标值。

绝对鲁棒决策 X_A 则定义为在所有可实现输入数据的情景下所有可行决策中的最小化最大总目标的决策，即

$$z_A^* = \max_{s \in S} f(X_A, \xi_s) = \min_{X \in F_s} \max_{s \in S} f(X, \xi_s) \tag{2-6}$$

绝对鲁棒性准则是在所有可能发生的情景中寻求最坏情景下使得某一绩效指标最优的决策，因此，采用绝对鲁棒性准则必然会导致决策的保守性。这类鲁棒准则一定程度上反映了决策者对风险厌恶的态度，如果最坏情况发生，决策者倾向于保守行动获取较低绩效。

绝对鲁棒性准则适用于单一情景决策，主要关注的是如何对冲可能发生的最坏情况。例如，在调度问题中，以机器（或部门）完成某一任务的时间为绩效度量指标时，在绝对鲁棒性准则下，管理者最关心的是一组作业的流动时间不超过某个目标值，而超过这一目标值将受到处罚。其他环境，如需提供服务保证或保证的交付日期时也适用于采用此类绝对鲁棒性准则进行决策制定。

2.1.2.2 鲁棒偏差

鲁棒偏差即最小最大后悔，此“后悔”为决策者的最终收益（成本）与在已知某一输入数据情景发生时所做决策获得的收益（成本）之间的差值。基于此准则得到的模型决策称为鲁棒偏差决策。

基于模型（2-5），鲁棒偏差决策 X_D 可定义为所有情景中与最坏情景下的绩

效偏差最小的决策，即

$$z_D^* = \max_{s \in S} \{ f(X_D, \xi_s) - f(X_s^*, \xi_s) \} = \min_{X \in F_s} \max_{s \in S} \{ f(X, \xi_s) - f(X_s^*, \xi_s) \} \tag{2-7}$$

其中，z_D^* 表示最优目标值。$f(X_D, \xi_s) - f(X_s^*, \xi_s)$ 衡量了当选择决策 X_D 而非 X_s^* 时产生的绩效偏差，即“后悔”也称为绝对偏差，此函数为非负函数。

相较于绝对鲁棒性准则，基于鲁棒偏差准则制定的决策不那么保守。鲁棒偏差准则适用于决策者在实际情况发生后对先前的决策进行评估的情况。尽管决策者在决策之前面临着较高的数据不确定性，但决策者会在事后利用实现的数据来评估决策的质量。在此情况下，已实现决策与已实现数据情景下的最优决策的绩效偏差是一个合理的决策质量评估标准。在竞争激烈的市场环境中，决策者必须尽可能地保证在任何一组可能实现的情景下，企业的绩效表现均是令人满意的（接近其竞争对手），这样才不至于把机会拱手让给对方。

2.1.2.3 相对鲁棒性

相对鲁棒性是另一种最小最大后悔准则，此准则中的“后悔”为绩效偏差 $f(X, \xi_s) - f(X_s^*, \xi_s)$ 与 $f(X_s^*, \xi_s)$ 的百分比，也称为相对偏差。基于此准则得到的模型决策称为相对鲁棒决策。

基于模型（2-5），相对鲁棒决策 X_R 可定义为使得所有情景中最坏情况下绩效偏差百分比最小的决策，即

$$z_R^* = \max_{s \in S} \left\{ \frac{f(X_R, \xi_s) - f(X_s^*, \xi_s)}{f(X_s^*, \xi_s)} \right\} = \min_{X \in F_s} \max_{s \in S} \left\{ \frac{f(X, \xi_s) - f(X_s^*, \xi_s)}{f(X_s^*, \xi_s)} \right\} \tag{2-8}$$

显然，式（2-8）等价于

$$z_R^* = \min_{X \in F_s} \max_{s \in S} \left\{ \frac{f(X, \xi_s)}{f(X_s^*, \xi_s)} \right\} - 1 \tag{2-9}$$

从而很多文献研究中采用 $\min_{X \in F_s} \max_{s \in S} \left\{ \frac{f(X, \xi_s)}{f(X_s^*, \xi_s)} \right\}$ 来建模相对鲁棒决策问题。

类似于鲁棒偏差，基于相对鲁棒性准则所制定的决策往往不那么保守。相对鲁棒性准则试图改进决策，即倾向于把不确定性视为一种可以利用的机会，而不仅仅是一种需要对冲的风险。当最优单一情景决策下的绩效波动很大，或某一决策在不同情景下的绩效变化很大时，应采用相对鲁棒性准则。此外，在鲁棒偏差准则适用的环境中同样可采用相对鲁棒性准则。这两类准则的不同之处在于，鲁

棒偏差准则衡量的是决策绩效的偏差量，而相对鲁棒性准则衡量的是决策绩效的偏差率。

上述这些准则在理论方法上已相对较为成熟。对于具有离散或连续随机变量的库存决策问题来说，上述准则均可用于构建相应的鲁棒优化模型。然而，在求解不同的鲁棒建模准则产生的鲁棒对应时，所需的技术手段和求解难度各不相同。相对于鲁棒偏差和相对鲁棒性来说，绝对鲁棒性准则所需的求解技术相对较低，但其模型决策具有较高的保守性。因此，在应用时应综合模型的求解难度和准则的适用性，针对实际问题选择合适的鲁棒建模准则。

2.1.3 不确定集合建模

不确定集合存在多种定义方式，其结构和大小对鲁棒优化模型的保守性和鲁棒性有着重要影响。传统不确定集（如盒子、椭球和多面体）由于对称的几何结构在提供了计算上的方便的同时也造成了模型的保守性。近年来，基于不确定参数的历史数据，应用机器学习或统计方法为不确定参数构建满足一定置信度要求的参数不确定集（数据驱动不确定集），以此作为鲁棒优化模型的输入是近年来的研究热点，同时也是本书关注的重点。下面将对传统不确定集和数据驱动不确定集进行详细介绍，阐述其优缺点。特别地，在建模时要注重集合的保守性和集合大小之间的权衡。

2.1.3.1 传统不确定集

传统不确定集（Yuan 等，2016；Shang 等，2017；Mohseni 和 Pishvaee，2020）是基于范数进行定义的，主要包括盒子、椭球和多面体不确定集。针对不确定参数向量 $\boldsymbol{\xi}\in\mathbb{R}^{|J|}$，$J$ 表示不确定参数索引构成的集合，$|J|$ 表示集合 J 的基数，盒子、椭球和多面体不确定集的定义如下：

定义 2.1.1（盒子不确定集）： 基于∞-范数，盒子不确定集定义为：

$$U_{\infty}=\{\boldsymbol{\xi}\mid\|\boldsymbol{\xi}\|_{\infty}\leqslant\Psi\}=\{\boldsymbol{\xi}\mid|\xi_j|\leqslant\Psi,\ \forall j\in J\}\tag{2-10}$$

其中，Ψ 表示控制集合大小的可调节参数。特别地，当 $\Psi=1$ 时，集合 U_{∞} 为区间不确定集。

定义 2.1.2（椭球不确定集）： 基于 2-范数，椭球不确定集定义为：

$$U_2=\{\boldsymbol{\xi}\mid\|\boldsymbol{\xi}\|_2\leqslant\Omega\}=\left\{\boldsymbol{\xi}\,\middle|\,\sqrt{\sum_{j\in J}\xi_j^2}\leqslant\Omega\right\}\tag{2-11}$$

其中，Ω 表示控制集合大小的可调节参数。

定义 2.1.3（多面体不确定集）：基于 1-范数，多面体不确定集定义为：

$$U_1=\{\boldsymbol{\xi}\mid\|\boldsymbol{\xi}\|_1\leqslant\Gamma\}=\left\{\boldsymbol{\xi}\,\middle|\,\sum_{j\in J}|\xi_j|\leqslant\Gamma\right\}\tag{2-12}$$

其中，Γ 表示控制集合大小的可调节参数。

将以上三种集合组合可生成新的不确定集，如由盒子和椭球、盒子和多面体，或盒子、椭球和多面体相组合构建的集合，这些新集合可有效降低集合的保守性，定义如下所示：

定义 2.1.4（"盒子+椭球"不确定集）：此集合定义为盒子和椭球的交集，如下所示：

$$U_{2\cap\infty}=\left\{\boldsymbol{\xi}\,\middle|\,\sum_{j\in J}\xi_j^2\leqslant\Omega^2,\ |\xi_j|\leqslant\Psi,\ \forall j\in J\right\}\tag{2-13}$$

特别地，为了保证 $U_{2\cap\infty}\neq U_2$ 且 $U_{2\cap\infty}\neq U_\infty$，可调节参数应满足 $\Psi\leqslant\Omega\leqslant\Psi\sqrt{|J|}$。

定义 2.1.5（"盒子+多面体"不确定集）：此集合定义为盒子和多面体的交集，如下所示：

$$U_{1\cap\infty}=\left\{\boldsymbol{\xi}\,\middle|\,\sum_{j\in J}|\xi_j|\leqslant\Gamma,\ |\xi_j|\leqslant\Psi,\ \forall j\in J\right\}\tag{2-14}$$

同样，为了保证 $U_{1\cap\infty}\neq U_1$ 且 $U_{1\cap\infty}\neq U_\infty$，参数应满足 $\Psi\leqslant\Gamma\leqslant\Psi|J|$。

定义 2.1.6（"盒子+椭球+多面体"不确定集）：此集合定义为盒子、椭球和多面体的交集，如下所示：

$$U_{1\cap2\cap\infty}=\left\{\xi\,\middle|\,\sum_{j\in J}|\xi_j|\leqslant\Gamma,\ \sum_{j\in J}\xi_j^2\leqslant\Omega^2,\ |\xi_j|\leqslant\Psi,\ \forall j\in J\right\}\tag{2-15}$$

为了保证 $U_{1\cap2\cap\infty}\neq U_1$，$U_{1\cap2\cap\infty}\neq U_2$ 且 $U_{1\cap2\cap\infty}\neq U_\infty$，可调节参数应满足 $\Psi\leqslant\Omega\leqslant\Psi\sqrt{|J|}$ 和 $\Omega\leqslant\Gamma\leqslant\Omega\sqrt{|J|}$。

由上述集合定义可见，这些集合的大小由所选范数及可调节参数决定，并且这些集合具有对称的几何形状。对于传统不确定集下的鲁棒优化模型，可应用对偶理论将其转化为易于求解的等价模型，这提供了计算上的方便。然而，在实际应用中，传统不确定集由于其先验固定的几何结构，当面对复杂的几何分布时其建模能力相当有限，具有一定的局限性。一个合适的、可靠的不确定集应以较高的概率包含不确定参数的真实值。

2.1.3.2 数据驱动不确定集

根据已有研究，数据驱动不确定集（Ben-Tal 等，2013；Mamani 等，2017；Shang 等，2017；Ning 和 You，2017；Hota 等，2018；Zhang 等，2023）是基于不确定参数的历史数据，在统计推断和机器学习等相关理论的基础上，综合运用拟合度检验、似然估计、ϕ-散度、SVC、Wasserstein 度量等方法建立的具有一定置信水平的关于不确定参数的置信域或不确定集。对于不确定参数数据的获取，可采取企业实地调研获取企业的实际经营数据，如零售商终端 POS 机销售数据、电商平台的销售记录等。然而，当实际数据难以获取时，可通过计算机模拟方式随机生成。特别地，当获取的实际数据样本量很小不足以采用数据驱动方法定量描述时，可在已收集到的数据基础上采用计算机模拟方式扩充样本数据集。

在供应链库存问题研究中，不确定参数可分为连续和离散两种类型。下面将针对这两种类型不确定性分别阐述数据驱动不确定集的构建方式。

（1）连续型不确定参数的数据驱动不确定集构建。针对连续型不确定参数，现有研究大多集中于在分布形式未知下，构建关于概率分布的不确定集。其中，一种常见方法是基于不确定参数的矩信息构建概率分布不确定集。具体地，在不确定参数历史数据的基础上，采用统计推断方法提取不确定参数的矩信息，构建关于不确定参数矩信息的约束条件，进而由这些约束条件构成概率分布不确定集。另一种方法是基于统计距离构建具有一定置信度要求的概率分布不确定集，所建集合将以任意指定的概率包含真实分布。

1）基于矩信息的概率分布不确定集。

当利用统计推断方法从不确定数据中提取到不确定参数的一阶矩和二阶矩信息时，概率分布不确定集可定义如下：

定义 2.1.7（Calafiore 和 El Ghaoui，2006）：令$\mathbb{P}$表示不确定参数$\boldsymbol{\xi}$的概率分布，$\mathcal{M}_+$表示 Borel 概率测度集，Ξ表示随机变量$\boldsymbol{\xi}$的支撑集，参数$\boldsymbol{\mu}$和Σ分别表示由样本数据集估计的均值向量和协方差矩阵。从而，基于矩的概率分布不确定集可描述为：

$$\mathcal{D}=\left\{\mathbb{P}\in\mathcal{M}_{+}\left|\begin{array}{l}\mathbb{P}[\boldsymbol{\xi}\in\Xi]=1\\ \mathbb{E}_{\mathbf{P}}[\boldsymbol{\xi}]=\boldsymbol{\mu}\\ \mathbb{E}_{\mathbf{P}}[(\boldsymbol{\xi}-\boldsymbol{\mu})(\boldsymbol{\xi}-\boldsymbol{\mu})^{T}]=\Sigma\end{array}\right.\right\} \tag{2-16}$$

在集合（2-16）的基础上，Delage 和 Ye（2010）进一步考虑了均值和协方差矩阵的不确定性，即将均值向量和协方差矩阵的估计误差纳入研究中，重新定义了概率分布不确定集，如定义 2. 1. 8 所示。

定义 2. 1. 8（Delage 和 Ye，2010）：在定义 2. 1. 7 所示的相关参数基础上，当随机参数向量 $\boldsymbol{\xi}$ 的一阶矩和二阶矩同为随机变量时，基于矩的概率分布不确定集可描述为：

$$\mathcal{D}=\left\{\mathbb{P}\in\mathcal{M}_{+}\left|\begin{array}{l}\mathbb{P}[\boldsymbol{\xi}\in\Xi]=1\\ (\mathbb{E}_{\mathbf{P}}[\boldsymbol{\xi}]-\boldsymbol{\mu})^{T}\Sigma^{-1}(\mathbb{E}_{\mathbf{P}}[\boldsymbol{\xi}]-\boldsymbol{\mu})\leqslant\eta_{1}\\ \mathbb{E}_{\mathbf{P}}[(\boldsymbol{\xi}-\boldsymbol{\mu})(\boldsymbol{\xi}-\boldsymbol{\mu})^{T}]=\eta_{2}\Sigma\end{array}\right.\right\} \tag{2-17}$$

其中，参数 $\eta_1\geqslant 0$ 和 $\eta_2\geqslant 0$ 分别量化了均值估计和协方差估计的置信水平。

上述基于矩的不确定集依赖于对统计量的估计，具有一定的保守性，但同时保证了易于求解的优点。

2）基于统计距离的概率分布不确定集。

统计距离度量了两个概率分布之间的距离，基于此，建立概率分布不确定集如下所示。

定义 2. 1. 9　基于统计距离的概率分布不确定集可描述为：

$$\mathcal{D}=\{\mathbb{P}\in\mathcal{P}(\Xi):\ d(\mathbb{P},\ \mathbb{P}_0)\leqslant\varepsilon\} \tag{2-18}$$

其中，$\mathbb{P}$ 表示不确定参数的概率分布，$\mathcal{P}$（Ξ）表示基于支撑集Ξ的所有概率分布 $\mathbb{P}$ 的集合，$\mathbb{P}_0$ 表示参照分布，如经验分布，d 表示两个分布之间的统计距离，ε 表示置信水平。

式（2-18）中定义的概率分布不确定集可进一步根据统计距离函数进行分类，如 Kullback-Leibler（KL）散度（Zhou 等，2019）、Kantorovich 距离（Mehrotra 和 Zhang，2014）和 Wasserstein 度量（Esfahani 和 Kuhn，2018）等。

（2）离散型不确定参数的数据驱动不确定集构建。对于离散型不确定参数，可构建关于离散概率分布 $\boldsymbol{p}$ 的不确定集或关于随机变量而非概率分布的不确定集。

1）离散概率分布 $\boldsymbol{p}$ 的不确定集。

不失一般性地，令 $\xi_j^s(s=1, 2, \cdots, S)$ 表示随机参数 ξ_j 的可能取值，p_j 表示 ξ_j 取值为 $\xi_i^j(s=1, 2, \cdots, S)$ 的真实概率，未知量。令 $\boldsymbol{p}=(p_1, p_2, \cdots, p_J)^T$ 表示概率向量。构建关于离散概率分布 $\boldsymbol{p}$ 的不确定集，首先需基于样本数据估计概率分布 $\hat{\boldsymbol{p}}$，如利用极大似然进行估计或构造经验分布；其次，构建相应统计量 $\boldsymbol{T}(\hat{\boldsymbol{p}}, \boldsymbol{p})$，并确定置信度 δ。从而，在 $1-\delta$ 置信水平下关于离散概率分布 $\boldsymbol{p}$ 的不确定集可定义如下：

定义 2.1.10　$1-\delta$ 置信水平下的关于离散概率分布 $\boldsymbol{p}$ 的不确定集可描述为：

$$\boldsymbol{p} \triangleq \left\{\boldsymbol{p} \in \mathbb{R}^M: \boldsymbol{T}(\hat{\boldsymbol{p}}, \boldsymbol{p}) > (<) \mathcal{T}(d, 1-\delta), \boldsymbol{p} \geqslant \boldsymbol{0}, \sum_{i=1}^{M} p_i = 1\right\} \tag{2-19}$$

其中，$\mathcal{T}(d, 1-\delta)$ 表示所构建的统计量服从自由度为 d 的某种分布$\mathcal{T}$，且置信水平为 $1-\delta$ 的临界值或分位数。

在已有研究中，常见方法是利用 ϕ-散度、似然估计，或 ϕ-散度和似然估计相结合等方法构建符合实际要求的统计量，基于假设检验或拟合度检验原理构建未知概率向量的不确定集。需要指出的是：当样本容量较小时，需要对构建的统计量进行修正，以满足研究所需。

2）非概率参数的不确定集。

当直接在不确定参数历史数据基础上构建未知参数的不确定集（而非概率分布）时，可应用机器学习中的 SVC 方法，该方法是一种非常有效的模式识别方法，可用于对复杂的高维不确定性进行建模，且可用于解决困难的多样性聚类或异常点检测问题。需要指出的是：应用 SVC 方法的关键在于选取何种形式的核函数。核函数定义为 $K(\boldsymbol{\xi}_i, \boldsymbol{\xi}_j)=\langle\phi(\boldsymbol{\xi}_i), \phi(\boldsymbol{\xi}_j)\rangle=\phi(\boldsymbol{\xi}_i)^T\phi(\boldsymbol{\xi}_j)$，其中，$\boldsymbol{\xi}_i$ 和 $\boldsymbol{\xi}_j$ 为样本向量，$\boldsymbol{\phi}(\boldsymbol{x})$ 表示将 $\boldsymbol{x}$ 映射后的特征向量。几种常用的核函数有线性核、多项式核、高斯核、Sigmoid 核、拉普拉斯核。本书沿用了 Shang 等（2017）提出的 WGIK 核函数，为不确定需求构建基于 SVC 的数据驱动不确定集，所建集合为紧致凸集，提供了计算上的简便。

由上述集合定义及相关描述可以看出，决策者在应用数据驱动方法为不确定参数构建不确定集时，应注重分析参数的特点，并根据研究问题的特征选择合适的建模方法。

2.1.4 鲁棒优化

本节针对 DRO 和数据驱动鲁棒优化进行阐述。数据驱动鲁棒优化可直接在不确定参数的历史数据基础上对未知参数进行建模，而 DRO 仅局限于概率分布不确定集的构建。

2.1.4.1 分布式鲁棒优化

在实际应用中，决策者所能获取的往往仅是一组历史和/或实时的样本数据以及一些关于概率分布的先验结构知识，而非不确定参数的精确分布信息。这使得传统的随机规划方法中的已知随机参数的概率分布这一假设不再适用，并且假设的概率分布可能偏离真实分布而产生次优解。在此局限性的驱动下，数据驱动随机规划（Hanasusanto 和 Kuhn 等，2015；Delage 和 Ye，2010），也称为 DRO，作为一种新的数据驱动的优化范式应运而生。在基于数据对 DRO 中的概率分布不确定集进行构建时，DRO 即可称为数据驱动分布式鲁棒优化。

DRO 方法的目标是在最差分布下寻求最优决策，DRO 模型一般形式可表示为：

$$\min_{x \in \mathcal{X}} \min_{\mathbf{P} \in \mathcal{D}} \mathbb{E}_{\mathbf{P}}[h(\boldsymbol{x}, \boldsymbol{\xi})] \tag{2-20}$$

其中，$h(\cdot, \cdot)$ 表示具有某一绩效指标的目标函数，$\boldsymbol{\xi}$ 表示随机参数向量，其概率分布$\mathbb{P}$ 隶属于概率分布集 $\mathcal{D}$，$\mathcal{X}$表示决策变量 $\boldsymbol{x}$ 的凸可行集。

与传统随机规划方法相比，DRO 方法具有两个显著优点。首先，它允许决策者将从不确定样本数据中学习到的部分分布信息整合到优化问题中。因此，DRO 方法极大地克服了优化器诅咒的难题，提高了样本外性能。其次，DRO 模型在计算上是易于处理的，一些模型可在多项式时间内被精确求解，例如，Delage 和 Ye（2010）证明在基于矩的概率分布不确定集下，具有连续变量的 DRO 模型在多项式时间内是可解的。在 DRO 模型中，不确定集是基于不确定参数的历史数据，依托统计推断理论和大数据分析技术建立的关于不确定参数概率分布的集合，也称为模糊集。不确定集的选择是 DRO 的关键，如果集合选择不当，则可能导致 DRO 模型过于保守或难以求解。在集合选择时，决策者需考虑以下三个因素：易处理性、统计意义和决策性能。首先，基于所选集合建立的 DRO 模型在计算上应具有易处理性，即所建模型可以表示成线性、锥二次或半定规划等易于求解的数学模型。其次，所建集合应具有明确的统计意义。最后，所建集合应该是紧致的，以提高决策的性能。

在文献研究中，主要存在两种构建概率分布不确定集的方法，分别为基于矩的方法和基于统计距离的方法。在基于矩的方法中，通常假设矩信息（如一阶矩和二阶矩）是可获得的。基于统计距离的方法试图通过使真实分布在统计距离上接近某些名义分布来构建概率分布不确定集，常用的统计距离有 ϕ-散度、Wasserstein 度量、L_1 范数、L_∞ 范数等（Ben-Tal 等，2013；Jiang 和 Guan，2018；Ji 和 Lejeune，2021）。

近年来，一些学者将机会约束与 DRO 方法相结合，建立了分布式鲁棒机会约束优化模型，此模型随之在运营管理领域得到了广泛运用（冉伦等，2018）。此外，自适应 DRO 以及多阶段 DRO 也成为了一个快速发展的研究方向（Hanasusanto 和 Kuhn，2018；Bertsimas 等，2019）。

2.1.4.2　数据驱动鲁棒优化

数据驱动鲁棒优化方法将数据驱动思想与鲁棒优化方法相结合，旨在降低传统的由随机规划、机会约束规划、模糊规划和鲁棒优化方法产生的模型的保守性。依据此方法建立的不确定集可以消除冗余和不合理的情景，因此，数据驱动鲁棒优化可间接提高解的质量。

以下述不确定条件下的线性优化问题为例，呈现数据驱动鲁棒优化模型框架。

$$\min_{\boldsymbol{x} \in \mathcal{X}} \boldsymbol{c}(\boldsymbol{\xi})^T \boldsymbol{x}$$

$$\text{s. t. } \boldsymbol{A}(\boldsymbol{\xi})\boldsymbol{x} \geqslant \boldsymbol{b} \tag{2-21}$$

不失一般性地，假设目标系数 $\boldsymbol{c}$（$\boldsymbol{\xi}$）和约束系数 $\boldsymbol{A}$（$\boldsymbol{\xi}$）具有不确定性，$\boldsymbol{\xi}$ 为随机向量，$\boldsymbol{b}$ 表示常数向量，$\mathcal{X}$ 表示决策变量 $\boldsymbol{x}$ 的凸可行集。模型（2-21）可转化为：

$$\min_{\boldsymbol{x} \in \mathcal{X}} Z$$

$$\text{s. t. } Z - \boldsymbol{c}(\boldsymbol{\xi})^T \boldsymbol{x} \geqslant 0$$

$$\boldsymbol{A}(\boldsymbol{\xi})\boldsymbol{x} \geqslant \boldsymbol{b}$$

其鲁棒对应为：

$$\min_{x \in \mathcal{X}} Z$$

$$\text{s. t. } \min_{\boldsymbol{\xi} \in \mathcal{D}} Z - \boldsymbol{c}(\boldsymbol{\xi})^T \boldsymbol{x} \geqslant 0$$

$$\min_{\boldsymbol{\xi} \in \mathcal{D}} \boldsymbol{A}(\boldsymbol{\xi}) \boldsymbol{x} \geqslant \boldsymbol{b}$$

其中，$\mathcal{D}$ 表示随机参数向量 $\boldsymbol{\xi}$ 隶属的不确定集。

将数据驱动思想应用于鲁棒优化方法的关键在于为不确定参数定义数据驱动不确定集 $\mathcal{D}$，并将所建集合以约束形式纳入鲁棒优化模型中。

在已有研究中，根据对不确定性建模时所依据的数据驱动方法，产生了多种不同类型的数据驱动鲁棒优化模型，如基于统计假设检验的数据驱动鲁棒优化模型（Bertsimas 等，2018）、基于贝叶斯机器学习的数据驱动自适应嵌套鲁棒优化模型（Ning 和 You，2017）、基于 SVC 的数据驱动鲁棒优化模型（Shang 等，2017；Mohseni 和 Pishvaee，2020；Qiu 等，2023）、基于 copula 的数据驱动鲁棒优化模型（Zhang 和 Jin 等，2018；Liu 等，2021）、基于主成分分析和核密度估计的数据驱动鲁棒优化模型（Ning 和 You，2018）等。本书针对具体研究问题分别建立了基于 ϕ-散度、SVC、Wasserstein 度量以及 Bootstrap 的数据驱动多产品库存鲁棒优化模型。

2.2 文献综述

2.2.1 多产品库存决策问题相关研究

随着生产技术水平的提高和销售环境的复杂多变，企业已经实现了从单一产品生产经营模式向多产品生产经营模式的转变，顺应了实际市场环境。然而，由于市场环境中的多种不确定性因素，企业很难做出合理的生产经营决策，使得不确定环境下的多产品库存决策问题备受关注。本节主要从经典多产品报童问题及扩展研究和多产品库存管理中的不确定性问题研究两个方面对多产品库存决策问题进行研究综述。

2.2.1.1 经典多产品报童问题及其扩展研究

经典报童问题是一个单周期库存决策问题，在随机需求下，其通过最大化期望利润来确定产品的最优订货量。近几十年来，尽管新的模型不断涌现，关于库存管理的文献中充斥着对报童模型及其扩展问题的研究。针对多产品库存问题的开创性研究可追溯到 1963 年，Hadley 和 Whitin（1963）提出了拉格朗日乘子技术、莱布尼兹规则以及动态规划算法求解具有单一约束的多产品报童问题（MPNP），所建模型是许多后续研究工作的基础。自此之后，很多学者对经典报童问题进行了扩展分析，如一些学者致力于探究多产品库存问题的精确解或近似解，探究多产品联合订货或定价决策，或将营销努力、买方风险、依赖于库存的产品需求、不同约束形式、生产外包、产品替代和交叉销售影响等纳入多产品报童模型中，丰富和发展了多产品报童问题的研究。以下对经典多产品报童问题及其扩展研究进行文献梳理。

Nahmias 和 Schmidt（1984）针对具有单一约束的 MPNP，提出了四种启发式方法确定最优或近似最优的订货策略。Lau 和 Lau（1996）最早发现当模型中约束紧致时，使用 Hadley 和 Whitin 的方法可能导致模型不可行。为了改进此方法，Abdel-Malek 和 Montanari（2005）针对具有预算约束的 MPNP，提出了一种可通过排除边际效用较低的产品避免不可行订货量的有效方法。Niederhoff（2007）建立了具有多个线性约束的多产品报童决策模型，采用近似技术得到了任意需求分布下最优解的闭式近似解。此外，一些学者将非负性约束纳入多产品库存优化模型中，提出了有效的求解方法，例如，Zhang 等（2009）通过对具有预算约束的 MPNP 的最优解的性质进行分析，提出了二进制搜索算法。当需求分布为连续型函数时，应用其算法可以得到 MPNP 问题的最优或近似最优解；当需求分布为离散型函数时，应用其算法可以得到 MPNP 问题的良好的近似解。

此外，Shi 和 Zhang（2010）在需求不确定环境下研究了考虑供应商折扣的多产品联合采购、定价问题。针对研究问题，建立了混合整数非线性规划模型，并提出一种基于拉格朗日的求解方法。Zhang 和 Du（2010）针对需求不确定下具有产能约束的多产品报童问题，建立了期望利润最大化模型，并提出了零提前期外包和非零提前期外包策略，确定了产品的最优内部生产量。Dutta（2010）针对多产品报童问题建立了带有存储空间约束的模糊库存模型，采用迭代算法确定了产品的最优订货策略。Shi 等（2011）针对考虑供应商数量折扣和具有多个产能约束的多产品报童问题，建立了广义析取规划模型。Zhang 和 Song 等（2012）针对需求不确定下的两阶段多产品库存决策问题，建立了随机优化模型，并提出了启发式求解算法。Serel（2012）研究了考虑二次订货的带有预算约束的多产品报童问题，利用更新市场需求信息的快速反应机制，为整个销售季节确定了最优订货数量。Zhang 等（2014）将消费者驱动的交叉销售引入集中和竞争决策下的报童模型中，给出了集中模型的一阶最优性条件，以及竞争模型的纯策略纳什均衡条件和均衡唯一性条件。Wang 等（2015）假设市场需求不确定，建立了单周期单产品和单周期多产品库存优化模型，并从理论上分析了模型的最优性条件。周佳琪和张人千（2015）针对具有随机性需求的交叉销售多产品报童问题，分别建立了考虑缺货惩罚的单周期多产品集中决策报童模型和交叉销售产品报童博弈模型。Fan 等（2015）在服务水平约束下，研究了考虑复合契约的多产品报童问题，给出了产品最优订货量的求解算法。Li 等（2015）在市场需求不确定下，研究了供应商的双渠道库存决策问题，将渠道中产品需求建模为关于两渠道库存水平的线性函数，建立了多周期多产品随机动态规划模型。Mardan 等（2015）研究了多产品紧急订货和生产计划问题。针对研究问题，确定了两阶段决策过程，第一阶段向不可信赖供应商订购产品并制订主要生产计划，第二阶段制订紧急订货策略和紧急生产计划。Kouki 等（2016）研究了具有随机寿命的 N 种易腐产品联合订货问题，在产品需求服从泊松分布假设下给出了连续检查（s，c，S）库存策略。

近年来，陈杰等（2017）针对具有多元马氏需求特征的多产品库存优化问题，确定了最优订货策略。艾学轶（2017）基于 RFID 技术研究了生鲜产品的联合补货和投资决策问题。Chernonog 和 Goldberg（2018）考虑了一类具有连续有界需求分布的多产品报童问题，指出当仅知分布的边界和可能的模式信息时，应选择均匀分布和三角形分布对报童问题进行建模，并提出了确定最优解的有效算法。Sadralashrafi 等（2018）在需求和产量服从均匀分布下研究了考虑预订策略的多产品报童问题，基于牛顿法和拉格朗日乘子法提出了确定产品最优订货量和折扣率的求解算法。此外，陈杰和胡江南（2018）针对考虑交叉销售影响的两种产品的单周期报童问题，确定了最优订货和促销价格联合决策。Zhang 和 Xie 等

（2020）研究了考虑顾客驱动需求替代的多产品报童问题，其中每种产品一旦缺货，可以按比例被其他产品替代。针对研究问题，当需求已知时，推导出了最优订货策略；当需求随机时，证明了利润函数的子模性，给出了多项式时间近似算法。Poormoaied（2022）针对具有互补关系的两种产品的联合补货问题，利用泊松过程建模不确定需求，建立了以期望利润率最大化为目标的优化模型。Gao 等（2022）提出基于 ucb 的学习框架来研究定期审查的多产品库存优化问题。

2.2.1.2 多产品库存管理中的不确定性问题研究

随着市场竞争的复杂多变，各种不确定性因素日益增多，显著影响着库存管理者的决策。从目前研究来看，多产品库存管理中关于不确定性问题的研究主要集中在产品需求、供应、价格、生产成本和提前期等不确定性方面。在实际应用中，如果忽略不确定性，就可能会导致决策不准确、企业运作效率低下，甚至会给企业造成严重的绩效损失。正因为如此，在过去的 20 年中，大量学者通过随机优化（SO）、鲁棒优化和数据驱动等方法，对不确定性问题进行了显著探索。

针对需求不确定下的多产品库存决策问题，除了 2.2.1.1 节中已介绍的相关研究，如 Shi 和 Zhang（2010）、Shi 等（2011）、Kouki 等（2016）、Chernonog 和 Goldberg（2018）以及 Poormoaied（2022），其他学者也进行了相关研究。Chen 和 Chen（2010）考虑预订策略，建立了带有预算约束的多产品报童模型，并提出了解析算法进行求解。Feng 等（2010）提出了一种精确方法来评估（r，nQ）库存策略下多产品库存系统的延期订单数量。Huang 等（2011）研究了考虑缺货惩罚成本和部分产品替代的多产品竞争报童问题，刻画了竞争模型的唯一纳什均衡。Hanasusanto 和 Kuhn 等（2015）构建了带有最坏情况平均风险目标和多模态需求分布的分布式鲁棒多产品报童模型，利用二次决策规则将所建模型转化成了易于求解的半定规划问题，并给出了有效的数值解。Abdel-Aal 等（2017）针对需求不确定下的风险中多产品多市场报童问题，在服务水平约束下，建立了二元整数非线性规划，确定了产品订货量和市场选择。Abdel-Aal 和 Selim（2017）在 CVaR 准则下研究了考虑市场选择的风险规避多产品报童问题。Shahrzad 和 Hamid（2018）针对面临有限资源和数量折扣的一类具有离散随机需求的连续检查多产品库存系统，建立了非线性整数规划模型，并提出了启发式求解方法。Schlapp 和 Fleischmann（2018）在需求不确定下分析了一个产能受限的公司在有限季节内销售多种部分可替代产品的最优库存策略，并探究了产能和替代偏好对最优策略的影响。Kumar 和 Uthayakumar（2019）在需求不确定下针对由一个制造商和一个零售商组成的两级供应链，分别采用非综合方法、无贸易信贷的综合方法、有贸易信贷的综合方法建立了库存模型，并提出了迭代算法进行求解。

针对其他不确定性问题研究，涉及的代表性工作如下：戢守峰等（2008）在提前期和需求不确定下基于 CPFR 建立了多产品分销系统库存优化模型。周欣和霍佳震（2012）建立了循环取货下基于随机提前期波动压缩带有车载量约束的多供应商多产品库存模型。Kundu 和 Chakrabarti（2012）以需求和提前期为随机变量，采用分布自由方法研究了带有预算约束的多产品库存决策问题。Rahmani 等（2013）应用鲁棒优化方法研究了生产成本和客户需求等参数不确定下具有产能约束的生产规划问题，建立了混合整数规划模型。近年来，供应商的供应不确定性得到了学者们的广泛关注，例如，Abdel-Malek 和 Otegbeye（2013）在随机需求和随机供应下建立了带有产能约束的多产品报童模型，应用可分规划和对偶方法确定了最优解，并将所建模型扩展到了多约束情形。陆芬等（2019）考虑了一个具有随机产出比例的联产品制造厂商的生产及价格决策问题，通过建立和求解两阶段博弈模型，确定了不同需求函数下副产品之间存在替代关系时主产品的最优产量和价格。Zhang 等（2021）研究了考虑产品替代的多产品报童问题，假设随机需求和替代率是随机变量，建立了基数约束不确定集。

2.2.2 鲁棒优化及其在库存管理中的应用研究

处理不确定性以及在不确定性下做出决策的最佳方法是接受不确定性，努力建模和理解不确定性。准确估计不确定参数的分布特征极其困难，这需要一种有效对抗风险的方法，这种风险不仅来自不确定性本身，也来自不准确的估计。鲁棒优化，作为处理不确定性问题的有效手段，近年来在学术界和企业界中得到了广泛的关注和应用（Shin 等，2020）。此方法不假设已知随机参数的概率分布，而是寻求独立于某一特定分布表现良好的解。本节主要从鲁棒优化及其在库存管理中的应用研究两个方面进行文献综述。

2.2.2.1 鲁棒优化方法

鲁棒优化是一种建模技术，其目标是在不确定参数最坏的情况下确定一个可行且令人满意的解。鲁棒优化的开创性工作可追溯到19世纪70年代（Soyster，1973），Soyster基于非精确线性规划和集合理论提出了极大极小鲁棒性概念。自此，这一方法被广泛推广并应用于金融、能源、供应链、医疗保健、调度、市场营销等诸多领域（Gorissen等，2015；Shin等，2021；Shapiro，2022；De La Vega等，2023；Sun等，2024）。

根据鲁棒建模准则的实现目的和作用，可将鲁棒建模准则分为绝对鲁棒性、鲁棒偏差、相对鲁棒性和p-鲁棒性（Roy，2010）。如果从不确定参数的描述形式上考虑，还可以将鲁棒建模准则分为基于情景的鲁棒建模准则（包括解鲁棒性和模型鲁棒性）和基于不确定集的鲁棒建模准则。Mulvey等（1995）首次提出鲁棒优化的概念，给出了基于情景的鲁棒优化的一般模型，定义了解鲁棒性和模型鲁棒性。解鲁棒性，即一个问题的解对任一情景总是接近最优。模型鲁棒性描述的是对于任一情景，数学模型的解总是可行的。依托此方法，Rahmani等（2013）采用一系列情景建模了不确定生产成本和客户需求等参数。邱若臻等（2019）针对多产品多周期供应链网络设计问题，采用情景树方法对不确定成本和不确定需求进行建模，建立了供应链网络鲁棒设计模型。孙艺萌等（2020）针对权衡期望利润和CVaR的库存优化问题，采用离散情景描述供需不确定性，并将情景概率建模为椭球不确定集，建立了相应的鲁棒对应模型。更多的基于情景的鲁棒优化及其应用研究可参见邱若臻等（2016）、Sadghiani等（2015）[161]、Ning和You（2019）。

基于集合的鲁棒优化的关键思想是为不确定参数的可能实现定义不确定集，并对该集合中的最坏情况进行优化（Ben-Tal等，2009）。Soyster（1973）最早尝试为不确定参数构建区间（盒子）不确定集。基于此，不确定集的鲁棒优化模型在计算上较为方便并且具有一定的可行性，但往往会导致决策过于保守。针对这一问题，一些学者建立了更灵活、更复杂的鲁棒优化模型，采用椭球、多面体、伽马以及锥不确定集等来建模随机参数的不确定性（Shang等，2017）。例如，El Ghaoui等（1998）在鲁棒优化框架下研究了随机半定规划问题，给出了鲁棒解唯一性的充分必要条件。Ben-Tal和Nemirovski（1998）指出在椭球不确定集下，对于一般的凸优化问题，如线性规划、二次约束规划、半定规划等，其鲁棒对应是易于求解的，可采用有效算法进行求解。进一步，Ben-Tal和Nemirovski（1999）分析了区间不确定集和椭球不确定集之间的关系，并证明了在椭球不确定集下，线性规划的鲁棒对应是一个锥二次规划。Bertsimas 和 Sim（2003，2004）建立了基于多面体不确定集的鲁棒优化模型，此模型具有线性结构，并且具有较低的计算负担。Bertsimas 等（2004）基于一般范数定义不确定集，给出了线性规划问题的鲁棒对应。Li 等（2011）在盒子、椭球、多面体以及由这些基本集合的组合构建的不确定集下系统地给出了线性优化和混合整数线性优化问题的鲁棒对应。Yuan 等（2016）在假设不确定参数之间具有一定相关性的基础上，研究了五种不同集合下的线性优化模型的鲁棒对应。Hanks 等（2017）利用基数约束鲁棒性比较了基于区间和基于范数的不确定集，并针对椭球不确定集下的鲁棒目标规划，研究了其严格鲁棒性。Qiu 等（2017）在盒子和椭球不确定集下，针对需求不确定的单产品周期性检查库存决策问题，建立了鲁棒动态规划模型。近年来，在数据科学发展的推动下，基于历史数据构建不确定集引起了广泛关注，所建集合能够灵活适应数据的内在结构。例如，Shang 等（2017）提出了一种基于 WGIK 的 SVC 方法对高维不确定性进行建模，构建了基于 SVC 的数据驱动不确定集，数值分析验证了所提数据驱动鲁棒优化方法可有效对抗不确定性扰动并改善问题的保守性。Bertsimas 等（2018）利用统计假设检验为鲁棒优化模型设计不确定集，所提方法具有灵活性和广泛的适用性，通过数值实验验证了所提方法明显优于传统的鲁棒优化技术。Sun 等（2024）利用基于预算不确定集的可调 RO 方法研究了考虑限时折扣和服务水平的多周期库存决策问题。

实际上，不确定性服从某些潜在的非先验概率分布，然而，传统鲁棒优化模型忽略了概率分布信息，可能产生过于保守的次优解。为了更好地建模和处理不确定性，可采用另一种建模方法，即 DRO。DRO 假设随机数据的潜在概率分布隶属于某一不确定集，并针对此集合中最差分布进行优化。对不确定概率分布建模时存在多种方式，不同方式下推得的 DRO 模型具有不同的保守性和计算效率。一种常见的方法是基于矩（如均值和协方差）构建概率分布不确定集（Scarf，1958；Calafiore 和 El Ghaoui，2006；Popescu，2007；Delage 和 Ye，2010；Zymler 等，2013；Hanasusanto 和 Kuhn 等，2015；Wiesemann 等，2014；于辉等，2017；Natarajan 等，2018；Chen 等，2019）。在大多数情况下，基于矩方法建立的 DRO

模型可转化为锥二次或半定规划（Gao 和 Kleywegt，2016）。然而，此方法通常假设矩信息是精确已知的。为寻求统计量的更准确估计，在实际应用中，企业应注重日常销售数据的收集并通过 Bootstrap 等技术手段对统计量进行估计，正如 Delage 和 Ye（2010）指出的，在数据驱动问题研究中须基于历史数据来估计矩信息。另一种被广泛研究的方法是基于统计距离构建概率分布不确定集，要求集合中的所有概率分布在某一统计距离上充分接近名义分布，如经验分布或高斯分布（Duan 等，2018；Calafiore 和 El Ghaoui，2006）。学者们已采用多种统计距离来构建概率分布不确定集，如 Prokhorov 距离（Erdoğan 和 Iyengar，2006）、Kantorovich 距离（Mehrotra 和 Zhang，2014）、ϕ-散度（Ben-Tal 等，2013；Zhou 等，2019）和 Wasserstein 度量（Esfahani 和 Kuhn，2018）。对概率分布不确定集建模方法的详细综述可参见 Hanasusanto 和 Roitch 等（2015）及其中的参考文献。当基于数据对统计量进行估计或基于统计距离构建概率分布不确定集时，一些学者将 DRO 称为数据驱动随机规划（Ning 和 You，2019）或者为数据驱动分布式鲁棒优化（Esfahani 和 Kuhn，2018）。上述基于统计推断和机器学习等相关理论探究的数据驱动建模方法是本书研究关注的重点之一。

鲁棒优化目前已经从静态、线性转向了多阶段动态、非线性的研究（Gorissen 等，2015；Bertsimas 等，2019；Yaníkoglu 等，2019；Xin 和 Goldberg，2021；Guillaume 等，2022；Hooshangi-Tabrizi 等，2022；Qiu 等，2024）。此外，鲁棒优化与风险理论也建立起了联系（Gabrel 等，2014）。Bertsimas 和 Brown（2009）描述了如何将鲁棒线性优化中的不确定集与一致风险测度（如 CVaR）建立联系。特别地，作者描述了一个具有特殊结构的多面体不确定集与一个畸变风险测度之间的联系，基于此不确定集的鲁棒优化模型易于求解。Qiu 等（2014）为不确定离散需求分布建立了盒子和椭球不确定集，进而建立了基于 CVaR 风险测度的库存鲁棒优化模型。邱若臻等（2015）利用 ϕ-散度构建了不确定需求概率的置信域，并依此建立了基于 CVaR 的单周期库存鲁棒优化模型。

综上所述，学者们对鲁棒优化理论的研究主要集中在对不确定性的建模上，致力于探索新的鲁棒优化方法降低鲁棒解的保守性，或寻求建立与风险理论之间的联系。关于鲁棒优化方法的全面概述可参见 Ben-Tal 等（2009）、Gabrel 等（2014）、Lu 和 Shen（2021）。

2.2.2.2 鲁棒优化在库存管理中的应用研究

应用鲁棒优化方法研究不确定环境下的库存决策问题可追溯到1958年，Scarf采用最小最大方法确定了仅知需求均值和方差信息下报童的订货策略（Scarf，1958）。此后，这一问题受到了学者们的广泛关注和研究。Lin和Ng（2011）针对仅知需求区间信息的多市场报童问题，采用最小最大后悔值准则建立了多市场鲁棒报童模型，并给出了求解算法。Wang等（2014）在仅知市场规模的下限和上限以及消费者支付意愿的基础上，研究了需求随零售价格变化的鲁棒定价与订货问题。Moon等（2014）采用分布自由方法建立了带有服务水平约束的连续检查（Q，r，L）库存模型，并推导出了最优订货量、再订货点和提前期决策的闭式解。Kwon和Cheong（2014）针对考虑免费装运的报童问题，在仅知需求均值和方差信息下采用分布自由方法制定了零售商的最优库存策略。Sarkar等（2015）在考虑质量改进和降低设置成本的基础上，建立了带有服务水平约束的分布自由连续检查库存模型。Sarkar等（2018）在假设仅知需求均值和标准差信息下采用分布自由方法研究了考虑寄售策略的报童问题。Abdel-Aal和Selim（2019）针对选择性报童问题，构建了需求不确定集（盒子、椭球、多面体或这些集合的相互组合），并建立了相应的鲁棒优化模型。Govindarajan等（2021）采用DRO方法研究了考虑库存风险分摊的多地点报童网络问题，为每个网络节点确定了最优库存水平。

除上述针对单周期单一产品库存系统研究外，鲁棒优化方法也被应用于多产品、多周期或多阶段库存决策问题。例如，Vairaktarakis（2000）针对带有预算约束的多产品报童问题，利用区间和离散需求情景描述需求不确定性，建立了基于最小最大后悔值准则的鲁棒报童模型。Moon和Silver（2000）采用分布自由方法研究了带有预算约束和固定订货成本的多产品报童问题，并提出了启发式求解算法。Adida和Perakis（2010）将需求建模为关于零售价格的线性函数，采用鲁棒优化和SO方法研究了备货型生产制造系统中的多产品联合动态定价和库存控制问题。Ardestani-Jaafari和Delage（2016）针对具有多面体不确定集的鲁棒优化问题，采用基于嵌入式混合整数线性规划松弛技术和仿射决策规则推导出了其近似模型，并将所提方法应用于多产品报童问题和多周期库存决策问题。Carrizosa等（2016）采用鲁棒优化方法研究了带有自回归需求的单产品报童问题，并在不同时期的产品需求以及不同产品之间的需求具有一定的相关性的假设下简要讨论了鲁棒多产品报童问题。Lim 和 Wang（2017）提出了一种目标导向的鲁棒优化方法求解具有有限订货能力的多产品、多周期库存管理问题。Natarajan 等（2018）在已知需求均值和方差信息下引入半方差来度量需求分布的不对称性，采用 DRO 方法确定了多产品报童问题的最优订货量的闭式解。在多周期运作环境下，Lim（2019）采用椭球不确定集建模需求函数中的不确定性，推导出了最优库存策略。Lim 等（2021）针对在线零售管理问题，建立了多周期随机优化模型，并提出了一种基于鲁棒优化的两阶段方法进行求解。Xin 和 Goldberg（2021）在仅知需求支撑和矩信息下，分析了分布式鲁棒多阶段库存决策问题中的时间一致性。Guillaume 等（2022）基于区间—预算不确定性集，研究了一类具有不确定累积需求的库存优化问题。Hooshangi-Tabrizi 等（2022）针对需求不确定条件下考虑订单修改的库存问题，构建了两阶段鲁棒整数优化模型，并提出了精确的列行生成算法。Qiu 等（2024）采用可调节鲁棒优化方法研究了带有资金约束的多周期库存问题，得到了易于求解的鲁棒对应问题。Shin 等（2024）建立了考虑“线上购买、线下取货”和“线下缺货—线上配送到家”策略的分布式鲁棒多周期库存模型。

目前，鲜有学者采用鲁棒优化方法研究供需不确定下的库存管理问题。除了上述已介绍的研究工作 Abdel-Malek 和 Otegbeye（2013）、孙艺萌等（2020）之外，邱若臻等（2020）在供应和需求不确定条件下建立了基于 CVaR 的库存鲁棒优化模型。Park 和 Lee（2016）针对具有多个不可信赖供应商和随机需求的单产品库存控制问题，建立了 DRO 模型，为优化采购策略和提高供应的可靠性提供了指导。上述研究局限于单一渠道库存管理，鲜有学者在鲁棒优化框架下研究双渠道库存管理，并同时分析企业的定价和/或提前期等决策。Yu 和 Deng（2017）及 Modak 和 Kelle（2019）是仅有两项涉及这一问题的研究。Yu 和 Deng 采用鲁棒优化方法研究了零售商双渠道供应链的最优订货策略。Modak 和 Kelle 针对一个二级供应链决策问题，分别采用随机优化和分布自由方法确定了集中和分散系统下传统零售渠道和在线渠道的产品价格和订货量以及在线提前期决策。

2.2.3 数据驱动及其在鲁棒优化方法中的应用研究

数据的爆炸性增长促使思维从先验推理和假设转向以数据为中心的新范式。从而，如何将鲁棒优化技术适应这种新范式值得深入探讨。本节主要回顾了关于数据驱动方法及其在鲁棒优化方法中的应用的一些研究进展。

2.2.3.1 数据驱动方法

近年来，数据的使用出现了空前增长。在诸多应用领域特别是供应链方面，日常收集了大量数据，使得数据驱动方法更加适用。数据驱动通过数据来支持决策，能够帮助企业在不确定环境下制定更加准确的运营策略，使得企业更具竞争力。例如，孙琦等（2019）研究表明通过对用户行为数据进行聚类分析，电商更易通过收货方的质量偏好设计更加匹配的配送方案。然而，目前学术界尚未对数据驱动做出精确定义，吴茜茜（2020）指出数据驱动是通过对收集到的海量数据进行分析形成信息，并对信息进行整合和提炼，在数据基础上经过训练和拟合形成自动化的决策模型。当获取到新数据时，可依托已建立模型直接做出决策。数据驱动由于其独特的不确定性建模方式广受欢迎，为解决不确定性问题提供了新的途径。

常见方法，如 SAA、回归分析、贝叶斯、机器学习等，均以一种数据驱动方式来制定决策。Heese 和 Swaminathan（2010）采用贝叶斯方法研究了考虑销售努力的零售商最优库存策略。基于统计学中著名的梅耶（Kaplan-Meier）估计方法，Huh 等（2011）针对随机库存控制问题，提出了一类新的非参数自适应数据驱动策略。Uichanco（2013）在仅知需求样本数据下，采用 SAA 方法研究了报童订货问题。Jain 等（2014）依据贝叶斯方法通过对销售发生时间的观测来了解需求，并将所提方法应用于多周期报童问题。Sachs 和 Minner（2014）提出了数据驱动方法研究考虑销售损失的报童问题，所建模型能够很好地处理高度审查和价格依赖的需求。Levi 等（2015）针对基于 SAA 的数据驱动报童问题，确定了 SAA 解相对后悔超过阈值的概率的边界。Saghafian 和 Tomlin（2016）提出了一种贝叶斯更新机制，将新的需求观测数据与矩信息结合来研究报童问题。Shi 等（2016）针对需求分布未知情况下的具有仓储约束的随机周期评审多产品库存决策问题，提出了一种非参数数据驱动算法，并刻画了该算法的收敛速率。Kartal

等（2016）将机器学习算法与多准则决策相整合，有效地进行了多属性库存分析。Akcay 和 Corlu（2017）针对库存系统仿真中存在的输入模型不确定性问题，引入了一种非参数贝叶斯输入建模方法，并提出了一种模拟复制算法用于估计输入模型和输出性能。Huber 等（2019）将数据驱动方法应用于库存决策问题，旨在从需求估计、优化以及综合估计和优化三个层面对数据驱动方法的性能作出更全面的评估。此外，作者提出了基于机器学习和分位数回归的数据驱动方法来解决报童问题。Ban 和 Rudin（2019）提出了机器学习算法，即基于经验风险最小化原则的算法和基于核权重优化的算法，解决大数据报童问题。Cao 和 Shen（2019）提出一种新的神经网络模型预测随机过程分位数，该模型充分利用了神经网络的逼近能力以及分位数回归思想，在此数据驱动方法下确定了报童问题及多周期库存问题的库存水平。Ban（2020）给出了（S，s）策略的非参数估计过程，并通过推导渐近置信区间刻画了（S，s）的有限样本性质。此外，展示了如何利用审查数据获得一致估计以及利用 Stein 方法得到该策略的渐近置信区间。Zhang 和 Ye 等（2020）采用基于 SAA 的数据驱动方法研究了周期性检查随机库存控制问题，分析了数据驱动（s，S）策略的统计特性。Bertsimas 等（2023）提出了一种新的数据驱动方法来求解未知分布的多阶段随机线性优化问题。Yang 等（2023）采用机器学习和深度学习方法研究了网络零售平台中卖家的库存补充和财务决策以及出借方的利率决策。

上述研究涉及的数据驱动方法在技术手段上互有不同，但均是在假设仅知不确定参数的历史数据基础上进行决策制定。近年来，数据驱动与鲁棒优化相结合作为一种处理不确定性的新兴手段备受瞩目，对此，将在下一节进行详细介绍。

2.2.3.2 数据驱动在鲁棒优化方法中的应用研究

近年来，越来越多的学者将数据驱动思想与鲁棒优化方法相结合来探究模型的保守性和易处理性，并应用于不确定环境下的库存管理、网络设计、生产调度、最短路径等问题，如邱若臻等（2015）和 Shang 等（2017）。

此外，其他学者也进行了相关研究。Ben-Tal 等（2013）最早对 ϕ-散度进行了系统性分析，证明了基于 ϕ-散度建立的概率分布置信域，鲁棒线性和非线性优化模型可转化为易于求解的数学模型。Jiang 和 Guan（2015）和 Bayraksan 和 Love（2015）基于一般的 ϕ-散度建立的概率分布不确定集，分别针对带有机会约束的随机规划和带有追索权的两阶段随机线性规划问题建立了鲁棒优化模型。Klabjan 等（2013）针对单一产品周期性检查随机订货批量问题，提出了一种融合数据拟合和库存优化的最小最大鲁棒模型。Mamani 等（2017）针对不确定需求构建了基于中心极限定理的不确定集，给出了鲁棒订货量决策的闭式解。Cheng 和 Tang（2018）针对具有转换成本和不确定需求的多阶段生产/库存问题，采用支持向量回归模型预测产品的产量，建立了多阶段生产/库存鲁棒优化模型。Zhang 和 Jin 等（2018）采用核方法对生产调度问题中不确定参数的概率密度进行估计，并基于 copula 方法对相关关系进行深入分析，建立了基于割集的鲁棒优化模型。Rahimian 等（2019）基于变差距离研究 DRO 报童问题，确定了最优订货量的闭式解。Hu 等（2019）基于历史数据定义了一组不确定的非参数需求函数，进而建立了函数鲁棒利润模型。Gupta（2019）基于贝叶斯理论建立了 DRO 模型，模型的解具有渐进性和较强的鲁棒性。Zhao 和 You（2019）采用数据驱动方法研究了弹性供应链的设计与运作问题，并建立了双目标两阶段自适应鲁棒规划模型。Gao 等（2019）针对不确定环境下的页岩气供应链优化问题，基于主成分分析建立了两阶段 DRO 模型。Qiu 等（2020）针对随机多产品库存决策问题，建立了基于 SVC 的数据驱动多产品库存鲁棒优化模型，并将所建模型转化为易于求解的线性规划。Mohseni 和 Pishvaee（2020）在需求不确定下采用基于 SVC 的数据驱动方法研究了废水污泥转化为生物柴油的供应链的设计和规划。Han 等（2021）提出了一种基于支持向量机的有效方法，为数据驱动决策制定创建了一种新的多核学习辅助的鲁棒优化框架。Van Parys 等（2021）针对数据驱动分布式鲁棒优化问题进行研究，以找到在未知数据生成分布下将数据转换为期望成本函数的估计过程并确定最优决策。Hong 等（2021）将数据集成到鲁棒优化中，在统计学框架下构建了紧致且易于处理的预测集，并提出了数据分割方案来确定集合的大小，以实现有限样本非参数统计的可行性保证。

近年来，基于 Wasserstein 度量构建的不确定集由于良好的样本外性能和渐近保证，在鲁棒优化中得到了广泛应用。例如，Gao 和 Kleywegt（2016）推导出了基于 Wasserstein 度量的分布式鲁棒随机优化模型的对偶规划，并利用一阶最优性条件构建了近似或精确的最差概率分布。Hota 等（2018）利用 CVaR 近似推导出了基于 Wasserstein 不确定集的带有机会约束的 DRO 模型的凸近似模型。Ji 和 Lejeune（2021）将基于Wasserstein不确定集的分布式鲁棒机会约束规划转化为了混合整数规划模型。Zhao和Guan（2018）建立了基于Wasserstein不确定集的风险规避两阶段鲁棒优化模型，并对模型进行了收敛性分析。Chen等（2022）将基于Wasserstein度量的分布式鲁棒单一或联合机会约束规划模型转化为了混合整数锥规划。特别地，当基于1-范数或∞-范数构建Wasserstein不确定集时，将所建模型转化为了混合整数线性规划。Esfahani和Kuhn（2018）建立了基于Wasserstein度量的DRO模型，并证明了在某些假设下所建模型可转化为有限的凸规划。Hanasusanto和Kuhn（2018）给出了当不确定集定义为1-Wasserstein（2-Wasserstein）球时分布式鲁棒线性（两阶段）规划的等价模型。Luo和Mehrotra（2019）证明了基于Wasserstein度量的DRO问题可转化为可分解的半无限规划，并提出了割曲面法对转化模型进行求解。Saif和Delage（2021）在不确定需求下，研究了基于Wasserstein不确定集的具有容量约束的分布式鲁棒设施选址问题。Wang等（2020）在仅能获得部分行程时间的分布信息下，建立了一种基于Wasserstein不确定集的数据驱动分布式鲁棒最短路径模型。Cao等（2022）针对供应链网络设计与回收管理问题，建立了基于Wasserstein的分布式鲁棒优化模型，并给出了相应的求解算法。更多的关于数据驱动方法在鲁棒优化中的应用研究可参见文献Duan等（2018）、Liu等（2019）、Chassein等（2019）、Cherukuri和Hota（2020）、Mei等（2022）和Qiu等（2023）。上述研究成果为本书开展基于数据驱动的多产品库存鲁棒优化问题研究奠定了基础。

2.2.4 已有研究的贡献和不足

由上述文献综述可以看出，关于不确定环境下的库存问题研究已取得了丰富且有价值的研究成果，为本书研究工作的开展提供了理论指导和借鉴。具体地，对已有研究成果进行总结，阐述主要贡献、局限性以及对本书研究的启示。

2.2.4.1 主要贡献

已有研究成果为本书研究提供了强大的现实背景、可行的研究思路和研究方法，其主要贡献在于：

（1）从不同角度对多产品库存决策问题进行了丰富而深入的研究。例如，Nahmias和Schmidt（1984）、Abdel-Malek和Montanari（2005）和Zhang等

(2009）探讨了多产品库存决策问题的精确或近似求解方法；Shi 等（2011）、Serel（2012）和 Fan 等（2015）针对具有预算、产能或服务水平约束的多产品库存决策问题进行分析；Zhang（2012）、Zhang 和 Kaku 等（2012）、Zhang 等（2014）、Zhang 和 Yi 等（2018）、周佳琪和张人千（2015）及陈杰和胡江南（2018）研究了交叉销售多产品库存决策问题；Poormoaied（2022）和 Kouki 等（2016）分析了多产品联合订货或定价问题；Abdel-Malek 和 Otegbeye（2013）、Sadralashrafi 等（2018）针对需求和供应不确定下的多产品库存决策问题进行研究，确定了最优库存和/或定价策略。已有研究的建模原理、所提方法及相关结论对本书进一步明确研究问题和研究内容提供了理论依据和指导。

（2）对鲁棒优化方法进行了深入分析和有效改进，并展现出该方法在实际中具有较强的应用性。例如，鲁棒优化已由传统的静态鲁棒优化（Ben-Tal 和 Nemirovski，1998；Li 等，2011）发展为动态鲁棒优化（Bertsimas 等，2019；Yaníkoglu 等，2019；Xin 和 Goldberg，2021），极大地降低了模型的保守性；Rahmani 等（2013）、邱若臻等（2016）、Sadghiani 等（2015）、Ning 和 You（2019）、Bertsimas 和 Sim（2003，2004）及 Li 等（2011）基于对不确定参数的不同描述方式，分析了基于情景和基于集合的鲁棒优化；出于降低由绝对鲁棒性建模准则产生的模型的保守性，Roy（2010）、Zhu 等（2013）和 Lu 和 Shen（2021）研究了基于相对鲁棒性、鲁棒偏差建模准则的优化模型；Mohseni 和 Pishvaee（2020）、Yuan 等（2016）及 Zhang 和 Jin 等（2018）基于更具灵活性的不确定集，建立了鲁棒优化模型。此外，DRO 也是另外一种有效降低模型保守性的延伸方法（Scarf，1958；Zymler 等，2013；Gao 和 Kleywegt，2016；Chen 等，2019）。根据鲁棒优化在库存管理乃至其他领域中的应用研究可见，鲁棒优化可有效对抗不确定性扰动，具有良好的鲁棒性。依据此方法得到的企业运作绩效非常接近已知不确定参数完备分布信息时的最优绩效。

（3）基于不同的技术手段提出了多种数据驱动方法，数据驱动在鲁棒优化方法中的应用研究已取得突破性进展。例如，基于 SAA、回归分析、贝叶斯以及基于 SVM、SVC 等机器学习的数据驱动方法获得了广泛研究和应用（Uichanco，2013；Levi 等，2015；Zhang 和 Ye 等，2020；Heese 和 Swaminathan，2010；Jain 等，2014；Saghafian 和 Tomlin，2016；Akcay 和 Corlu，2017）；近年来，越来越多的学者将数据驱动应用于鲁棒优化，例如，基于 ϕ-散度的鲁棒优化（Ben-Tal 等，2013；Jiang 和 Guan，2015；Bayraksan 和 Love，2015；Zhao 和 Zhang，2019）、基于 Wasserstein 度量的鲁棒优化（Gao 和 Kleywegt，2016；Ji 和 Lejeune，2021；Wang 等，2020）、似然鲁棒优化（Wang 等，2016；邱若臻等，2016）、基于 SVC 的鲁棒优化（Shang 等，2017；Mohseni 和 Pishvaee，2020）等，并致力于通过一系列数学手段获得可解的优化模型或有效的求解算法。

2.2.4.2 不足之处

已有文献对不同运作背景下的多产品库存决策问题进行了丰富的研究，并逐渐形成了一定的研究体系。然而，仍存在些许研究缺口有待进一步探索，具体如下：

（1）缺乏针对考虑联合订货成本的多产品库存鲁棒/数据驱动策略的研究。已有研究将鲁棒优化方法应用于库存问题时，大多关注于分析单一产品的库存策略，并且未知参数不确定集通常具有固定的几何结构（邱若臻等，2015，2020；Qiu 等，2014，2017；孙艺萌等，2020；Abdel-Aal 和 Selim，2019）。一些学者虽然采用数据驱动方法研究了库存决策问题（Huh 等，2011；Jain 等，2014；Levi 等，2015；Huber 等，2019；Zhang 和 Ye 等，2020），但大多针对单一产品库存系统，且鲜有研究考虑多产品联合订货导致的固定订货成本以及考虑是否存在具有某种结构的最优库存策略。

（2）缺乏针对考虑交叉销售的多产品库存鲁棒/数据驱动策略的研究。已有研究大多基于确定性需求或假设已知需求分布通过构建报童或博弈模型对交叉销售多产品库存决策问题进行研究（Zhang，2012；Zhang 和 Kaku 等，2012；Zhang 等，2014；周佳琪和张人千，2015；陈杰和胡江南，2018），并且通常不考虑预算约束。在仅能获取到历史需求数据的情况下，针对交叉销售多产品库存决策问题如何制定合理的库存策略还未被研究。

（3）缺乏针对考虑服务水平的双渠道多产品库存鲁棒/数据驱动策略的研究。已有关于双渠道库存决策问题的研究主要集中于在已知完备市场需求信息下，分析双渠道定价、订货量、提前期和/或服务水平等策略（Schneider 和 Klabjan，2013；Li 等，2015；Roy 等，2016；Yang 等，2017；Huang 等，2021）。鲜有学者研究双渠道供应链鲁棒运作策略，Yu 和 Deng（2017）、Modak 和 Kelle

（2019）虽然探究了这一问题，但均未考虑服务水平，并且仅考虑了单一产品库存系统。目前，尚未有学者将数据驱动思想应用于鲁棒优化来研究考虑服务水平的双渠道多产品库存决策问题，或在问题中同时考虑定价、订货量和提前期决策。

（4）缺乏针对考虑多供货源的多产品库存鲁棒/数据驱动策略的研究。已有部分研究（Abdel-Malek 等，2008；Abdel-Malek 和 Otegbeye，2013；Sadralashrafi 等，2018）考虑了供需不确定下的多产品库存决策问题，但研究中仅涉及了单一供应商情况；现有研究大多假设供应商之间的产出是相互独立的，虽然 Yan 等（2012）、Li 等（2013）、Park 和 Lee（2016）探讨了供应商产出之间的相关性，但集中于单一产品的订货和/或定价策略。目前，尚未有学者将数据驱动思想应用于鲁棒优化来研究考虑多供货源的多产品库存决策问题或在问题中同时考虑预算约束。

2.2.4.3 对本书关注问题的启示

已有文献的研究背景、提出的概念和理论，建立的模型和求解方法、得到的结论及实践意义和价值为本书研究奠定了坚实的理论基础，提供了宝贵的经验和启示。具体如下：

（1）针对需求不确定下考虑固定订货成本的多产品联合库存决策问题，借鉴一般的库存优化模型（Zhang 和 Du，2010；Moon 和 Silver，2000；Abdel-Malek 和 Montanari，2005）以及基于情景的鲁棒优化理论（Rahmani 等，2013；邱若臻等，2016，2019；Sadghiani 等，2015；Ning 和 You，2019）处理不确定需求；同时，依托基于 ϕ-散度的数据驱动方法（Ben-Tal 等，2013；邱若臻等，2015；Jiang 和 Guan，2015；Bayraksan 和 Love，2015；Zhao 和 Zhang，2019）对未知需求的概率分布进行定量描述，建立联合订货下基于 ϕ-散度的数据驱动多产品库存鲁棒优化模型。在模型求解方面，依托文献 Gallego 和 Sethi（2005）和 Liu 和 Esogbue（1999）中的 K_0-凸理论和相关性质以及拉格朗日对偶理论（张文思等，2016；张多琦，2017）对模型进行处理，获得具有某种结构的库存策略。

（2）针对需求不确定下考虑预算约束的交叉销售多产品库存决策问题，借鉴（Zhang 等，2014；周佳琪和张人千，2015）对交叉销售产品市场需求的描述，定义产品的有效需求函数。进一步地，借鉴基于 SVC 的数据驱动方法

（Shang 等，2017），对未知需求进行定量描述，并依托一般的鲁棒优化模型范例（Ben-Tal 和 Nemirovski，1998；Vairaktarakis，2000；Gorissen 等，2015），建立交叉销售下带有预算约束的数据驱动多产品库存鲁棒优化模型。在模型求解方面，依托对偶理论（Qiu 等，2017；胡艳杰等，2016），对模型进行处理，获得最优库存策略。

（3）针对需求不确定下考虑服务水平约束的双渠道多产品库存决策问题，借鉴已有的关于双渠道库存决策问题研究的基本思路（Li 等，2015；Yu 和 Deng，2017；Modak 和 Kelle，2019；Huang 等，2021）和将服务水平纳入研究中的现实需要（Fan 等，2015；Sarkar 等，2015；孙艺萌和邱若臻，2021），给出考虑服务水平约束的双渠道多产品库存优化问题的研究框架。借鉴价格、提前期等因素对需求影响的研究（Adida 和 Perakis，2010；Modak 和 Kelle，2019），定义产品需求函数。同时，依托基于 Wasserstein 度量的数据驱动方法（Hota 等，2018；Ji 和 Lejeune，2021；Zhao 和 Guan，2018；Esfahani 和 Kuhn，2018），对未知需求概率分布进行定量描述，并借鉴 DRO 模型范例（Zymler 等，2013；Gao 和 Kleywegt，2016），建立具有服务水平约束的数据驱动双渠道多产品库存分布式鲁棒优化模型。在模型转化和求解方面，依托拉格朗日对偶理论、CVaR 近似、线性化手段（张文思等，2016；张多琦，2017；Zhao 和 Guan，2018；Esfahani 和 Kuhn，2018；Yuan 等，2017；Wittmann-Hohlbein 和 Pistikopoulos，2014），对模型进行处理，获得最优鲁棒订货、定价和提前期策略。

（4）针对供需不确定下考虑预算约束的多供应商多产品库存决策问题，借鉴已有的关于供需不确定下库存决策问题研究的基本思路（Chao 等，2016；Park 和 Lee，2016），以及将多个供应商纳入研究中的现实需要（Huang 和 Xu，2015；Xue 等，2016），给出考虑多供货源的多产品库存优化问题的研究框架。借鉴库存水平对需求影响的研究（Li 等，2015；Lee 和 Dye，2012；Chen 等，2012），定义产品需求函数。同时，借鉴 DRO 库存模型范例（Hanasusanto 和 Kuhn 等，2015；Park 和 Lee，2016；于辉等，2017；Xin 和 Goldberg，2021），建立具有预算约束的数据驱动多产品库存分布式鲁棒优化模型，分析不同类别供应商下零售商的最优库存策略。在模型求解方面，依托拉格朗日乘子技术（Gallego 和 Moon，1993；左晓露，2014），确定最优订货策略。

2.3 本章小结

首先，本章概述了研究内容的相关理论，包括多产品报童问题的基本模型、报童问题的扩展研究和相应的求解方法、三种鲁棒建模准则和准则的优缺点及适用范围、传统不确定集和数据驱动不确定集的多种建模方式、两种基于数据驱动的鲁棒优化建模范式。本章提出的相关理论是本书研究工作的主要理论依据，可为进一步深入探究基于数据驱动的多产品库存鲁棒优化策略提供理论基础和依据。

其次，围绕经典多产品库存决策问题及其扩展研究、鲁棒优化及其在库存管理中的应用研究、数据驱动及其在鲁棒优化方法中的应用研究三个方面进行文献综述，针对不确定环境下的库存决策问题的国内外研究现状进行分析，总结已有研究成果的主要贡献，分析其局限性，并揭示已有研究对本书研究内容的启示，为后续章节的研究工作奠定了基础。

第3章 联合订货下基于 ϕ-散度的数据驱动多产品库存鲁棒优化模型

3.1 引言

目前，数据驱动鲁棒优化方法在多产品库存决策问题中的应用研究尚不多见。多数研究集中于已知完备的随机需求分布信息，通过优化期望成本或期望利润获得最优库存策略。鲁棒优化方法在解决不确定环境下的库存决策问题时通常预先指定某一不确定集，如盒子、椭球和多面体。然而，采用这种事先指定的不确定集可能会丢失相关数据的重要信息，从而对最终决策带来不利影响（Wang等，2016）。此外，以往研究采用鲁棒优化方法处理库存系统中的不确定性时大多针对单一产品库存系统，而现实中企业往往经营多种产品以获得更高的竞争优势和更多的收益。在库存管理领域，虽已有部分学者采用数据驱动方法探讨了库存决策问题，但未考虑是否存在具有某种结构的最优库存策略，并且通常仅针对单一产品库存系统。此外，对多产品联合订货导致的固定订货成本鲜有涉及。

基于以上，本章将在市场需求不确定条件下，研究联合订货下的多产品库存决策问题。现实中，产品需求往往会受到市场环境、政策及消费者心理预期等因素的影响，具有较高的不确定性，使得企业在实际经营过程中，很难掌握市场需求的完备信息。对需求参数的任何不当假设，都将可能给企业造成严重的绩效损失，由此可见，已知需求分布信息的假设难以符合实际要求。本章在市场需求不确定条件下，建立考虑联合订货成本的多产品库存鲁棒优化模型。针对不确定市场需求，采用一系列未知概率的离散情景进行描述，给出基于绝对鲁棒性准则的鲁棒对应模型，并证明（s，S）库存策略的最优性。进一步地，在仅知多产品市场需求历史数据基础上，采用基于 ϕ-散度的数据驱动方法构建满足一定置信度要求的关于未知需求概率分布的不确定集。在此基础上，为获得（s，S）库存策略的相关参数，运用拉格朗日对偶方法将所建模型等价转化为易于求解的数学规划问题。最后，通过数值计算分析 Kullback-Leibler 散度和 Cressie-Read 散度以及不同的置信水平下的多产品库存绩效，并将其与真实分布下应用鲁棒库存策略得到的库存绩效进行对比。基于本章方法得到的库存策略能够有效抑制需求不确定性扰动，具有良好的鲁棒性。本章方法可为管理者在需求不确定性环境下制定库存策略提供有效决策借鉴。

3.2 基本模型描述

本节针对需求不确定下考虑固定订货成本的多产品联合库存决策问题进行具体描述，给出本章所涉及的数学符号的定义与说明，进而建立基本模型。

为满足不同消费者对不同产品的需求，零售商经营多种不同类型的产品。在销售季节来临之前，零售商需要确定每种产品是否需要订货及订购多少数量。如果产品需要订货，则需支付采购成本。假设零售商采取联合订货的方式，每次联合订货将会产生固定订货成本。销售期开始，零售商出售产品；在销售期末，如果产品有剩余，则导致库存持有成本；而对于未满足需求的部分，将导致缺货成本。

对于不确定市场需求，假设仅知每种产品的历史需求数据，而具体分布形式未知。每种产品的需求可能会发生多种情景，并且每种情形的发生具有一定的概率、未知量。在制定库存策略之前，零售商先对其经营的产品进行库存核查，记录产品在订货之前的期初库存水平，进而确定最优库存策略。零售商的目标为制定具有某种结构的最优库存策略，以有效应对市场需求的不确定性扰动，并最小化总期望成本。

为便于理解，下面对本章中所涉及的一些常用数学符号做出简要说明，如表 3-1 所示。未在表 3-1 中列出的相关符号将在本书中做具体说明。

表 3-1　符号说明

通用符号	含义及说明
j	产品种类，$j=1, 2, \cdots, J$，J 为一正整数
c_j	产品 j 的单位采购成本
r_j	产品 j 的单位零售价格
h_j	产品 j 的单位库存持有成本
l_j	产品 j 的单位缺货成本
K_0	零售商采取联合订货方式时每次联合订货导致的固定成本
x_{0j}	产品 j 的期初库存水平
x_j	产品 j 订货后的库存水平
rn_j	产品 j 的需求情景数
随机变量	**含义及说明**
d_j	产品 j 的需求，共有 m_j 种可能的情景 $d_j \in \{d_j^1, d_j^2, \cdots, d_j^i, \cdots, d_j^{m_j}\}$，情景 d_j^i 发生的概率记为 $p_j^i=\Pr\{d_j=d_j^i\}$，满足 $p_j^i \geqslant 0$，$\sum_{i=1}^{m_j} p_j^i=1$
决策变量	**含义及说明**
q_j	产品 j 的订货量，$q_j=x_j-x_{0j}\geqslant 0$
S_j	产品 j 的订货至库存水平
s_j	产品 j 的再订货点

基于上述问题的基本描述以及对决策变量和相关参数的定义，对多产品库存优化问题进行建模。当零售商产品 j 的库存量为 x_j，市场需求为 d_j^i 时，所导致的库存成本可表示为：

$$C_j(x_j;\ d_j^i)=h_j\max\{x_j-d_j^i,\ 0\}+l_j\max\{d_j^i-x_j,\ 0\}-r_j\min\{x_j,\ d_j^i\} \tag{3-1}$$

其中，式（3-1）中进一步考虑了零售商销售收入，因此，最小化库存总成本可等价转化为最大化利润问题。为方便描述，令 $\boldsymbol{x}_0=(x_{01}, x_{02}, \cdots, x_{0J})^T$ 和 $\boldsymbol{x}=$

$(x_1, x_2, \cdots, x_J)^T$ 分别表示期初库存水平向量和订货后库存水平向量。令 $\boldsymbol{p}_j = (p_j^1, p_j^2, \cdots, p_j^i, \cdots, p_j^{m_j})^T$ 表式产品 j 的需求概率向量、未知量。当考虑联合订货固定成本时，零售商多产品库存优化问题可表述为：

$$z(\boldsymbol{x}_0) = \min_{\boldsymbol{x} \geqslant \boldsymbol{x}_0} \left\{ \sum_{j=1}^{J} K_0 \delta(\boldsymbol{e}^T(\boldsymbol{x} - \boldsymbol{x}_0)) + c_j(x_j - x_{0j}) + \boldsymbol{C}_j(x_j)^T \boldsymbol{p}_j \right\} \tag{3-2}$$

其中，$\boldsymbol{e}$ 表示适维单位向量。$\delta(\Delta)$ 表示指示函数，当 $\Delta>0$ 时，$\delta(\Delta)=1$；当 $\Delta \leqslant 0$ 时，$\delta(\Delta)=0$。$\boldsymbol{C}_j(x_j) = (C_j(x_j; d_j^1), C_j(x_j; d_j^2), \cdots, C_j(x_j; d_j^{m_j}))^T$。当产品需求概率分布 $\boldsymbol{p}_j(j=1, 2, \cdots, J)$ 已知时，问题（3-2）等价于随机库存优化问题。然而，现实中通常难以精确描述市场需求的随机波动特征。下面将在未知需求概率分布条件下，采用鲁棒优化方法构建多产品库存鲁棒优化模型，并给出能有效应对不确定性扰动的零售商多产品库存策略。

3.3 联合订货下多产品库存鲁棒优化模型构建及最优库存策略分析

本节将基于绝对鲁棒性建模准则，构建模型（3-2）的鲁棒对应，并分析其结构属性，探讨是否存在某种策略结构使得总库存成本最低。基于此，介绍了 K_0-凸函数的定义及其相关性质，进而证明了所建模型存在最优的（$\boldsymbol{s}$，$\boldsymbol{S}$）库存策略。从而可确定最优订货数量。

3.3.1 多产品库存鲁棒优化模型

当每种产品的市场需求分布未知时，不失一般性地，令 U_j 表示产品 j 的市场需求概率分布所隶属的不确定集，即 $\boldsymbol{p}_j \in U_j$，$j=1, 2, \cdots, J$，则在绝对鲁棒性准则下，式（3-2）鲁棒对应可描述为：

$$\begin{aligned} f(\boldsymbol{x}_0) &= \min_{\boldsymbol{x} \geqslant \boldsymbol{x}_0} \max_{\boldsymbol{p}_j \in U_j} \left\{ \sum_{j=1}^{J} K_0 \delta(\boldsymbol{e}^T(\boldsymbol{x} - \boldsymbol{x}_0)) + c_j(x_j - x_{0j}) + \boldsymbol{C}_j(x_j)^T \boldsymbol{p}_j \right\} \\ &= \min_{\boldsymbol{x} \geqslant \boldsymbol{x}_0} \left\{ \sum_{j=1}^{J} K_0 \delta(\boldsymbol{e}^T(\boldsymbol{x} - \boldsymbol{x}_0)) + c_j(x_j - x_{0j}) + \max_{\boldsymbol{p}_j \in U_j} \sum_{j=1}^{J} \boldsymbol{C}_j(x_j)^T \boldsymbol{p}_j \right\} \end{aligned}$$

$$= \min_{x \geqslant x_0} \left\{ \sum_{j=1}^{J} K_0 \delta(\boldsymbol{e}^T(\boldsymbol{x} - \boldsymbol{x}_0)) + c_j(x_j - x_{0j}) + \sum_{j=1}^{J} \max_{\boldsymbol{p}_j \in U_j} \boldsymbol{C}_j(x_j)^T \boldsymbol{p}_j \right\}$$

$$= \min_{x \geqslant x_0} \sum_{j=1}^{J} \{ K_0 \delta(\boldsymbol{e}^T(\boldsymbol{x} - \boldsymbol{x}_0)) + c_j(x_j - x_{0j}) + \max_{\boldsymbol{p}_j \in U_j} \boldsymbol{C}_j(x_j)^T \boldsymbol{p}_j \} \tag{3-3}$$

针对单一产品库存决策问题，已有研究证明了当不确定市场需求随机分布已知时，存在形如（s，S）形式的最优库存策略使得库存成本最低。其中，s 是再订货点，S 是订货至库存水平（Scarf，1958）。下面将针对未知需求分布下的多产品库存决策问题，通过分析式（3-3）的结构属性探讨是否仍存在某种策略结构使得库存成本最低。

3.3.2 K_0-凸函数定义与相关性质

对于单一产品库存决策问题，为了证明（s，S）库存策略的最优性，Scarf（1958）定义了一维实数空间上的 K-凸函数。在此基础上，Gallego 和 Sethi（2005）进一步将其扩展到 n 维空间，定义 K_0-凸函数如下，即

定义 3.3.1 对于函数 $\varphi(\boldsymbol{u})$：$\mathbb{R}^n \rightarrow$：$\mathbb{R}^1$，$K_0 \geqslant 0$，如果不等式

$$K_0 + \varphi(\boldsymbol{u} + \boldsymbol{v}) \geqslant \varphi(\boldsymbol{u}) + \frac{1}{\lambda}(\varphi(\boldsymbol{u}) - \varphi(\boldsymbol{u} - \lambda \boldsymbol{v})) \tag{3-4}$$

对 $\forall \boldsymbol{v} \geqslant \boldsymbol{0}$，$\boldsymbol{v} \in \mathbb{R}^n$，$\lambda > 0$，$\lambda \in \mathbb{R}$ 和 $\forall \boldsymbol{u} \in \mathbb{R}^n$ 均成立，则函数 $\varphi(\boldsymbol{u})$ 是 K_0-凸函数。

进一步，Liu 和 Esogbue（1999）指出，上述定义等价于，如果对任意的 $\boldsymbol{u}_1 \leqslant \boldsymbol{u}_2$，$\lambda \in [0, 1]$，则下式成立，即

$$\varphi(\lambda \boldsymbol{u}_1 + (1-\lambda)\boldsymbol{u}_2) \leqslant \lambda \varphi(\boldsymbol{u}_1) + (1-\lambda)[\varphi(\boldsymbol{u}_2) + K_0 \delta(\boldsymbol{e}^T(\boldsymbol{u}_2 - \boldsymbol{u}_1))] \tag{3-5}$$

则函数 $\varphi(\boldsymbol{u})$：$\mathbb{R}^n \rightarrow \mathbb{R}^1$ 是 K_0-凸函数，$K_0 \geqslant 0$。在几何上，函数 $\varphi(\boldsymbol{u})$ 是 K_0-凸函数，当且仅当所有中间点$(\lambda \boldsymbol{u}_1 + (1-\lambda)\boldsymbol{u}_2, \varphi(\lambda \boldsymbol{u}_1 + (1-\lambda)\boldsymbol{u}_2))$，$\lambda \in [0, 1]$，位于点$(\boldsymbol{u}_1, \varphi(\boldsymbol{u}_1))$和$(\boldsymbol{u}_2, \varphi(\boldsymbol{u}_2) + K_0 \delta(\boldsymbol{e}^T(\boldsymbol{u}_2 - \boldsymbol{u}_1)))$连接线段的下方。

为了方便描述，定义函数 $g(\boldsymbol{x})$ 如下：

$$g(\boldsymbol{x}) = \sum_{j=1}^{J} c_j(x_j - x_{0j}) + \max_{\boldsymbol{p}_j \in U_j} \boldsymbol{C}_j(x_j)^T \boldsymbol{p}_j \tag{3-6}$$

则在 K_0-凸函数定义基础上，有如下引理 3.3.1 成立，即

引理 3.3.1 函数 $g(\boldsymbol{x})$ 是一个连续 K_0-凸函数且 $\lim_{\|\boldsymbol{x}\| \rightarrow \infty} g(\boldsymbol{x}) = \infty$。

证明：很明显，式（3-6）中 $c_j(x_j-x_{0j})(j=1, 2, \cdots, J)$是仿射凸函数。令

$$G_j(x_j)=\max_{\boldsymbol{p}_j\in U_j}\boldsymbol{C}_j(x_j)^T\boldsymbol{p}_j,\ j=1, 2, \cdots, J \tag{3-7}$$

$G_j(x_j)$是仿射函数的逐点上确界，仍为凸函数。因此，$g(\boldsymbol{x})$是凸函数，也是K_0-凸函数。由连续函数的四则运算定理可知函数$g(\boldsymbol{x})$连续，且$\lim_{\|\boldsymbol{x}\|\to\infty}g(\boldsymbol{x})=\infty$。证毕。

根据引理 3.3.1，函数$g(\boldsymbol{x})$存在一个全局极小值点$\boldsymbol{S}=(S_1, S_2, \cdots, S_J)^T\in\mathbb{R}^J$。进一步，定义集合

$$\Xi=\{\boldsymbol{x}\leqslant\boldsymbol{S}\mid g(\boldsymbol{x})=g(\boldsymbol{S})+K_0\} \tag{3-8}$$

显然，集合Ξ是非空有界的。令

$$\Sigma=\{\boldsymbol{x}\leqslant\boldsymbol{S}\mid\exists\boldsymbol{s}\in\Xi\ \text{s. t.}\ \boldsymbol{x}\in\overline{\boldsymbol{sS}}\} \tag{3-9}$$

$$\sigma=\{\boldsymbol{x}\leqslant\boldsymbol{S}\mid\boldsymbol{x}\notin\Sigma\} \tag{3-10}$$

其中，$\boldsymbol{x}\in\overline{\boldsymbol{sS}}$表示$\boldsymbol{x}$位于由$\boldsymbol{s}$和$\boldsymbol{S}$构成的线段内，则$\sigma\cap\Sigma=\sigma\cap\Xi=\emptyset$。在式（3-9）和式（3-10）基础上，有如下引理 3.3.2 成立。

引理 3.3.2 对于满足$\lim_{\|\boldsymbol{x}\|\to\infty}g(\boldsymbol{x})=\infty$的连续$K_0$-凸函数$g(\boldsymbol{x})$，有下述结论成立，即

（i）如果$\boldsymbol{x}\in\Sigma$，则$g(\boldsymbol{x})\leqslant K_0+g(\boldsymbol{S})$；

（ii）如果$\boldsymbol{x}\in\sigma$，则$g(\boldsymbol{x})>K_0+g(\boldsymbol{S})$。

证明：假设存在$\boldsymbol{x}\in\Sigma$，满足$g(\boldsymbol{x})>K_0+g(\boldsymbol{S})$，则由集合$\Sigma$的定义可知，存在$\boldsymbol{s}$满足$\boldsymbol{x}\in\overline{\boldsymbol{sS}}$且$g(\boldsymbol{s})=K_0+g(\boldsymbol{S})$，则$g(\boldsymbol{x})>g(\boldsymbol{s})$，即中间点$(\boldsymbol{x}, g(\boldsymbol{x}))$位于连接点$(\boldsymbol{s}, g(\boldsymbol{s}))$和$(\boldsymbol{S}, g(\boldsymbol{S})+K_0)$的线段的上方，与函数$g(\boldsymbol{x})$的几何意义相矛盾，因此(i)成立。又$\sigma\cap\Sigma=\emptyset$，显然结论(ii)成立。证毕。

上述引理 3.3.2 暗含当产品的库存水平属于集合Σ时，零售商不订货时产生的库存成本低于订货后产生的库存成本，因此，零售商的最优决策是选择不订货，以当前库存量进行销售；当产品的库存水平属于集合σ时，零售商将选择订货，订货数量为$\boldsymbol{q}=\boldsymbol{S}-\boldsymbol{x}>\boldsymbol{0}$。

3.3.3 库存策略最优性证明

对于联合订货下的多产品库存鲁棒优化问题（3-3），可证明其存在最优的

(s, S) 库存策略。首先，给出如下引理：

引理 3.3.3 对于连续 K_0-凸函数 $g(x)$，考虑联合订货成本的多产品库存鲁棒优化问题（3-3）等价于

$$f(\boldsymbol{x}_0)=\min_{\boldsymbol{x}\geqslant \boldsymbol{x}_0}\{K_0\delta(\boldsymbol{e}^T(\boldsymbol{x}-\boldsymbol{x}_0))+g(\boldsymbol{x})\}$$

$$=\begin{cases}K_0+g(\boldsymbol{S}), & \boldsymbol{x}_0\in\sigma\\ g(\boldsymbol{x}_0), & \boldsymbol{x}_0\in\Sigma\end{cases}$$

$$=\begin{cases}K_0+\sum\limits_{j=1}^{J}c_j(S_j-x_{0j})+G_j(S_j), & \boldsymbol{x}_0\in\sigma\\ \sum\limits_{j=1}^{J}G_j(x_{0j}), & \boldsymbol{x}_0\in\Sigma\end{cases} \tag{3-11}$$

其中，$\boldsymbol{S}=(S_1, S_2, \cdots, S_J)^T$ 是函数 $g(\boldsymbol{x})$ 的全局极小值点。并且，函数 $f(\boldsymbol{x}_0)$ 连续且在 $\{\boldsymbol{x}_0\leqslant \boldsymbol{S}\}$ 上是 K_0-凸函数。

证明： 由引理 3.3.2 可知，当 $\boldsymbol{x}_0\in\sigma$ 时，$g(\boldsymbol{x}_0)>K_0+g(\boldsymbol{S})$，显然，$\boldsymbol{x}=\boldsymbol{S}$ 是可行解，则对 $\forall\, \boldsymbol{x}<\boldsymbol{S}$，$\boldsymbol{S}$ 是 $g(\boldsymbol{x})$ 的全局极小值点，有 $K_0+g(\boldsymbol{S})\leqslant K_0+g(\boldsymbol{x})$ 成立。因此，当订货达到 $\boldsymbol{S}(\boldsymbol{x}^*(\boldsymbol{x}_0)=\boldsymbol{S})$ 时，$f(\boldsymbol{x}_0)$ 取极小值，即 $f(\boldsymbol{x}_0)=K_0+g(\boldsymbol{S})$。当 $\boldsymbol{x}_0\in\Sigma$ 时，$g(\boldsymbol{x}_0)\leqslant K_0+g(\boldsymbol{S})$，显然，$\boldsymbol{x}=\boldsymbol{x}_0$ 是可行解，则对 $\forall\, \boldsymbol{x}>\boldsymbol{x}_0$，有 $g(\boldsymbol{x}_0)\leqslant K_0+g(\boldsymbol{S})\leqslant K_0+g(\boldsymbol{x})$。因此，当库存水平为 $\boldsymbol{x}_0(\boldsymbol{x}^*(\boldsymbol{x}_0)=\boldsymbol{x}_0)$ 时，库存成本最小，此时，$f(\boldsymbol{x}_0)=g(\boldsymbol{x}_0)$。

证明 $f(\boldsymbol{x}_0)$ 是连续的，只需证明对任意的闭子集 $\Gamma\subset\mathbb{R}^J$，$f(\boldsymbol{x}_0)$ 是连续函数。定义集合 $\Lambda=\{\boldsymbol{x}^*(\boldsymbol{x}_0)\mid \boldsymbol{x}_0\in\Gamma\}$，又 $g(\boldsymbol{x})$ 是连续函数，且 $\lim\limits_{\|\boldsymbol{x}\|\to\infty}g(\boldsymbol{x})=\infty$，因此 $g(\boldsymbol{x})$ 在紧致集合 Λ 上一致连续，即，对 $\forall\,\varepsilon>0$，$\exists\,\delta>0$，满足对 $\forall\, \boldsymbol{x}_1$，$\boldsymbol{x}_2\in\Lambda$，当 $\|\boldsymbol{x}_1-\boldsymbol{x}_2\|_2<\delta$ 时，有 $|g(\boldsymbol{x}_1)-g(\boldsymbol{x}_2)|<\varepsilon$。令任意两点 $\boldsymbol{x}_{01}$，$\boldsymbol{x}_{02}\in\Gamma$，且满足 $\|\boldsymbol{x}_{01}-\boldsymbol{x}_{02}\|_2<\delta$，考虑如下两种情况：

（i）$\boldsymbol{x}^*(\boldsymbol{x}_{01})>\boldsymbol{x}_{01}$。此时，存在 $\boldsymbol{x}'_2\geqslant \boldsymbol{x}_{02}$，满足 $\|\boldsymbol{x}^*(\boldsymbol{x}_{01})-\boldsymbol{x}'_2\|_2<\delta$，$\boldsymbol{x}^*(\boldsymbol{x}_{01})$，$\boldsymbol{x}'_2\in\Lambda$，又 $g(\boldsymbol{x})$ 是一致连续的，则 $f(\boldsymbol{x}_{01})=K_0+g(\boldsymbol{x}^*(\boldsymbol{x}_{01}))>K_0+g(\boldsymbol{x}'_2)-\varepsilon\geqslant f(\boldsymbol{x}_{02})-\varepsilon$。

（ii）$\boldsymbol{x}^*(\boldsymbol{x}_{01})=\boldsymbol{x}_{01}$。此时，$f(\boldsymbol{x}_{01})=g(\boldsymbol{x}_{01})$ 且存在 $\boldsymbol{x}'_2=\boldsymbol{x}_{02}$ 满足 $\|\boldsymbol{x}^*(\boldsymbol{x}_{01})-\boldsymbol{x}'_2\|_2<\delta$，$\boldsymbol{x}^*(\boldsymbol{x}_{01})$，$\boldsymbol{x}'_2\in\Lambda$，即 $\|\boldsymbol{x}_{01}-\boldsymbol{x}_{02}\|_2<\delta$，又函数 $g(\boldsymbol{x})$ 是一致连

续的，因此，$|g(\boldsymbol{x}_{01})-g(\boldsymbol{x}_{02})|<\varepsilon$，即 $g(\boldsymbol{x}_{01})>g(\boldsymbol{x}_{02})-\varepsilon$。从而，$f(\boldsymbol{x}_{01})>g(\boldsymbol{x}_{02})-\varepsilon\geqslant f(\boldsymbol{x}_{02})-\varepsilon$。

综合（i）和（ii）两种情况，均有 $f(\boldsymbol{x}_{01})>f(\boldsymbol{x}_{02})-\varepsilon$；同理可证 $f(\boldsymbol{x}_{02})>f(\boldsymbol{x}_{01})-\varepsilon$。即，$|f(\boldsymbol{x}_{01})-f(\boldsymbol{x}_{02})|<\varepsilon$，说明函数 $f(\boldsymbol{x}_0)$ 在闭子集 Γ 上一致连续，因此是连续函数。

要证明 $f(\boldsymbol{x}_0)$ 在 $\{\boldsymbol{x}_0\leqslant\boldsymbol{S}\}$ 上是 K_0-凸函数，根据定义 3.3.1，只需证明下述不等式成立，即

$$K_0+f(\boldsymbol{x}_0+\boldsymbol{v})\geqslant f(\boldsymbol{x}_0)+\frac{1}{\lambda}[f(\boldsymbol{x}_0)-f(\boldsymbol{x}_0-\lambda\boldsymbol{v})] \tag{3-12}$$

对任意的 $\boldsymbol{v}\geqslant\boldsymbol{0}$，$\lambda>0$ 和 $\boldsymbol{x}_0\leqslant\boldsymbol{S}$，假设 $\boldsymbol{x}_0+\boldsymbol{v}\leqslant\boldsymbol{S}$，显然有 $\boldsymbol{x}_0-\lambda\boldsymbol{v}\leqslant\boldsymbol{S}$。考虑如下四种情况：

（1）当 $\boldsymbol{x}_0-\lambda\boldsymbol{v}\in\sigma$，$\boldsymbol{x}_0\in\sigma$，$\boldsymbol{x}_0+\boldsymbol{v}\in\sigma$ 时，

$$\begin{aligned}K_0+f(\boldsymbol{x}_0+\boldsymbol{v})&=K_0+K_0+g(\boldsymbol{S})\\&\geqslant K_0+g(\boldsymbol{S})+\frac{1}{\lambda}[K_0+g(\boldsymbol{S})-K_0-g(\boldsymbol{S})]\\&=f(\boldsymbol{x}_0)+\frac{1}{\lambda}[f(\boldsymbol{x}_0)-f(\boldsymbol{x}_0-\lambda\boldsymbol{v})]\end{aligned}$$

（2）当 $\boldsymbol{x}_0-\lambda\boldsymbol{v}\in\sigma$，$\boldsymbol{x}_0\in\sigma$，$\boldsymbol{x}_0+\boldsymbol{v}\in\Sigma$ 时，

$$\begin{aligned}K_0+f(\boldsymbol{x}_0+\boldsymbol{v})&=K_0+g(\boldsymbol{x}_0+\boldsymbol{v})\\&\geqslant K_0+g(\boldsymbol{S})=K_0+g(\boldsymbol{S})+\frac{1}{\lambda}[K_0+g(\boldsymbol{S})-K_0-g(\boldsymbol{S})]\\&=f(\boldsymbol{x}_0)+\frac{1}{\lambda}[f(\boldsymbol{x}_0)-f(\boldsymbol{x}_0-\lambda\boldsymbol{v})]\end{aligned}$$

（3）当 $\boldsymbol{x}_0-\lambda\boldsymbol{v}\in\sigma$，$\boldsymbol{x}_0\in\Sigma$，$\boldsymbol{x}_0+\boldsymbol{v}\in\Sigma$ 时，

$$\begin{aligned}K_0+f(\boldsymbol{x}_0+\boldsymbol{v})&=K_0+g(\boldsymbol{x}_0+\boldsymbol{v})\geqslant K_0+g(\boldsymbol{S})\geqslant g(\boldsymbol{x}_0)\\&\geqslant g(\boldsymbol{x}_0)+\frac{1}{\lambda}[g(\boldsymbol{x}_0)-K_0-g(\boldsymbol{S})]\\&=f(\boldsymbol{x}_0)+\frac{1}{\lambda}[f(\boldsymbol{x}_0)-f(\boldsymbol{x}_0-\lambda\boldsymbol{v})]\end{aligned}$$

（4）当 $\boldsymbol{x}_0-\lambda\boldsymbol{v}\in\Sigma$，$\boldsymbol{x}_0\in\Sigma$，$\boldsymbol{x}_0+\boldsymbol{v}\in\Sigma$ 时，

$$
\begin{aligned}
K_0+f(\boldsymbol{x}_0+\boldsymbol{v})&=K_0+g(\boldsymbol{x}_0+\boldsymbol{v})\\
&\geqslant g(\boldsymbol{x}_0)+\frac{1}{\lambda}[g(\boldsymbol{x}_0)-g(\boldsymbol{x}_0-\lambda\boldsymbol{v})]\\
&=f(\boldsymbol{x}_0)+\frac{1}{\lambda}[f(\boldsymbol{x}_0)-f(\boldsymbol{x}_0-\lambda\boldsymbol{v})]
\end{aligned}
$$

综上所述，不等式（3-12）成立，因此，$f(\boldsymbol{x}_0)$ 在 $\{\boldsymbol{x}_0\leqslant \boldsymbol{S}\}$ 上是 K_0-凸函数。证毕。

根据引理 3.3.3 及其证明过程，得如下定理 3.3.1，即

定理 3.3.1　对于联合订货下的多产品库存鲁棒优化问题（3-3），存在最优的（$\boldsymbol{s}$，$\boldsymbol{S}$）库存策略。当初始库存水平 $\boldsymbol{x}_0\in\sigma$ 时，将库存补充至 $\boldsymbol{S}$；当初始库存水平 $\boldsymbol{x}_0\in\Sigma$ 时，则不订货。即最优订货量为：

$$
\boldsymbol{q}^*(\boldsymbol{x}_0)=\begin{cases}\boldsymbol{S}, & \boldsymbol{x}_0\in\sigma\\ \boldsymbol{x}_0, & \boldsymbol{x}_0\in\Sigma\end{cases} \tag{3-13}
$$

其中，集合 Σ 和 σ 定义如式（3-9）和式（3-10）所示。

上述定理 3.3.1 给出了需求分布未知条件下，考虑联合订货的多产品最优（$\boldsymbol{s}$，$\boldsymbol{S}$）库存策略结构。然而，参数 $\boldsymbol{s}$ 和 $\boldsymbol{S}$ 的确定依赖于产品市场需求分布所隶属的不确定集。下面利用基于 ϕ-散度的数据驱动方法，针对每一种产品 j（$j=1, 2, \cdots, J$），探讨如何在一定置信水平下构建未知需求概率分布的不确定集 U_j，从而通过求解问题（3-3）确定最优库存策略参数。

3.4　基于 ϕ-散度的数据驱动不确定集构建及库存策略参数的确定

本节首先给出 ϕ-散度的定义和相关性质。其次在仅知产品的历史需求数据基础上，构建满足一定置信水平的不确定需求概率的置信域。最后确定最优订货至库存水平 $\boldsymbol{S}$ 和最优再订货点 $\boldsymbol{s}$。

3.4.1 未知需求概率分布的不确定集

传统供应链库存鲁棒优化问题的研究通常采用事先给定的具有某种结构属性的不确定集，以保证获得易于处理的鲁棒对应。然而，该方法通常难以保证真实的系统参数，如需求概率，落在事先给定的不确定集内。基于此，本节将针对产品的历史销售数据，利用 ϕ-散度构建满足一定置信水平的不确定概率的置信域。对于向量 $\boldsymbol{p}=(p_1, p_2, \cdots, p_m)^T \geqslant \boldsymbol{0}$ 和 $\boldsymbol{q}=(q_1, q_2, \cdots, q_m)^T \geqslant \boldsymbol{0}$，$\phi$-散度定义为：

$$I_\phi(\boldsymbol{p}, \boldsymbol{q}) = \sum_{i=1}^{m} q_i \phi\left(\frac{p_i}{q_i}\right) \tag{3-14}$$

其中，$\phi(t)(t \geqslant 0)$ 是凸的，称为 ϕ-散度函数。不失一般性地，假设函数 $\phi(t)(t>0)$ 连续且二次可微，$\phi(1)=0$，$\phi''(1)=0$。对于 $a>0$，$0\phi(a/0):=a\lim\limits_{t\to\infty}\phi(t)/t$，$0\phi(0/0):=0$。当向量 $\boldsymbol{p}$ 和 $\boldsymbol{q}$ 是随机变量的概率向量时，式(3-14)定义了向量 $\boldsymbol{p}$ 和 $\boldsymbol{q}$ 之间的距离，且满足 $\boldsymbol{p}^T\boldsymbol{e}=1$，$\boldsymbol{q}^T\boldsymbol{e}=1$。

由 ϕ-散度定义可知，不同散度函数 $\phi(\cdot)$ 的选择直接影响对向量 $\boldsymbol{p}$ 和 $\boldsymbol{q}$ 之间距离的度量。表 3-2 给出了常见的 ϕ-散度及其共轭函数(Sachs 和 Minner，2014)。其中，$\phi^*(\cdot)$ 表示函数 $\phi(\cdot)$ 的共轭，$\phi^*(\cdot)$：$\mathbb{R}\to\mathbb{R}\cup\{\infty\}$，定义为 $\phi^*(s)=\sup\limits_{t\geqslant 0}\{st-\phi(t)\}$，显然，$\phi^*(s)$ 是凸函数。

表 3-2 常见的 ϕ-散度及其共轭函数

散度	$\phi(t)$	$\phi(t)$，$t\geqslant 0$	$I_\phi(\boldsymbol{p}, \boldsymbol{q})$	$\phi^*(s)$
KL 散度	$\phi_{kl}(t)$	$t\log t-t+1$	$\sum p_i\log\left(\frac{p_i}{q_i}\right)$	e^s-1
柏格熵	$\phi_b(t)$	$-\log t+t-1$	$\sum q_i\log\left(\frac{q_i}{p_i}\right)$	$-\log(1-s)$，$s<1$
χ^2-距离	$\phi_c(t)$	$\frac{1}{t}(t-1)^2$	$\sum\frac{(p_i-q_i)^2}{p_i}$	$2-2\sqrt{1-s}$，$s<1$
修正 χ^2-距离	$\phi_{mc}(t)$	$(t-1)^2$	$\sum\frac{(p_i-q_i)^2}{q_i}$	$\begin{cases}-1, & s<-2\\ s+s^2/4, & s\geqslant -2\end{cases}$

续表

散度	$\phi(t)$	$\phi(t),\ t\geqslant 0$	$I_\phi(\boldsymbol{p},\ \boldsymbol{q})$	$\phi^*(s)$
海林格距离	$\phi_h(t)$	$(\sqrt{t}-1)^2$	$\sum(\sqrt{p_i}-\sqrt{q_i})^2$	$\frac{s}{1-s},\ s<1$
Cressie-Read	$\phi_{cr}^\theta(t)$	$\frac{1-\theta+\theta t-t^\theta}{\theta(1-\theta)},\ \theta\neq 0,\ 1$	$\frac{1}{\theta(1-\theta)}(1-\sum p_i^\theta q_i^{1-\theta})$	$\frac{1}{\theta}(1-s(1-\theta))^{\frac{\theta}{\theta-1}}-\frac{1}{\theta},\ s<\frac{1}{1-\theta}$

令 $\boldsymbol{q}_{N_j}=(q_{N_j}^1,\ q_{N_j}^2,\ \cdots,\ q_{N_j}^{m_j})^T$ 表示通过观察产品 j 的历史销售数据得到的关于市场需求的经验概率分布，即 $q_{N_j}^i=\frac{N_j^i}{N_j}$，$j=1,\ 2,\ \cdots,\ J$，$i=1,\ 2,\ \cdots,\ m_j$。其中，$N_j^i$ 表示观察到的产品 j 第 i 个需求情景发生的次数，$N_j=\sum_{i=1}^{m_j}N_j^i$ 表示观察到的产品 j 的所有需求情景发生的总次数。令 $\boldsymbol{q}_j^{ture}$ 表示产品 j 的真实需求概率分布。假设 ϕ-散度函数二次连续可微，且 $\phi''(1)>0$，Pardo（2006）表明统计量 $\frac{2N}{\phi''(1)}I_\phi(\boldsymbol{q}_{N_j},\ \boldsymbol{q}_j^{ture})$ 以自由度 m_j-1 收敛到 χ^2 分布。Ben-Tal 等（2013）给出了渐进值 $\rho_j=\frac{\phi''(1)}{2N}\chi^2_{m_j-1,1-\alpha}$，$j=1,\ 2,\ \cdots,\ J$，其中，$\chi^2_{m_j-1,1-\alpha}$ 是自由度为 m_j-1 的 χ^2 分布的 $1-\alpha$ 百分位数。因此，在 $1-\alpha$ 置信水平下，关于产品 j 未知需求概率分布的不确定集可描述为：

$$U_j:=\left\{\boldsymbol{p}_j\in\mathbb{R}^{m_j}\ \middle|\ \boldsymbol{p}_j\geqslant\boldsymbol{0},\ \boldsymbol{p}_j^T\boldsymbol{e}=1,\ I_\phi(\boldsymbol{p}_j,\ \boldsymbol{q}_{N_j})\leqslant\rho_j,\ \rho_j=\frac{\phi''(1)}{2N}\chi^2_{m_j-1,1-\alpha}\right\}\tag{3-15}$$

式（3-15）表明：以不低于 $1-\alpha$ 的概率保证了产品 j 的真实概率 $\boldsymbol{p}_j$ 落在式（3-15）所示的集合内。需要指出的是，上述 ϕ-散度数据驱动方法仅适用于构建离散需求概率分布不确定集，可广泛应用于当决策者仅知道需求的历史数据，但无法获得真实的需求概率分布时，如何在已有数据基础上通过优化期望利润（成本）或其他绩效指标进行决策制定的情况。例如，对于销售某一季节性商品的零售商，当其无法获得精确的产品需求分布信息时，为了在销售季节来临前确定合适的订货量决策，可在其历史销售数据基础上采用 ϕ-散度数据驱动方法构建产品需求概率分布不确定集，结合鲁棒优化建模思想构建利润最大化模型，并通过求解所建模型确定鲁棒订货量决策，以此应对需求不确定性扰动。

3.4.2 最优库存策略参数

为寻找每种产品的最优订货至库存水平 $\boldsymbol{S}$，考虑式（3-6）函数 g（$\boldsymbol{x}$）最小化问题，即

$$\min_{x_j \geqslant x_{0j}} \left\{ \sum_{j=1}^{J} c_j(x_j - x_{0j}) + \max_{\boldsymbol{p}_j \in U_j} \boldsymbol{C}_j(x_j)^T \boldsymbol{p}_j \right\} \tag{3-16}$$

在如式（3-15）所示不确定集条件下，式（3-16）内部极大化问题可描述为：

$$\max_{\boldsymbol{p}_j} \left\{ \boldsymbol{C}(x_j)^T \boldsymbol{p}_j \middle| \boldsymbol{p}_j \geqslant \boldsymbol{0},\ \boldsymbol{p}_j^T \boldsymbol{e} = 1,\ \sum_{i=1}^{m_j} q_{N_j}^i \phi\left(\frac{p_j^i}{q_{N_j}^i}\right) \leqslant \rho_j,\ \rho_j = \frac{\phi''(1)}{2N} \chi^2_{m_j-1,\ 1-\alpha} \right\} \tag{3-17}$$

问题（3-17）的拉格朗日对偶函数为：

$$\begin{aligned}
\psi(\lambda_j,\ \eta_j) &= \max_{\boldsymbol{p}_j \geqslant \boldsymbol{0}} L_j(\boldsymbol{p}_j;\ \lambda_j,\ \eta_j) = \boldsymbol{C}_j(x_j)^T \boldsymbol{p}_j + \rho_j \lambda_j - \lambda_j \sum_{i=1}^{m_j} q_{N_j}^i \phi\left(\frac{p_j^i}{q_{N_j}^i}\right) + \eta_j(1 - \boldsymbol{p}_j^T \boldsymbol{e}) \\
&= \rho_j \lambda_j + \eta_j + \sum_{i=1}^{m_j} \max_{\boldsymbol{p}_j \geqslant \boldsymbol{0}} \left\{ p_j^i (C_j(x_j,\ d_j^i) - \eta_j) - \lambda_j q_{N_j}^i \phi\left(\frac{p_j^i}{q_{N_j}^i}\right) \right\} \\
&= \rho_j \lambda_j + \eta_j + \sum_{i=1}^{m_j} q_{N_j}^i \max_{t_j^i \geqslant 0} \{ t_j^i (C_j(x_j,\ d_j^i) - \eta_j) - \lambda_j \phi(t_j^i) \} \\
&= \rho_j \lambda_j + \eta_j + \lambda_j \sum_{i=1}^{m_j} q_{N_j}^i \max_{t_j^i \geqslant 0} \left\{ t_j^i \left(\frac{C_j(x_j,\ d_j^i) - \eta_j}{\lambda_j} \right) - \phi(t_j^i) \right\} \\
&= \rho_j \lambda_j + \eta_j + \lambda_j \sum_{i=1}^{m_j} q_{N_j}^i \phi^* \left(\frac{C_j(x_j,\ d_j^i) - \eta_j}{\lambda_j} \right)
\end{aligned} \tag{3-18}$$

其中，$\phi^*(\cdot)$是函数$\phi(\cdot)$的共轭，凸函数。因此，函数$\psi(\lambda_j,\ \eta_j)$是关于$(\lambda_j,\ \eta_j)$的凸函数。问题(3-17)的拉格朗日对偶问题为：

$$\min_{\lambda_j, \eta_j} \left\{ \psi(\lambda_j,\ \eta_j) = \rho_j \lambda_j + \eta_j + \lambda_j \sum_{i=1}^{m_j} q_{N_j}^i \phi^* \left(\frac{C_j(x_j,\ d_j^i) - \eta_j}{\lambda_j} \right) \middle| \lambda_j \geqslant 0 \right\} \tag{3-19}$$

考虑如下问题：

$$\min_{x_j \geqslant x_{0j}, \lambda_j, \eta_j} \left\{ \sum_{j=1}^{J} c_j(x_j - x_{0j}) + \rho_j \lambda_j + \eta_j + \lambda_j \sum_{i=1}^{m_j} q_{N_j}^i \phi^* \left(\frac{C_j(x_j,\ d_j^i) - \eta_j}{\lambda_j} \right) \right\}$$

s. t. $\lambda_j \geqslant 0$，$j=1$，2，…，J　　(3-20)

令（$\boldsymbol{x}$，$\boldsymbol{\lambda}$，$\boldsymbol{\eta}$）表示问题（3-20）的决策向量，下述定理3.4.1表明求解问题（3-16）等价于求解问题（3-20）。特别地，问题（3-20）的最优解x_j^*为产品j订货后达到的最优库存水平S_j，即$S_j=x_j^*$，$j=1$，2，…，J。

定理3.4.1　如果（$\boldsymbol{x}^*$，$\boldsymbol{\lambda}^*$，$\boldsymbol{\eta}^*$）是问题（3-20）的最优解，则$\boldsymbol{x}^*$是问题（3-16）的最优解；反之，如果$\hat{\boldsymbol{x}}^*$是问题（3-16）的最优解，则（$\hat{\boldsymbol{x}}^*$，$\hat{\boldsymbol{\lambda}}^*$，$\hat{\boldsymbol{\eta}}^*$）是问题（3-20）的最优解，其中，（$\hat{\boldsymbol{\lambda}}^*$，$\hat{\boldsymbol{\eta}}^*$）是当$\boldsymbol{x}=\hat{\boldsymbol{x}}^*$时问题（3-19）的最优解。

证明：令（$\boldsymbol{x}^*$，$\boldsymbol{\lambda}^*$，$\boldsymbol{\eta}^*$）和θ^*分别表示问题（3-20）的最优解和最优目标函数值。可以看出，（$\boldsymbol{\lambda}^*$，$\boldsymbol{\eta}^*$）是问题（3-19）的可行解。对于给定$\boldsymbol{x}^*$，由强对偶性可知，式（3-7）等价于

$$G_j(x_j^*)=\min_{\lambda_j\geqslant 0,\eta_j}\rho_j\lambda_j+\eta_j+\lambda_j\sum_{i=1}^{m_j}q_{N_j}^i\phi^*\left(\frac{C_j(x_j^*,\ d_j^i)-\eta_j}{\lambda_j}\right),\ j=1,\ 2,\ \cdots,\ J$$

如果$\boldsymbol{x}^*$不是问题（3-16）的最优解，则存在最优解$\tilde{\boldsymbol{x}}^*$满足

$$\begin{aligned}\sum_{j=1}^{J}c_j(\tilde{x}_j^*-x_{0j})+G_j(\tilde{x}_j^*)&\leqslant\sum_{j=1}^{J}c_j(x_j^*-x_{0j})+G_j(x_j^*)\\&\leqslant\sum_{j=1}^{J}c_j(x_j^*-x_{0j})+\rho_j\lambda_j^*+\eta_j^*+\lambda_j^*\sum_{i=1}^{m_j}q_{N_j}^i\phi^*\left(\frac{C_j(x_j^*,\ d_j^i)-\eta_j^*}{\lambda_j^*}\right)=\theta^*\end{aligned}$$

对于给定$\tilde{\boldsymbol{x}}^*$，($\tilde{\boldsymbol{\lambda}}^*$，$\tilde{\boldsymbol{\eta}}^*$)是问题(3-19)的最优解，则($\tilde{\boldsymbol{x}}^*$，$\tilde{\boldsymbol{\lambda}}^*$，$\tilde{\boldsymbol{\eta}}^*$)也是问题(3-20)的可行解，由强对偶性可知$G_j(\tilde{x}_j^*)=\rho_j\tilde{\lambda}_j^*+\tilde{\eta}_j^*+\tilde{\lambda}_j^*\sum_{i=1}^{m_j}q_{N_j}^i\phi^*\left(\frac{C_j(\tilde{x}_j^*,\ d_j^i)-\tilde{\eta}_j^*}{\tilde{\lambda}_j^*}\right)$，表明问题(3-20)在($\tilde{\boldsymbol{x}}^*$，$\tilde{\boldsymbol{\lambda}}^*$，$\tilde{\boldsymbol{\eta}}^*$)处的目标值$\tilde{\theta}^*\leqslant\theta^*$，与假设$\theta^*$是问题(3-20)的最优目标函数值矛盾，因此，$\boldsymbol{x}^*$是问题(3-16)的最优解。

反之，假设$\hat{\boldsymbol{x}}^*$和$\hat{\theta}^*$是分别是问题(3-16)的最优解和最优目标函数值。对于给定$\hat{\boldsymbol{x}}^*$，令($\hat{\boldsymbol{\lambda}}^*$，$\hat{\boldsymbol{\eta}}^*$)是问题(3-19)的最优解，由强对偶性知$G_j(\hat{x}_j^*)=\rho_j\hat{\lambda}_j^*+\hat{\eta}_j^*+\hat{\lambda}_j^*\sum_{i=1}^{m_j}q_{N_j}^i\phi^*\left(\frac{C_j(\hat{x}_j^*,\ d_j^i)-\hat{\eta}_j^*}{\hat{\lambda}_j^*}\right)$。假设($\hat{\boldsymbol{x}}^*$，$\hat{\boldsymbol{\lambda}}^*$，$\hat{\boldsymbol{\eta}}^*$)不是问题(3-20)的最

优解，则存在最优解$(\tilde{\hat{\boldsymbol{x}}}^*, \tilde{\hat{\boldsymbol{\lambda}}}^*, \tilde{\hat{\boldsymbol{\eta}}}^*)$满足

$$\sum_{j=1}^{J} c_j(\tilde{\hat{x}}_j^* - x_{0j}) + \rho_j \tilde{\hat{\lambda}}_j^* + \tilde{\hat{\eta}}_j^* + \tilde{\hat{\lambda}}_j^* \sum_{i=1}^{m_j} q_{N_j}^i \phi^* \left(\frac{C_j(\tilde{\hat{x}}_j^*, d_j^i) - \tilde{\hat{\eta}}_j^*}{\tilde{\hat{\lambda}}_j^*} \right)$$

$$\leqslant \sum_{j=1}^{J} c_j(\hat{x}_j^* - x_{0j}) + \rho_j \hat{\lambda}_j^* + \hat{\eta}_j^* + \hat{\lambda}_j^* \sum_{i=1}^{m_j} q_{N_j}^i \phi^* \left(\frac{C_j(\hat{x}_j^*, d_j^i) - \hat{\eta}_j^*}{\hat{\lambda}_j^*} \right)$$

$$= \sum_{j=1}^{J} c_j(\hat{x}_j^* - x_{0j}) + G_j(\hat{x}_j^*) = \hat{\theta}^*$$

对于给定$\tilde{\hat{\boldsymbol{x}}}^*$，可以看出（$\tilde{\hat{\boldsymbol{\lambda}}}^*$，$\tilde{\hat{\boldsymbol{\eta}}}^*$）和$\tilde{\hat{\boldsymbol{x}}}^*$分别是问题（3-19）和问题（3-16）的可行解，由强对偶性可知

$$G_j(\tilde{\hat{x}}_j^*) = \min_{\lambda_j \geqslant 0, \eta_j} \rho_j \lambda_j + \eta_j + \lambda_j \sum_{i=1}^{m_j} q_{N_j}^i \phi^* \left(\frac{C_j(\tilde{\hat{x}}_j^*, d_j^i) - \eta_j}{\lambda_j} \right)$$

$$\leqslant \rho_j \tilde{\hat{\lambda}}_j^* + \tilde{\hat{\eta}}_j^* + \tilde{\hat{\lambda}}_j^* \sum_{i=1}^{m_j} q_{N_j}^i \phi^* \left(\frac{C_j(\tilde{\hat{x}}_j^*, d_j^i) - \tilde{\hat{\eta}}_j^*}{\tilde{\hat{\lambda}}_j^*} \right)$$

表明问题（3-16）在点$\tilde{\hat{\boldsymbol{x}}}^*$处的目标值$\tilde{\hat{\theta}}^* \leqslant \hat{\theta}^*$，与假设$\hat{\theta}^*$是问题（3-16）的最优目标函数值矛盾，因此，（$\hat{\boldsymbol{x}}^*$，$\hat{\boldsymbol{\lambda}}^*$，$\hat{\boldsymbol{\eta}}^*$）是问题（3-20）的最优解。证毕。

下面进一步讨论如何确定再订货点$\boldsymbol{s}$。给定S_j，s_j是满足下述方程的最大的y_j（$y_j \leqslant S_j$），即

$$\sum_{j=1}^{J} G_j(y_j) = K_0 + \sum_{j=1}^{J} c_j(S_j - y_j) + G_j(S_j) \tag{3-21}$$

式（3-21）等号左边是产品j不订货时最坏情况下的库存期望成本，等号右边是当产品j初始库存水平为y_j，补货至S_j时最坏情况下的库存期望成本。式（3-21）表明再订货点s_j是驱动库存管理者是否进行补货并将当产品j的库存补充至S_j的临界点。再订货点s_j可通过求解下述问题获得，即

$$\min \left\{ y_j \,\middle|\, \sum_{j=1}^{J} G_j(y_j) \leqslant K_0 + \sum_{j=1}^{J} c_j(S_j - y_j) + G_j(S_j),\ y_j \leqslant S_j \right\} \tag{3-22}$$

然而，由式（3-7）可知，函数$\sum_{j=1}^{J} G_j(y_j)$含有最大化运算，导致问题（3-22）难以直接求解。定理3.4.2给出了再订货点s_j的求解方法。

定理 3.4.2　对于 $j=1, 2, \cdots, J$，考虑如下问题：

$$\max_{y_j \leqslant S_j, \lambda_j, \eta_j} \sum_{j=1}^{J} \rho_j \lambda_j + \eta_j + \lambda_j \sum_{i=1}^{m_j} q_{N_j}^i \phi^* \left(\frac{C_j(y_j, d_j^i) - \eta_j}{\lambda_j} \right)$$

$$\text{s. t.} \sum_{j=1}^{J} \rho_j \lambda_j + \eta_j + \lambda_j \sum_{i=1}^{m_j} q_{N_j}^i \phi^* \left(\frac{C_j(y_j, d_j^i) - \eta_j}{\lambda_j} \right) \leqslant K_0 + \sum_{j=1}^{J} c_j(S_j - y_j) + G_j(S_j)$$

$$\lambda_j \geqslant 0, \; j=1, 2, \cdots, J \tag{3-23}$$

则问题（3-23）的最优解 y_j^* 即为再订货点 s_j，即 $s_j = y_j^*$。

证明：再订货点 s_j 可通过求解下面问题得到，即

$$\max_{y_j \leqslant S_j} \sum_{j=1}^{J} G_j(y_j)$$

$$\text{s. t.} \sum_{j=1}^{J} G_j(y_j) \leqslant K_0 + \sum_{j=1}^{J} c_j(S_j - y_j) + G_j(S_j) \tag{3-24}$$

其中，$\sum_{j=1}^{J} G_j(y_j)$ 等价于下述问题的最优值，

$$\min_{\lambda_j, \eta_j} \sum_{j=1}^{J} \rho_j \lambda_j + \eta_j + \lambda_j \sum_{i=1}^{m_j} q_{N_j}^i \phi^* \left(\frac{C_j(y_j, d_j^i) - \eta_j}{\lambda_j} \right)$$

$$\text{s. t. } \lambda_j \geqslant 0, \; j=1, 2, \cdots, J$$

注意到，式（3-24）中的约束在 $y_j = s_j$ 处取等号，即意味着在最优解 y_j^*（y_j^* 等价于再订购点 s_j）处取等号。则问题（3-24）可描述成

$$\max_{y_j \leqslant S_j} \min_{\lambda_j, \eta_j} \sum_{j=1}^{J} \rho_j \lambda_j + \eta_j + \lambda_j \sum_{i=1}^{m_j} q_{N_j}^i \phi^* \left(\frac{C_j(y_j, d_j^i) - \eta_j}{\lambda_j} \right)$$

$$\text{s. t.} \sum_{j=1}^{J} \rho_j \lambda_j + \eta_j + \lambda_j \sum_{i=1}^{m_j} q_{N_j}^i \phi^* \left(\frac{C_j(y_j, d_j^i) - \eta_j}{\lambda_j} \right) = K_0 + \sum_{j=1}^{J} c_j(S_j - y_j) + G_j(S_j)$$

$$\lambda_j \geqslant 0, \; j=1, 2, \cdots, J$$

等价于

$$\max_{y_j \leqslant S_j} \min_{\lambda_j, \eta_j} K_0 + \sum_{j=1}^{J} c_j(S_j - y_j) + G_j(S_j)$$

$$\text{s. t.} \sum_{j=1}^{J} \rho_j \lambda_j + \eta_j + \lambda_j \sum_{i=1}^{m_j} q_{N_j}^i \phi^* \left(\frac{C_j(y_j, d_j^i) - \eta_j}{\lambda_j} \right) = K_0 + \sum_{j=1}^{J} c_j(S_j - y_j) + G_j(S_j)$$

$$\lambda_j \geqslant 0, \; j=1, 2, \cdots, J$$

上述问题目标函数仅是关于 y_j 的一个线性函数，与决策变量（λ_j，η_j）无关，因此可进一步描述为：

$$K_0+\sum_{j=1}^{J}c_jS_j+G_j(S_j)+\max_{y_j\leq S_j,\lambda_j,\eta_j}-\sum_{j=1}^{J}c_jy_j$$

$$\text{s.t.}\ \sum_{j=1}^{J}\rho_j\lambda_j+\eta_j+\lambda_j\sum_{i=1}^{m_j}q_{N_j}^{i}\phi^{*}\left(\frac{C_j(y_j,\ d_j^i)-\eta_j}{\lambda_j}\right)=K_0+\sum_{j=1}^{J}c_j(S_j-y_j)+G_j(S_j)$$

$$\lambda_j\geqslant 0,\ j=1,\ 2,\ \cdots,\ J$$

根据上述规划问题中的等式约束，可得

$$-\max_{y_j\leq S_j,\lambda_j,\eta_j}\sum_{j=1}^{J}c_jy_j=\max_{y_j\leq S_j,\lambda_j,\eta_j}\left\{\sum_{j=1}^{J}\rho_j\lambda_j+\eta_j+\lambda_j\sum_{i=1}^{m_j}q_{N_j}^{i}\phi^{*}\left(\frac{C_j(y_j,\ d_j^i)-\eta_j}{\lambda_j}\right)-K_0-\sum_{j=1}^{J}c_jS_j-G_j(S_j)\right\}$$

从而定理 3.4.2 成立。证毕。

3.5 数值分析

为了验证基于 ϕ-散度的数据驱动鲁棒库存策略在应对需求概率不确定性方面的有效性，对本章所建模型进行数值计算。考虑有 $J=2$ 种产品，产品的相关参数值为 $c_1=13$，$h_1=7$，$l_1=4$，$r_1=29$；$c_2=20$，$h_2=8$，$l_2=6$，$r_2=38$。假设两种产品的随机需求可能发生的情景数分别为 $m_1=10$ 和 $m_2=9$，联合订货固定成本 $K_0=100$。首先，在初始库存水平为零的情况下对基于本章方法得到的鲁棒库存策略导致的绩效损失进行评估；其次，分析不同初始库存水平下的库存绩效。

3.5.1 绩效损失分析

本节将对基于 ϕ-散度的鲁棒库存策略导致的绩效损失进行评估。假设产品 1 和产品 2 的期初库存水平为零，分别对问题（3-20）和问题（3-23）进行求解，以确定最优（s，S）库存策略。特别地，为了检验基于 ϕ-散度的鲁棒库存策略下的库存绩效损失，进一步计算了产品 1 和产品 2 在真实需求概率 $\boldsymbol{q}_1^{true}$ 和 $\boldsymbol{q}_2^{true}$ 下的库存策略与绩效，整个数值计算过程如下：

（1）根据两种产品的历史销售数据，得到的产品 1 和产品 2 的需求情景集合分别为 $D_1=\{156, 54, 91, 56, 64, 174, 154, 97, 193, 55\}$，$D_2=\{163, 91, 152, 148, 74, 67, 125, 194, 101\}$。根据历史数据估计真实需求概率分布为 $\boldsymbol{q}_1^{true}=(0.0684, 0.1286, 0.0566, 0.0547, 0.1395, 0.1432, 0.1356, 0.1254, 0.0568, 0.0912)^T$ 和 $\boldsymbol{q}_2^{true}=(0.1080, 0.0413, 0.1387, 0.0471, 0.0934, 0.1290, 0.1644, 0.1771, 0.1010)^T$。在此基础上，计算最优库存策略及对应的库存绩效。

（2）基于步骤 1 的需求情景及真实概率分布，通过随机抽样方法抽取样本容量为 N 的需求情景样本，为了比较分析不同样本规模下的库存策略及绩效，分别令 $N=100, 200, \cdots, 900$，针对不同规模的样本，采用极大似然估计方法获得基于样本的需求概率 $q_{N_j}^i$，$i=1, 2, \cdots, m_j$，$j=1, 2$。特别地，针对不同的样本规模重复进行 100 次抽样，计算每种产品 j 的订货至库存水平 S_j、再订货点 s_j 及多产品库存绩效的平均值。

（3）选择常见的 KL 散度和 Cressie-Read（CR）散度，置信水平分别设为 95%和 99%，以步骤 1、步骤 2 的数据为基础，在需求概率分布未知时，分别求解问题（3-20）和问题（3-23）得到不同样本规模、ϕ-散度和置信水平 $1-a$ 下的鲁棒库存策略及相应的多产品库存绩效。

（4）在真实需求概率 $\boldsymbol{q}_1^{ture}$ 和 $\boldsymbol{q}_2^{ture}$ 下，应用鲁棒库存策略计算多产品库存绩效，分析基于本章方法得到的鲁棒库存策略导致的绩效损失。

在真实需求概率分布 $\boldsymbol{q}_1^{ture}$ 和 $\boldsymbol{q}_2^{ture}$ 下，求得的最优库存策略及多产品最优库存绩效如表 3-3 所示。

表 3-3　真实分布下的库存策略及绩效

(s, S) 库存策略及库存绩效	对应数值
(s_1, S_1)	(91, 97)
(s_2, S_2)	(117.71, 148.00)
最优库存绩效	−2368.90

基于 KL 散度和 CR 散度，在 95%和 99%置信水平下，得到的不同样本规模下的鲁棒库存策略如表 3-4 和表 3-5 所示。

表 3-4 产品 1 在不同样本规模、ϕ-散度、置信水平下的鲁棒库存策略

样本容量 $N/(s_1, S_1)$	CR 散度		KL 散度	
	99%置信度	95%置信度	99%置信度	95%置信度
100	(90.50, 95.88)	(89.50, 95.21)	(91.04, 95.93)	(89.95, 95.25)
200	(91.10, 95.86)	(90.42, 95.32)	(91.69, 95.74)	(91.04, 95.10)
300	(91.42, 96.52)	(91.02, 96.52)	(91.77, 96.25)	(91.67, 96.48)
400	(91.22, 96.28)	(91.38, 96.38)	(92.14, 96.42)	(91.46, 96.30)
500	(91.35, 96.58)	(91.30, 96.40)	(91.75, 96.46)	(91.70, 96.48)
600	(91.31, 96.66)	(91.55, 96.30)	(91.92, 96.62)	(91.53, 96.61)
700	(91.12, 96.60)	(91.32, 96.69)	(91.85, 96.69)	(91.96, 96.74)
800	(91.26, 96.76)	(91.21, 96.76)	(91.88, 96.70)	(91.76, 96.52)
900	(91.17, 96.64)	(91.06, 96.94)	(92.21, 96.88)	(92.06, 96.76)

表 3-5 产品 2 在不同样本规模、ϕ-散度、置信水平下的鲁棒库存策略

样本容量 $N/(s_2, S_2)$	CR 散度		KL 散度	
	99%置信度	95%置信度	99%置信度	95%置信度
100	(104.95, 129.28)	(100.95, 126.26)	(106.22, 129.07)	(102.40, 126.77)
200	(107.79, 134.48)	(104.44, 131.64)	(108.86, 133.87)	(105.66, 131.91)
300	(110.77, 138.30)	(108.90, 135.01)	(112.25, 136.83)	(110.21, 134.61)
400	(111.24, 140.07)	(109.56, 136.17)	(114.91, 138.46)	(110.19, 135.39)
500	(111.04, 139.32)	(109.16, 136.55)	(113.23, 138.33)	(111.60, 136.47)
600	(112.77, 141.79)	(111.42, 137.28)	(114.80, 141.31)	(112.28, 137.78)
700	(112.46, 140.56)	(111.36, 138.59)	(115.31, 141.23)	(113.98, 138.50)
800	(112.93, 142.14)	(111.72, 139.50)	(115.46, 141.89)	(113.67, 139.17)
900	(113.60, 142.25)	(112.66, 141.41)	(116.77, 142.49)	(115.19, 140.55)

由表 3-4 和表 3-5 可知样本容量越大，两种产品的鲁棒库存策略越接近最优情况。这是由于样本容量越大，基于样本估计的需求概率 $\boldsymbol{q}_{N_j}$，$j=1$，2，越接近真实情况，依此构建的不确定集越精确，因此，两种产品的订货策略越接近其在

真实概率分布下的最优订货策略。为了检验鲁棒库存策略导致的绩效损失，进一步求得了在真实分布下，应用鲁棒库存策略时得到的多产品库存绩效，结果如图 3-1 和图 3-2 所示。

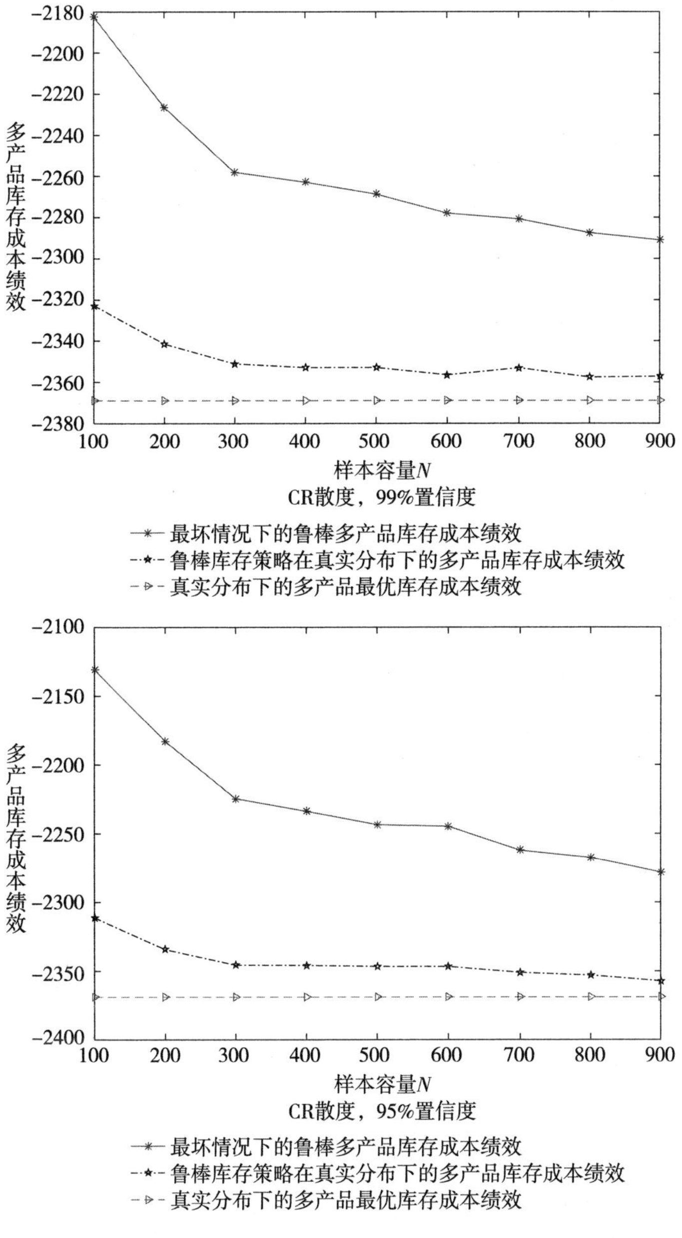

图 3-1　CR 散度下的多产品库存成本绩效

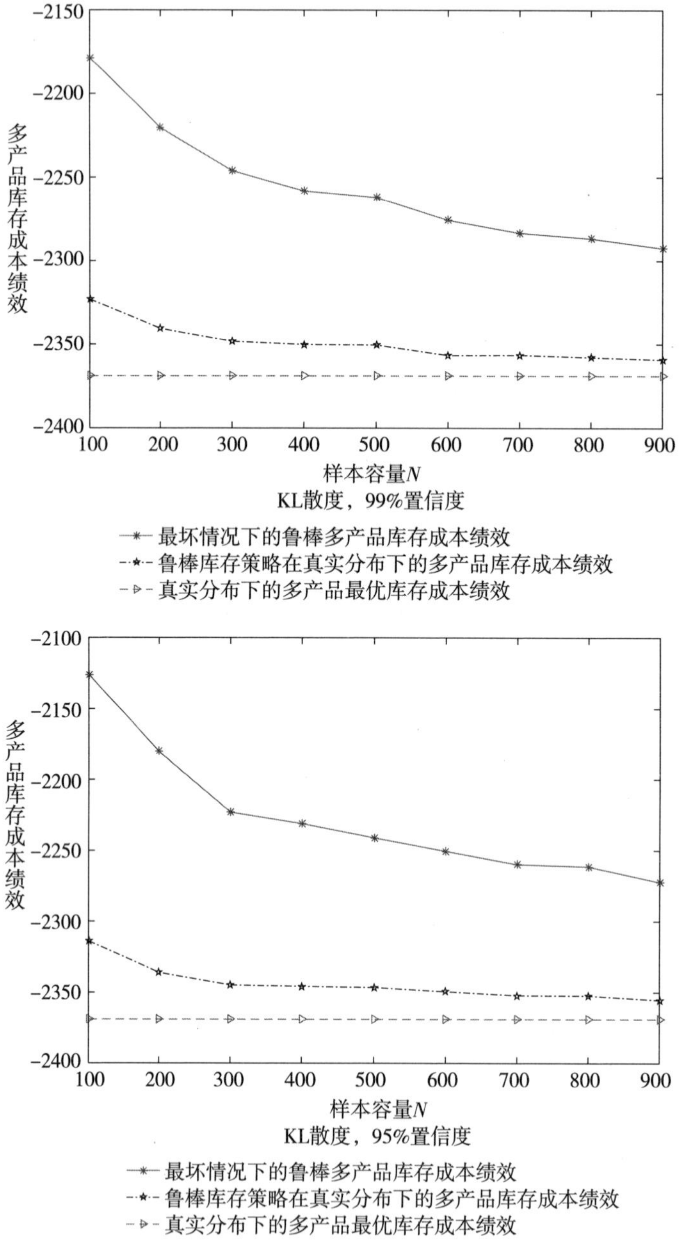

图 3-2　KL 散度下的多产品库存成本绩效

由图 3-1 和图 3-2 可以发现，无论是在 CR 散度下还是在 KL 散度下，基于不同的置信水平，最坏情况下的鲁棒多产品库存成本均随着样本规模的增加而降低。这是由于样本规模越大，库存管理者所能获得的决策信息越准确，因此，依据本章方法得到的库存成本下限越低。特别地，当在真实需求概率分布下应用鲁棒库存策略时，两种散度函数下得到的多产品库存绩效同样受样本容量大小的影响，但影响较小。此外，随着样本容量的增加，鲁棒库存策略在真实分布下的库存绩效越接近最优情况（-2368.9）。由图3-1和图3-2可以进一步看出，基于ϕ-散度的鲁棒库存策略导致的绩效损失随样本容量的增加而减小，表明决策者获得的历史需求数据样本量越大，依据本章数据驱动方法做出的决策越接近最优情况。

在99%置信度下，当样本容量$N=100$时，CR散度和KL散度下的绩效损失比最大，分别为$\frac{-2368.9-(-2322.8)}{-2368.9}\times 100\%=1.95\%$和$\frac{-2368.9-(-2323.0)}{-2368.9}\times 100\%=1.94\%$；当样本容量$N=900$时，两种散度下的绩效损失比最小，分别为$\frac{-2368.9-(-2357.2)}{-2368.9}\times 100\%=0.49\%$和$\frac{-2368.9-(-2359.2)}{-2368.9}\times 100\%=0.41\%$。同样，在95%置信度下，样本容量$N=100$时，CR散度和KL散度下的绩效损失比最大，分别为$\frac{-2368.9-(-2311.2)}{-2368.9}\times 100\%=2.44\%$和$\frac{-2368.9-(-2313.9)}{-2368.9}\times 100\%=2.32\%$；当样本容量$N=900$时，两种散度下的绩效损失比最小，分别为$\frac{-2368.9-(-2357.2)}{-2368.9}\times 100\%=0.49\%$和$\frac{-2368.9-(-2355.4)}{-2368.9}\times 100\%=0.57\%$。结果表明，需求分布信息的缺失虽然会导致一定的库存绩效损失，但相对于已知需求概率分布时的最优情况来说，绩效损失比值很小。进一步，由于置信水平越高，采用基于ϕ-散度的数据驱动方法构建的不确定集，即式（3-15）越精确，因此，较高置信水平下的绩效损失越小。上述结果表明，基于本章数据驱动方法得到的库存策略能够有效抑制需求不确定性扰动，具有良好的鲁棒性。特别地，对库存管理者来说，在经营过程中应注重收集日常销售数据，并选择较高的置信水平以改进决策效果。

3.5.2 不同初始库存水平下的库存绩效

为了进一步分析产品不同初始库存水平下的库存绩效情况，选择一组样本容量为 $N=600$，置信度 $1-\alpha=99\%$，并在 CR 散度下对库存成本进行计算。考虑两种产品的初始库存水平有如下四种情形：①产品 1 和产品 2 的初始库存水平均低于其各自的再订货点 s_1 和 s_2；②产品 1 和产品 2 的初始库存水平均高于其各自的再订货点 s_1 和 s_2；③产品 1 的初始库存水平高于其再订货点 s_1，产品 2 的初始库存水平低于其再订货点 s_2；④产品 1 的初始库存水平低于其再订货点 s_1，产品 2 的初始库存水平高于其再订货点 s_2。在上述四种情形下得到相应的库存成本绩效如表 3-6 所示。

表 3-6 不同初始库存水平下的多产品库存成本绩效

产品 1，2 的初始库存水平 x_{01}，x_{02}	多产品库存成本绩效
85，100	-5462.5
93，120	-5997.2
93，100	-5558.9
85，120	-5638.5

由表 3-6 可知，在第 1 种情形下，产品 1 和产品 2 均订货，对应的库存成本绩效最高。其中，产品 1 订货量为 11.66（96.66-85.00），产品 2 订货量为 41.79（147.79-100.00）。在第 2 种情形下，产品 1 和产品 2 均不订货，对应的库存成本绩效最低；其他情形下介于两者之间。需要指出的是，在第 1 种情形下，库存管理者根据可能的需求情景，将对两种产品进行补货，除了产生固定订货费用外还需付出一定数量的可变采购成本，因此总成本最高；而在第 2 种情形下，由于初始库存水平较高，因此两种产品均不补货，在此情况下，虽有可能导致一定的缺货损失，但节省了固定订货费用和可变采购成本，因此总成本最低。进一步地，对比图 3-1 中，当 $N=600$，置信度为 99%时发现，四种情形下的库存成本绩效显著优于初始库存水平为零时的情况。这是由于当库存初始水平为零时，管理者一方面需要支付固定订货成本，另一方面还需支付将库存补充至 $\boldsymbol{S}$ 水

平时所导致的高昂采购成本。而在初始库存水平不为零时，即使某些情形下进行订货导致固定订货成本的发生，但可变订货成本将显著降低，从而导致总体库存成本更低。

3.6 管理启示

基于本章方法得到的库存策略具有良好的鲁棒性。本章方法可为库存管理者在不确定环境中制定基于历史数据的鲁棒库存策略提供决策支持。依据本章的理论研究和数值分析，给出如下管理启示：

（1）对于销售某一季节性商品的零售商，当其无法获得完备的产品需求信息时，为了在销售季节来临前确定合适的订货量决策，可考虑基于历史需求数据，利用基于 ϕ-散度的数据驱动方法构建满足一定置信水平的未知需求概率分布不确定集，并结合鲁棒优化建模思想建立利润最大化或成本最小化模型，通过求解所建模型来确定最优的鲁棒订货量决策。

（2）特别地，当零售商经营多种不同类型产品，且需支付联合订货产生的固定订货成本时，可采用本章方法建立多产品库存鲁棒优化模型，并制定具有（s，S）结构的库存策略。进而，依据基于 ϕ-散度的数据驱动方法确定策略参数 s 和 S。此策略可有效抑制需求的不确定性扰动，具有良好的鲁棒性。

（3）依据本章的基于 ϕ-散度的数据驱动鲁棒优化方法建模时，库存管理者应注重收集日常销售数据，分析相关数据的重要信息，并选择较高的置信水平以改进决策效果。

3.7 本章小结

本章在离散随机需求概率不确定条件下，针对联合订货下的多产品库存决策问题，建立了考虑联合订货成本的单周期库存鲁棒优化模型，并给出了基于绝对鲁棒性准则的鲁棒对应模型，进而证明了（s，S）策略的最优性。在仅知市场需求历史数据基础上，采用基于 ϕ-散度的数据驱动方法构建了满足一定置信度要求的未知需求概率分布不确定集，应用拉格朗日对偶方法将所建模型等价转化为易于求解的数学规划问题。最后，进行数值计算，分析不同散度函数和置信水平下的多产品库存绩效，结果表明，随着样本容量的增加，依据本章所提方法得到的鲁棒库存策略越接近真实概率分布下的情况。特别地，与真实分布下的最优情况对比发现，需求分布信息的缺失虽然会导致库存绩效损失，但损失值很小，表明基于本章所提方法得到的鲁棒库存策略能够有效抑制需求不确定性扰动对库存绩效的影响，具有良好的鲁棒性。

第4章　交叉销售下基于支持向量聚类（SVC）的数据驱动多产品库存鲁棒优化模型

4.1　引言

在企业实际运营中，消费者到店购买时产生的额外消费会导致产品需求发生变化，这对企业的库存管理提出了挑战。针对考虑交叉销售的多产品库存决策问题，一些研究在确定性需求条件下探究多产品库存策略。同时，也有一些研究在随机需求条件下展开分析，较多集中于报童模型的集中决策或分散决策的博弈分析。然而，上述研究大多假设已知完备的需求分布信息。目前，鲜有学者采用鲁棒优化方法研究考虑交叉销售的多产品库存决策问题。交叉销售问题在数据挖掘领域虽已有广泛研究，但大多考虑的是如何挖掘有价值的关联规则（Morrison和Milliken，2000），还未有研究采用数据驱动方法处理这一问题。此外，不确定需求的潜在概率分布本质上可能极其复杂，并且在不同的情况下会发生变化。当面对高维不确定性时，利用先验知识选择未知需求不确定集的类型，调整集合的相关系数，是相当具有挑战性的。一个理想的未知需求不确定集应该能够灵活适应数据的内在结构，从而较好地刻画数据的概率分布，以此改善次优解。

本章提出了一种基于SVC的数据驱动鲁棒优化方法研究单周期环境下，考虑交叉销售的多产品库存决策问题。在市场需求不确定条件下，建立了交叉销售下带有预算约束的多产品库存鲁棒优化模型。针对不确定市场需求，以历史需求数据作为唯一可用信息，采用 SVC 方法构建了满足一定置信水平的数据驱动不确定集。进一步地，运用对偶方法将所建模型等价转化为易于求解的线性规划问题，并给出了求解步骤。最后，通过数值计算对比分析了 SVC 不确定集下及传统不确定集下的零售商利润绩效，并评估了 SVC 数据驱动鲁棒优化方法导致的绩效损失，进而分析了预算及交叉销售系数对零售商利润绩效的影响。本章方法具有良好的鲁棒性，能够有效抑制需求不确定性对从事多产品销售的零售商利润绩效的影响，可为管理者在需求不确定性环境下制定库存策略提供有效决策借鉴。

4.2 基本模型描述

本节针对不确定市场需求下，带有预算约束的交叉销售多产品库存决策问题进行具体描述，给出模型所涉及的数学符号的定义与说明，进而构建基本模型。

考虑单周期环境下，销售 n 种具有交叉销售特征的多产品库存决策问题。其中，产品之间因交叉销售而相互关联。零售商作为市场终端，面临不确定市场需求但无法获得需求的精准信息。在销售季节开始之前，零售商需确定每种产品的订货数量，假设采购提前期为零，并且在销售季内零售商没有补货机会。销售期开始，零售商以一定的销售价格出售产品。由于交叉销售的影响，若一种产品的订货量未能满足其总需求，将导致其他产品的实际需求相对于其总需求会有所降低。如第 2.1.1.2 节所述，总需求是指在整个销售期间所有产品都不缺货时各产品的需求。在销售期末，对于超出市场需求的部分将产生残值收益。此外，考虑零售商资金约束。库存管理者的目标是在需求不确定条件下确定最优订货量决策以使总利润最大化。不失一般性地，假设产品的单位零售价格不低于零售商向供应商所支付的单位采购成本，并且零售商的单位采购成本也不低于销售期末剩余产品的单位残值。

为便于理解，下面对本章中所涉及的一些常用数学符号做简要说明，如表4-1所示。需要说明的是，未在表4-1中列出的相关符号将在文中做具体说明，此处不再赘述。

表4-1 符号说明

通用符号	含义及说明
i	产品种类，$i=1$，…，n，n为一正整数
c_i	产品i的单位采购成本
s_i	产品i的单位残值
r_i	产品i的单位零售价格，满足$r_i>c_i>s_i\geqslant 0$
γ_{ji}	交叉销售系数，代表单位产品j缺货所导致的产品i的需求减少量，$j=1$，…，n
B	零售商的采购预算
随机变量	含义及说明
d_i	产品i的总需求
d_i^e	产品i的有效需求
决策变量	含义及说明
q_i	产品i的订货数量

基于上述问题描述，首先定义产品i的有效需求为：

$$d_i^e=d_i-\sum_{j=1,\ j\neq i}^{n}\gamma_{ji}(d_j-q_j)^+ \tag{4-1}$$

其中，$a^+=\max(a,\ 0)$，$(d_j-q_j)^+$表示产品j的缺货数量。如第2.1.1.2节所述，交叉销售系数γ_{ji}可利用损失规则$i\rightarrow\Diamond j$的数据挖掘技术来估计。损失规则表明当消费者购买产品i时，也会以一定概率购买产品j，并且这种购买行为不会因为产品j没有库存而发生改变。因此，消费者由于产品j缺货而不会购买产品i的概率可表示为$P_r^{i\rightarrow\Diamond j}=\dfrac{N(\{i,\ j\})}{N(j)}$，其中，$N(\{i,\ j\})$和$N(j)$分别表示包含产品集$\{i,\ j\}$及产品$j$的交易数量。进而，交叉销售系数$\gamma_{ji}=P_r^{i\rightarrow\Diamond j}M(i/\{i,\ j\})$，其中，$M(i/\{i,\ j\})$代表包含产品集$\{i,\ j\}$的交易记录中产品$i$的平均数量。

交叉销售下带有预算约束的零售商多产品库存优化问题可描述为：

$$\max_{q_i} \sum_{i=1}^{n} \left[r_i \min(q_i,\ d_i^e) - c_i q_i + s_i (q_i - d_i^e)^+ \right]$$

$$\text{s. t.} \sum_{i=1}^{N} c_i q_i \leqslant B$$

$$q_i \geqslant 0,\ \forall i = 1,\ \cdots,\ n \tag{4-2}$$

令 $\delta_i = \min(q_i,\ d_i^e)$，$\xi_j = (d_j - q_j)^+$，$\forall i,\ j = 1,\ \cdots,\ n$，并引入辅助变量 f，则问题(4-2)可写成如下的线性规划问题：

$$\max_{q_i, f, \delta_i, \xi_j} f$$

$$\text{s. t.} \sum_{i=1}^{N} c_i q_i \leqslant B$$

$$f \leqslant \sum_{i=1}^{n} \left[(r_i - s_i)\delta_i - (c_i - s_i) q_i \right]$$

$$\delta_i \leqslant q_i,\ \forall i = 1,\ \cdots,\ n$$

$$\delta_i \leqslant d_i - \sum_{j=1,\ j \neq i}^{n} \gamma_{ji} \xi_j,\ \forall i = 1,\ \cdots,\ n$$

$$\xi_j \geqslant d_j - q_j,\ \forall j = 1,\ \cdots,\ n$$

$$\xi_j \geqslant 0,\ q_i \geqslant 0,\ \forall i = 1,\ \cdots,\ n,\ \forall j = 1,\ \cdots,\ n \tag{4-3}$$

为方便描述，令 $\boldsymbol{r} = (r_1,\ \cdots,\ r_n)^T$，$\boldsymbol{s} = (s_1,\ \cdots,\ s_n)^T$，$\boldsymbol{c} = (c_1,\ \cdots,\ c_n)^T$，$\boldsymbol{q} = (q_1,\ \cdots,\ q_n)^T$，$\boldsymbol{\delta} = (\delta_1,\ \cdots,\ \delta_n)^T$，$\boldsymbol{\xi} = (\xi_1,\ \cdots,\ \xi_n)^T$，$\boldsymbol{d} = (d_1,\ \cdots,\ d_n)^T$，$\boldsymbol{\Upsilon} = \begin{pmatrix} 0 & \gamma_{21} & \cdots & \gamma_{n1} \\ \gamma_{12} & 0 & \cdots & \gamma_{n2} \\ \vdots & \vdots & \ddots & \vdots \\ \gamma_{1n} & \gamma_{2n} & \cdots & 0 \end{pmatrix} \in \mathbb{R}^{n \times n}$。则问题(4-3)可描述为：

$$\max_{\boldsymbol{q}, f, \boldsymbol{\delta}, \boldsymbol{\xi}} \left\{ f \,\middle|\, \begin{array}{l} \boldsymbol{c}^T \boldsymbol{q} \leqslant B,\ f \leqslant (\boldsymbol{r} - \boldsymbol{s})^T \boldsymbol{\delta} - (\boldsymbol{c} - \boldsymbol{s})^T \boldsymbol{q}, \\ \boldsymbol{\delta} \leqslant \boldsymbol{q},\ \boldsymbol{\delta} \leqslant \boldsymbol{d} - \boldsymbol{\Upsilon} \boldsymbol{\xi},\ \boldsymbol{\xi} \geqslant \boldsymbol{d} - \boldsymbol{q},\ \boldsymbol{\xi} \geqslant \boldsymbol{0},\ \boldsymbol{q} \geqslant \boldsymbol{0} \end{array} \right\} \tag{4-4}$$

注意到，上述优化问题（4-4）中含有未知需求向量 $\boldsymbol{d}$，难以直接求解。不失一般性，假设需求 $\boldsymbol{d}$ 隶属于不确定集 $U(\boldsymbol{d})$，即 $\boldsymbol{d} \in U(\boldsymbol{d})$，采用鲁棒优化方法对其进行处理。实现鲁棒优化方法的关键是定义一组结构良好的包括所有可能实现的不确定参数的不确定集，并基于此不确定集寻求最坏情况下的最优决策。因此，在绝对鲁棒建模准则下，问题(4-4)的鲁棒对应问题可描述为：

$$
\begin{aligned}
&\max_{\boldsymbol{q},f,\boldsymbol{\delta},\boldsymbol{\xi}} f \\
&\text{s. t. } \boldsymbol{c}^T\boldsymbol{q} \leqslant B \\
&f \leqslant (\boldsymbol{r}-\boldsymbol{s})^T\boldsymbol{\delta} - (\boldsymbol{c}-\boldsymbol{s})^T\boldsymbol{q} \\
&\min_{\boldsymbol{d}\in U(\boldsymbol{d})} \boldsymbol{d} \geqslant \boldsymbol{\delta} + \boldsymbol{\Upsilon}\boldsymbol{\xi} \\
&\min_{\boldsymbol{d}\in U(\boldsymbol{d})} -\boldsymbol{d} \geqslant -\boldsymbol{\xi} - \boldsymbol{q} \\
&\boldsymbol{\delta} \leqslant \boldsymbol{q},\ \boldsymbol{\xi} \geqslant 0,\ \boldsymbol{q} \geqslant 0
\end{aligned} \tag{4-5}
$$

由问题（4-5）可以看出，不确定集 U（$\boldsymbol{d}$）的具体形式对上述问题求解至关重要。下一节将针对一组需求向量样本，结合无监督机器学习—SVC 方法，探讨如何构建需求 $\boldsymbol{d}$ 隶属的不确定集 $U(\boldsymbol{d})$。在此基础上，将问题（4-5）转化成易于求解的数学规划问题。

4.3 基于 SVC 的数据驱动不确定集构建

本节将详细阐述 SVC 的基本原理，并引入 WGIK 核函数，构建具有一定置信水平的关于未知需求的数据驱动不确定集。

4.3.1 支持向量聚类（SVC）基本原理

对于问题（4-5）中未知需求参数，已有研究大多采用盒子、多面体、椭球等传统不确定集进行描述。这种事先指定的不确定集由于具有对称几何结构，因此便于模型求解。然而，当面对复杂的几何分布结构时，其建模能力非常有限，而 SVC 方法可用于对复杂的高维不确定性进行建模，且可用于解决困难的多样性聚类或异常点检测问题（Shang 等，2017）。SVC 是支持向量机（SVM）技术的扩展，是一种非参数聚类方法。SVC 算法的基本思路是利用核函数将数据点映射到高维特征空间，再在特征空间中寻找一个能包含所有数据图像的半径最小的球体。然后将该球体映射回到数据空间，在该空间中会形成一组等值线集，Ben-Hur 等（2002）将这些等值线集解释为聚类边界，位于同一轮廓内的数据点属于同一集群。简言之，SVC 的目标是找到一个包含数据集中所有或大部分数据点的最小体积的封闭球体。下面对基于 SVC 的数据驱动不确定集构建方法进行描述。

假设$\{\boldsymbol{d}^{(k)}\}_{k=1}^{N}\in\mathcal{X}$是包含 N 个需求向量样本的集合。SVC 的目标是寻找包含集合中所有数据点的最小体积的封闭球体，优化模型如下：

$$\min_{\boldsymbol{P},R}\{R^2 \mid \|\phi(\boldsymbol{d}^{(k)})-\boldsymbol{P}\|^2\leqslant R^2,\ \forall k=1,\ \cdots,\ N\} \tag{4-6}$$

其中，R 表示球体半径，$\boldsymbol{P}$ 表示球体的中心，$\phi(\cdot)$是由集合$\mathcal{X}$映射到高维特征空间的非线性映射，$\|\cdot\|$是欧氏范数。模型(4-6)中的约束是一个“硬约束”，为了适应潜在的异常点(超出边界的数据点)且避免半径 R 过大，可引入松弛变量$\zeta_k\geqslant 0$，$k=1$，2，…，N，使约束变成软约束，得到如下模型：

$$\begin{aligned}
&\min_{\boldsymbol{P},R,\zeta} R^2+\frac{1}{N\vartheta}\sum_{k=1}^{N}\zeta_k\\
&\text{s. t. } \|\phi(\boldsymbol{d}^{(k)})-\boldsymbol{P}\|^2\leqslant R^2+\zeta_k,\ \forall k=1,\ \cdots,\ N\\
&\zeta_k\geqslant 0,\ \forall k=1,\ \cdots,\ N
\end{aligned} \tag{4-7}$$

其中，ϑ 是正则化参数，该参数实现了问题（4-7）目标函数中关于球体半径和惩罚项之间的权衡。为了求解上述问题（4-7），定义拉格朗日函数如下：

$$\mathcal{L}(\boldsymbol{P},\ R,\ \boldsymbol{\zeta},\ \boldsymbol{\alpha},\ \boldsymbol{\beta})=R^2+\frac{1}{N\vartheta}\sum_{k=1}^{N}\zeta_k-\sum_{k=1}^{N}\alpha_k(R^2+\zeta_k-\|\phi(\boldsymbol{d}^{(k)})-\boldsymbol{P}\|^2)-\sum_{k=1}^{N}\beta_k\zeta_k \tag{4-8}$$

其中，$\boldsymbol{\alpha}=(\alpha_1,\ \cdots,\ \alpha_N)^T$和$\boldsymbol{\beta}=(\beta_1,\ \cdots,\ \beta_N)^T$代表拉格朗日乘子。由一阶最优性条件，$\mathcal{L}$ 分别对 R，$\boldsymbol{P}$，$\boldsymbol{\zeta}$ 求一阶偏导，并令其等于零，求得 $\sum_{k=1}^{N}\alpha_k=1$，$\boldsymbol{P}=\sum_{k=1}^{N}\alpha_k\phi(\boldsymbol{d}^{(k)})$及$\alpha_k+\beta_k=\frac{1}{N\vartheta}$，得到下述对偶问题：

$$\begin{aligned}
&\min_{\boldsymbol{\alpha}}\sum_{k=1}^{N}\sum_{l=1}^{N}\alpha_k\alpha_l K(\boldsymbol{d}^{(k)},\ \boldsymbol{d}^{(l)})-\sum_{k=1}^{N}\alpha_k K(\boldsymbol{d}^{(k)},\ \boldsymbol{d}^{(k)})\\
&\text{s. t. } 0\leqslant\alpha_k\leqslant\frac{1}{N\vartheta},\ \forall k=1,\ \cdots,\ N\\
&\sum_{k=1}^{N}\alpha_k=1
\end{aligned} \tag{4-9}$$

其中，核函数$K(\boldsymbol{d}^{(k)},\ \boldsymbol{d}^{(l)})=\phi(\boldsymbol{d}^{(k)})^T\phi(\boldsymbol{d}^{(l)})$。可以看出，对偶问题(4-9)是一个二次规划问题。结合互补松弛条件$\beta_k\zeta_k=0$和$\alpha_k(R^2+\zeta_k-\|\phi(\boldsymbol{d}^{(k)})-\boldsymbol{P}\|^2)=0$可

知，对任意的需求向量样本 $\boldsymbol{d}^{(k)}$，若 $\boldsymbol{d}^{(k)}$ 在球体内部，即 $\|\phi(\boldsymbol{d}^{(k)})-\boldsymbol{P}\|^2<R^2$，则有 $\alpha_k=0$，$\beta_k=\frac{1}{N\vartheta}$；若 $\boldsymbol{d}^{(k)}$ 在球体的边界上，即 $\|\phi(\boldsymbol{d}^{(k)})-\boldsymbol{P}\|^2=R^2$，则有 $0<\alpha_k<\frac{1}{N\vartheta}$，$0<\beta_k<\frac{1}{N\vartheta}$；若 $\boldsymbol{d}^{(k)}$ 在球体外部，即 $\|\phi(\boldsymbol{d}^{(k)})-\boldsymbol{P}\|^2>R^2$，则有 $\alpha_k=\frac{1}{N\vartheta}$，$\beta_k=0$。将满足 $\alpha_k>0$ 的所有样本 $\boldsymbol{d}^{(k)}$ 称为支撑向量，满足 $0<\alpha_k<\frac{1}{N\vartheta}$的样本 $\boldsymbol{d}^{(k)}$ 称为边界支撑向量，余下的满足 $\alpha_k=\frac{1}{N\vartheta}$的样本 $\boldsymbol{d}^{(k)}$ 称为异常点。定义集合 $\mathrm{SV}=\{k\mid\alpha_k>0,\ \forall k\}$ 和 $\mathrm{BSV}=\left\{k\mid 0<\alpha_k<\frac{1}{N\vartheta},\ \forall k\right\}$，分别为支撑向量和边界支撑向量指标集。则半径 R 可定义为中心 $\boldsymbol{P}$ 到任意边界支撑向量 $\boldsymbol{d}^{(k')}$ 之间的距离，即

$$
\begin{aligned}
R^2&=\|\phi(\boldsymbol{d}^{(k')})-\boldsymbol{P}\|^2\\
&=K(\boldsymbol{d}^{(k')},\ \boldsymbol{d}^{(k')})-2\sum_{k=1}^{N}\alpha_k K(\boldsymbol{d}^{(k')},\ \boldsymbol{d}^{(k)})+\sum_{k=1}^{N}\sum_{l=1}^{N}\alpha_k\alpha_l K(\boldsymbol{d}^{(k)},\ \boldsymbol{d}^{(l)}),\ k'\in\mathrm{BSV}
\end{aligned}
\tag{4-10}
$$

因此，不确定需求 $\boldsymbol{d}$ 所隶属的不确定集合可描述为：

$$
U(\boldsymbol{d})=\left\{\boldsymbol{d}\in\mathbb{R}^n\mid K(\boldsymbol{d},\ \boldsymbol{d})-2\sum_{k=1}^{N}\alpha_k K(\boldsymbol{d},\ \boldsymbol{d}^{(k)})+\sum_{k=1}^{N}\sum_{l=1}^{N}\alpha_k\alpha_l K(\boldsymbol{d}^{(k)},\ \boldsymbol{d}^{(l)})\leqslant R^2\right\}
\tag{4-11}
$$

4.3.2　SVC 数据驱动不确定集

需要指出的是传统核函数，如多项式核函数、高斯核函数以及 Sigmoid 核函数，不可避免地包含了一些非线性项，使得它们在鲁棒优化中的应用极为复杂。此外，考虑到随机需求向量的每个维度可能具有明显的相关性和不对称性，因此，本章采用 Shang 等（2017）提出的 WGIK 核函数对 SVC 不确定集进行建模。WGIK 核函数中的权重矩阵可以消除随机需求向量每个维度的相关性，且 WGIK 核函数是凹函数，使得所建 SVC 不确定集是一个紧致凸集，为问题求解提供了方便。WGIK 核函数可描述为：

$$
K(\boldsymbol{x},\ \boldsymbol{y})=\sum_{i=1}^{n}h_i-\|\mathbf{W}(\boldsymbol{x}-\boldsymbol{y})\|_1,\ \forall\boldsymbol{x},\ \boldsymbol{y}\in\mathbb{R}^n
\tag{4-12}
$$

其中，$\mathbf{W}=\Sigma^{-1/2}$ 是权重矩阵，Σ 是关于 N 个样本 $\{\boldsymbol{d}^{(k)}\}_{k=1}^{N}$ 的协方差矩阵的无偏估计。WGIK 核函数可保证式（4-11）定义的不确定集 U（$\boldsymbol{d}$）是凸集，从而使得鲁棒优化模型（4-5）可有效求解。

Schölkopf 和 Smola（2002）指出，当且仅当核矩阵 $\mathbf{K}=\{K(\boldsymbol{d}^{(k)}, \boldsymbol{d}^{(l)})\}$ 是正定矩阵时，高维特征空间才存在，因此需要选择充分大的 h_i 满足如下条件，即

$$h_i>\max_{1\leqslant k\leqslant N}\boldsymbol{w}_i^T\boldsymbol{d}^{(k)}-\min_{1\leqslant k\leqslant N}\boldsymbol{w}_i^T\boldsymbol{d}^{(k)},\ \forall i=1, \cdots, n \tag{4-13}$$

其中，$\boldsymbol{w}_i(i=1, \cdots, n)$是矩阵 $\mathbf{W}$ 的第 i 个列向量。结合式（4-10）和式（4-11），利用 WGIK 核函数，可得基于 SVC 的数据驱动不确定集为：

$$U_\vartheta(\boldsymbol{d})=\left\{\boldsymbol{d}\ \middle|\ \sum_{k\in \mathrm{SV}}\alpha_k\|\mathbf{W}(\boldsymbol{d}-\boldsymbol{d}^{(k)})\|_1\leqslant\sum_{k\in \mathrm{SV}}\alpha_k\|\mathbf{W}(\boldsymbol{d}^{(k')}-\boldsymbol{d}^{(k)})\|_1,\ k'\in \mathrm{BSV}\right\} \tag{4-14}$$

进一步地，定义 $\theta=\min\limits_{k'\in \mathrm{BSV}}\left\{\sum\limits_{k\in \mathrm{SV}}\alpha_k\|\mathbf{W}(\boldsymbol{d}^{(k')}-\boldsymbol{d}^{(k)})\|_1\right\}$，并引入辅助向量$(\boldsymbol{z}_1, \cdots, \boldsymbol{z}_N)$，式(4-14)所示不确定集合 $U_\vartheta(\boldsymbol{d})$可等价描述为：

$$U_\vartheta(\boldsymbol{d})=\left\{\boldsymbol{d}\ \middle|\ \begin{array}{l}\exists \boldsymbol{z}_k,\ k\in \mathrm{SV}\ \text{s.t.}\\ \sum\limits_{k\in \mathrm{SV}}\alpha_k\cdot \boldsymbol{z}_k^T\mathbf{1}\leqslant\theta,\\ -\boldsymbol{z}_k\leqslant\mathbf{W}(\boldsymbol{d}-\boldsymbol{d}^{(k)})\leqslant\boldsymbol{z}_k,\ k\in \mathrm{SV}\end{array}\right\} \tag{4-15}$$

其中，$\mathbf{1}$ 表示适维全 1 向量。当 $0\leqslant\vartheta<1$ 时，$U_\vartheta(\boldsymbol{d})$是非空有界集合，且$\lim\limits_{N\to\infty}\mathbb{P}\{\boldsymbol{d}\in U_\vartheta(\boldsymbol{d})\}=1-\vartheta$，即当 N 充分大时，$U_\vartheta(\boldsymbol{d})$压缩成置信度为$(1-\vartheta)\times100\%$的可行域。换言之，正则化参数 ϑ 是异常点数量比例的上界，因此，可通过调整正则化参数 ϑ 的大小来控制异常点的数量，即该方法提供了一种数据驱动方式调整不确定集的保守性。

4.4 交叉销售下数据驱动多产品库存鲁棒优化模型构建及求解

本节在式（4-15）所示的 SVC 不确定集 $U_\vartheta(\boldsymbol{d})$下，建立交叉销售下基于

SVC 的数据驱动多产品库存鲁棒优化模型，并进一步利用对偶理论将所建模型等价转化为易于求解的线性规划，给出求解步骤。

4.4.1 模型建立与等价模型

在不确定集 $U_\vartheta(\boldsymbol{d})$下，鲁棒对应模型（4-5）可描述为如下基于 SVC 的数据驱动鲁棒优化模型：

$$\begin{aligned}
&\max_{q,f,\delta,\xi} f\\
&\text{s. t. } \boldsymbol{c}^T\boldsymbol{q}\leqslant B\\
&f\leqslant(\boldsymbol{r}-\boldsymbol{s})^T\boldsymbol{\delta}-(\boldsymbol{c}-\boldsymbol{s})^T\boldsymbol{q}\\
&\min_{\boldsymbol{d}\in U_\vartheta(\boldsymbol{d})}\boldsymbol{d}\geqslant\boldsymbol{\delta}+\mathbf{Y}\boldsymbol{\xi}\\
&\min_{\boldsymbol{d}\in U_\vartheta(\boldsymbol{d})}-\boldsymbol{d}\geqslant-\boldsymbol{\xi}-\boldsymbol{q}\\
&\boldsymbol{\delta}\leqslant\boldsymbol{q},\ \boldsymbol{\xi}\geqslant\mathbf{0},\ \boldsymbol{q}\geqslant\mathbf{0}
\end{aligned}\tag{4-16}$$

下面给出问题（4-16）中约束条件 $\min_{\boldsymbol{d}\in U_\vartheta(\boldsymbol{d})}\boldsymbol{d}\geqslant\boldsymbol{\delta}+\gamma\boldsymbol{\xi}$ 和 $\min_{\boldsymbol{d}\in U_\vartheta(\boldsymbol{d})}-\boldsymbol{d}\geqslant-\boldsymbol{\xi}-\boldsymbol{q}$ 的等价描述形式，从而将模型（4-16）转化为易于求解的数学规划问题。

定理 4.4.1 在式（4-15）所示的不确定集 $U_\vartheta(\boldsymbol{d})$下，对于 $0\leqslant\vartheta<1$，问题(4-16)中的最小化约束 $\min_{\boldsymbol{d}\in U_\vartheta(\boldsymbol{d})}\boldsymbol{d}\geqslant\boldsymbol{\delta}+\gamma\boldsymbol{\xi}$ 等价于下述线性约束：

$$\begin{cases}
\sum_{k\in\mathrm{SV}}(\boldsymbol{\eta}_k^i-\boldsymbol{\tau}_k^i)^T\mathbf{W}\boldsymbol{d}^{(k)}+\theta\varepsilon^i\geqslant\varrho_i,\ \forall i=1,\ \cdots,\ n\\
\sum_{k\in\mathrm{SV}}\mathbf{W}(\boldsymbol{\tau}_k^i-\boldsymbol{\eta}_k^i)+\boldsymbol{b}_i=\mathbf{0},\ \forall i=1,\ \cdots,\ n\\
\varepsilon^i\alpha_k\mathbf{1}-\boldsymbol{\eta}_k^i-\boldsymbol{\tau}_k^i=\mathbf{0},\ \forall k\in\mathrm{SV},\ \forall i=1,\ \cdots,\ n\\
\varepsilon^i\leqslant0,\ \boldsymbol{\eta}_k^i\leqslant\mathbf{0},\ \boldsymbol{\tau}_k^i\leqslant\mathbf{0},\ \forall k\in\mathrm{SV},\ \forall i=1,\ \cdots,\ n\\
\boldsymbol{\varrho}=\boldsymbol{\delta}+\gamma\boldsymbol{\xi}
\end{cases}\tag{4-17}$$

其中，ε^i、$\boldsymbol{\eta}_k^i$、$\boldsymbol{\tau}_k^i$ 是对偶变量。

证明： 令$\boldsymbol{\varrho}=\boldsymbol{\delta}+\gamma\boldsymbol{\xi}$，$\boldsymbol{\varrho}\in\mathbb{R}^n$，则约束 $\min_{\boldsymbol{d}\in U_\vartheta(\boldsymbol{d})}\boldsymbol{d}\geqslant\boldsymbol{\delta}+\gamma\boldsymbol{\xi}$ 可等价描述为 $\min_{\boldsymbol{d}\in U_\vartheta(\boldsymbol{d})}\boldsymbol{b}_i^T\boldsymbol{d}\geqslant\varrho_i$，$i=1$，…，$n$，其中，$\boldsymbol{b}_i$ 是 n 维单位矩阵的第 i 个列向量。在不确定集 $U_\vartheta(\boldsymbol{d})$ 下，约束 $\min_{\boldsymbol{d}\in U_\vartheta(\boldsymbol{d})}\boldsymbol{b}_i^T\boldsymbol{d}\geqslant\varrho_i$ 的左端等价于：

$$\min_{\boldsymbol{d},z_k}\left\{\boldsymbol{b}_i^T\boldsymbol{d}\;\middle|\;\sum_{k\in\mathrm{SV}}\alpha_k\cdot\mathbf{1}^Tz_k\leqslant\theta,\ -z_k\leqslant\mathbf{W}(\boldsymbol{d}-\boldsymbol{d}^{(k)})\leqslant z_k,\ \forall k\in\mathrm{SV}\right\}\tag{4-18}$$

其对偶形式为：

$$\begin{aligned}&\max_{\varepsilon^i,\boldsymbol{\eta}_k^i,\tau_k^i}\sum_{k\in\mathrm{SV}}(\boldsymbol{\eta}_k^i-\boldsymbol{\tau}_k^i)^T\mathbf{W}\boldsymbol{d}^{(k)}+\theta\varepsilon^i\\&\text{s. t.}\sum_{k\in\mathrm{SV}}\mathbf{W}(\boldsymbol{\tau}_k^i-\boldsymbol{\eta}_k^i)+\boldsymbol{b}_i=\mathbf{0}\\&\varepsilon^i\alpha_k\mathbf{1}-\boldsymbol{\eta}_k^i-\boldsymbol{\tau}_k^i=\mathbf{0},\ \forall k\in\mathrm{SV}\\&\varepsilon^i\leqslant0,\ \boldsymbol{\eta}_k^i\leqslant\mathbf{0},\ \boldsymbol{\tau}_k^i\leqslant\mathbf{0},\ \forall k\in\mathrm{SV}\end{aligned}\tag{4-19}$$

其中，ε^i、$\boldsymbol{\eta}_k^i$、$\boldsymbol{\tau}_k^i$ 是对偶变量。由 U_ϑ（$\boldsymbol{d}$）（$0\leqslant\vartheta<1$）的非空有界性及线性规划问题的强对偶性可知，问题（4-18）及其对偶问题（4-19）均是可行的，且其可行域非空有界，因此，问题（4-18）及其对偶问题（4-19）有着相同的目标值，则约束 $\min\limits_{\boldsymbol{d}\in U_\vartheta(\boldsymbol{d})}\boldsymbol{d}\geqslant\boldsymbol{\delta}+\gamma\boldsymbol{\xi}$ 可等价描述为式（4-17）所示约束系统。证毕。

定理 4.4.2 在式（4-15）所示的不确定集 $U_\vartheta(\boldsymbol{d})$ 下，对于 $0\leqslant\vartheta<1$，问题（4-16）中的最小化约束 $\min\limits_{\boldsymbol{d}\in U_\vartheta(\boldsymbol{d})}-\boldsymbol{d}\geqslant-\boldsymbol{\xi}-\boldsymbol{q}$ 等价于下述线性约束：

$$\begin{cases}\sum\limits_{k\in\mathrm{SV}}(\boldsymbol{\sigma}_k^i-\boldsymbol{\mu}_k^i)^T\mathbf{W}\boldsymbol{d}^{(k)}+\theta\lambda^i\geqslant\varpi_i,\ \forall i=1,\ \cdots,\ n\\\sum\limits_{k\in\mathrm{SV}}\mathbf{W}(\boldsymbol{\sigma}_k^i-\boldsymbol{\mu}_k^i)+\boldsymbol{b}_i=\mathbf{0},\ \forall i=1,\ \cdots,\ n\\\lambda^i\alpha_k\mathbf{1}-\boldsymbol{\sigma}_k^i-\boldsymbol{\mu}_k^i=\mathbf{0},\ \forall k\in\mathrm{SV},\ \forall i=1,\ \cdots,\ n\\\lambda^i\leqslant0,\ \boldsymbol{\sigma}_k^i\leqslant\mathbf{0},\ \boldsymbol{\mu}_k^i\leqslant\mathbf{0},\ \forall k\in\mathrm{SV},\ \forall i=1,\ \cdots,\ n\\\boldsymbol{\varpi}=-\boldsymbol{\xi}-\boldsymbol{q}\end{cases}\tag{4-20}$$

其中，λ^i、$\boldsymbol{\sigma}_k^i$、$\boldsymbol{\mu}_k^i$ 是对偶变量。

证明： 类似于定理 4.4.1，令 $\boldsymbol{\varpi}=-\boldsymbol{\xi}-\boldsymbol{q}$，$\boldsymbol{\varpi}\in\mathbb{R}^n$，则约束 $\min\limits_{\boldsymbol{d}\in U_\vartheta(\boldsymbol{d})}-\boldsymbol{d}\geqslant-\boldsymbol{\xi}-\boldsymbol{q}$ 可等价描述为 $\min\limits_{\boldsymbol{d}\in U_\vartheta(\boldsymbol{d})}-\boldsymbol{b}_i^T\boldsymbol{d}\geqslant\varpi_i$，$i=1$，$\cdots$，$n$。在不确定集 $U_\vartheta(\boldsymbol{d})$ 下，约束 $\min\limits_{\boldsymbol{d}\in U_\vartheta(\boldsymbol{d})}-\boldsymbol{b}_i^T\boldsymbol{d}\geqslant\varpi_i$ 的左端可等价描述为：

$$\min_{\boldsymbol{d},z_k}\left\{-\boldsymbol{b}_i^T\boldsymbol{d}\;\middle|\;\sum_{k\in\mathrm{SV}}\alpha_k\cdot\mathbf{1}^Tz_k\leqslant\theta,\ -z_k\leqslant\mathbf{W}(\boldsymbol{d}-\boldsymbol{d}^{(k)})\leqslant z_k,\ \forall k\in\mathrm{SV}\right\}$$

其对偶形式为：

$$\max_{\lambda^i,\boldsymbol{\sigma}_k^i,\boldsymbol{\mu}_k^i}\sum_{k\in\mathrm{SV}}(\boldsymbol{\sigma}_k^i-\boldsymbol{\mu}_k^i)^T\mathbf{W}\boldsymbol{d}^{(k)}+\theta\lambda^i$$

$$\text{s. t.} \sum_{k \in \text{SV}} \mathbf{W}(\boldsymbol{\sigma}_k^i - \boldsymbol{\mu}_k^i) + \boldsymbol{b}_i = \mathbf{0}$$

$$\lambda^i \alpha_k \mathbf{1} - \boldsymbol{\sigma}_k^i - \boldsymbol{\mu}_k^i = \mathbf{0}, \quad \forall k \in \text{SV}$$

$$\lambda^i \leqslant 0, \ \boldsymbol{\sigma}_k^i \leqslant \mathbf{0}, \ \boldsymbol{\mu}_k^i \leqslant \mathbf{0}, \quad \forall k \in \text{SV}$$

其中，$\boldsymbol{\lambda}^i$、$\boldsymbol{\sigma}_k^i$、$\boldsymbol{\mu}_k^i$ 为对偶变量。同样，由强对偶性可知，约束 $\min\limits_{\boldsymbol{d} \in U_\vartheta(\boldsymbol{d})} -\boldsymbol{d} \geqslant -\boldsymbol{\xi} - \boldsymbol{q}$ 可等价描述为式(4-20)所示约束系统。证毕。

在定理 4.4.1 和定理 4.4.2 的基础上，问题（4-16）等价于

$$\max_{\substack{\boldsymbol{q}, f, \boldsymbol{\delta}, \boldsymbol{\xi}, \boldsymbol{\varpi}, \boldsymbol{\varrho}, \varepsilon^i \\ \lambda^i, \boldsymbol{\eta}_k^i, \boldsymbol{\tau}_k^i, \boldsymbol{\sigma}_k^i, \boldsymbol{\mu}_k^i}} f$$

$$\text{s. t.} f \leqslant (\boldsymbol{r} - \boldsymbol{s})^T \boldsymbol{\delta} - (\boldsymbol{c} - \boldsymbol{s})^T \boldsymbol{q}$$

$$\boldsymbol{c}^T \boldsymbol{q} \leqslant B$$

$$\boldsymbol{\delta} \leqslant \boldsymbol{q}, \ \boldsymbol{\xi} \geqslant \mathbf{0}, \ \boldsymbol{q} \geqslant \mathbf{0}$$

约束(4-17)和(4-20) (4-21)

显然，问题（4-21）一个便于求解的线性规划问题。下面给出详细的求解步骤。

4.4.2 求解步骤

需要指出的是，求解问题（4-21）首先要求解二次规划问题（4-9），以便得到拉格朗日乘子 $\boldsymbol{\alpha}$ 及支撑向量指标集 SV，从而构建 SVC 不确定集，其中，正则化参数 ϑ 可以根据决策者的保守性偏好来确定。在此基础上，可对问题（4-21）进行求解。下面给出具体求解步骤：

（1）基于 N 个随机需求样本的观测值计算协方差矩阵 Σ 及权重矩阵 $\mathbf{W}$；

（2）根据准则（4-13）确定核参数 h_i，针对 N 个随机需求样本的观测值，利用 WGIK 核函数确定核矩阵 $\mathbf{K} = \{K(d^{(k)}, d^{(l)})\}$；

（3）求解二次规划问题（4-9），得拉格朗日乘子 $\boldsymbol{\alpha}$ 及支撑向量指标集 SV；

（4）求解问题（4-21），得出最优订货决策和相应的零售商利润绩效。

4.5 数值分析

为了验证交叉销售下基于 SVC 的数据驱动多产品库存鲁棒优化模型的有效性，针对问题（4-21）进行数值计算。考虑 3 种产品之间存在交叉销售情况，模型参数赋值如下：$r_1=76$，$c_1=37$，$s_1=18$；$r_2=88$，$c_2=49$，$s_2=26$；$r_3=90$，$c_3=50$，$s_3=30$。为了实验数据的需要，本节基于混合高斯分布及高斯分布随机生成 100 个需求样本观测值，用以在不同的正则化参数 ϑ 下，构建 SVC 不确定集。

4.5.1 SVC、盒子、椭球不确定集下的利润绩效

为了检验基于 SVC 数据驱动不确定集的鲁棒优化方法在应对多产品需求不确定性方面的有效性，本节针对 SVC、盒子、椭球不确定集下的鲁棒优化模型（4-5），在不同的保护水平及样本覆盖率下进行绩效评估比较。保护水平是在得到不同大小集合下的鲁棒订货量后，基于一个包含 1000 个需求测试样本观测值的独立测试数据集，计算问题（4-4）中约束满足的比例，是一个后验概率。样本覆盖率是指在不同大小的集合下，100 个样本中属于不确定集的样本所占的比例。设置 $\vartheta=0.01$，0.05，0.10，0.15，0.20，0.25，0.30，0.35，0.40，0.45，0.50，并相应调整盒子、椭球不确定集的阈值，使得此三种不确定集合具有相同的保护水平及样本覆盖率。在混合高斯分布和高斯分布下，设置零售商的预算分别为 $B=26000$ 和 $B=30000$。不失一般性地，设交叉销售系数 $\gamma_{ji}=0.50$，$i\neq j$，i，$j=1$，2，3。图 4-1 给出了在两种分布（混合高斯分布和高斯分布）下，基于不同集合和不同的保护水平的零售商利润绩效。由图 4-1 可以看出，在相同的保护水平下，基于 SVC 不确定集得到的利润绩效高于盒子和椭球不确定集下得到的利润绩效，说明应用本章提出的数据驱动鲁棒优化方法能够为零售商创造更高的利润，这得益于 SVC 不确定集能够较好地刻画数据的几何分布结构，提取更有效的数据信息，从而改进传统不确定集的保守性。

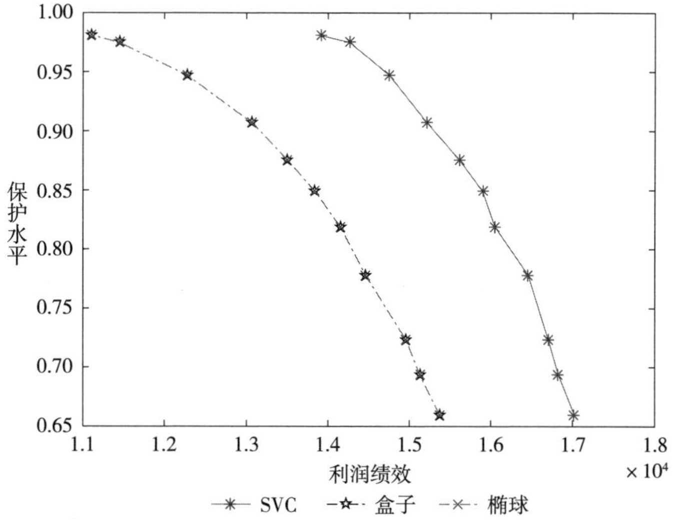

（a）混合高斯分布

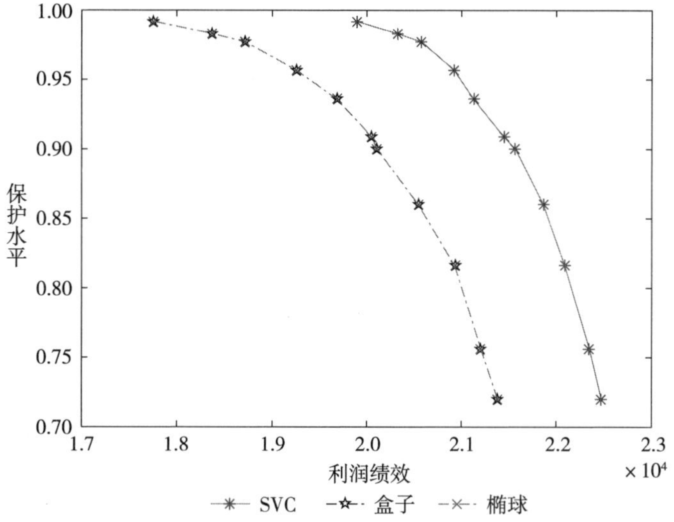

（b）高斯分布

图 4-1　不同集合下零售商利润绩效及保护水平

图 4-2 给出了在得到 SVC、盒子、椭球不确定集下的鲁棒订货量后，基于 1000 个需求测试样本观测值求得的零售商平均利润绩效。相对于盒子和椭球不确定集，基于 SVC 不确定集的零售商获得了更高的利润绩效，进一步说明本章

所提出的数据驱动鲁棒优化方法具有良好的鲁棒性，能够有效抑制需求不确定性对利润绩效的影响。换言之，在处理需求不确定性上，基于 SVC 的数据驱动鲁棒优化方法更加有效。

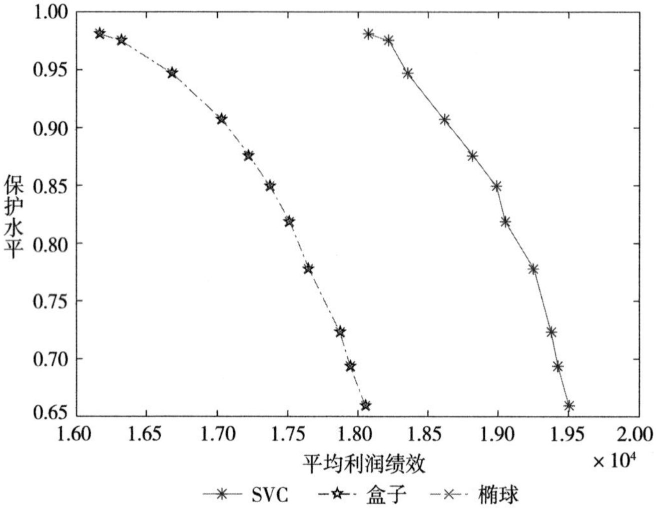

（a）混合高斯分布

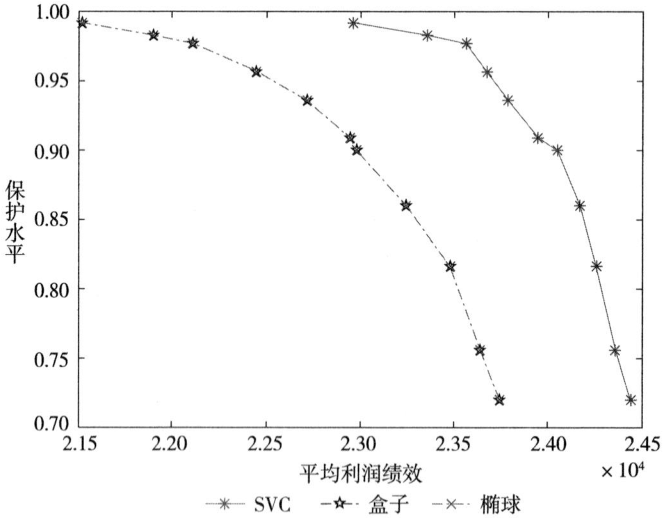

（b）高斯分布

图 4-2　基于测试数据集中 1000 个观察值的零售商平均利润绩效及保护水平

进一步地，在混合高斯分布和高斯分布下，分别调整 SVC、盒子和椭球不确定集的相关阈值，以便在相同的样本覆盖率下比较分析此三种不确定集下的利润绩效，结果如图 4-3 和图 4-4 所示。由图 4-3 可以看出，在相同的样本覆盖率下，基于 SVC 不确定集获得的利润绩效明显高于传统不确定集下获得的利润绩效。

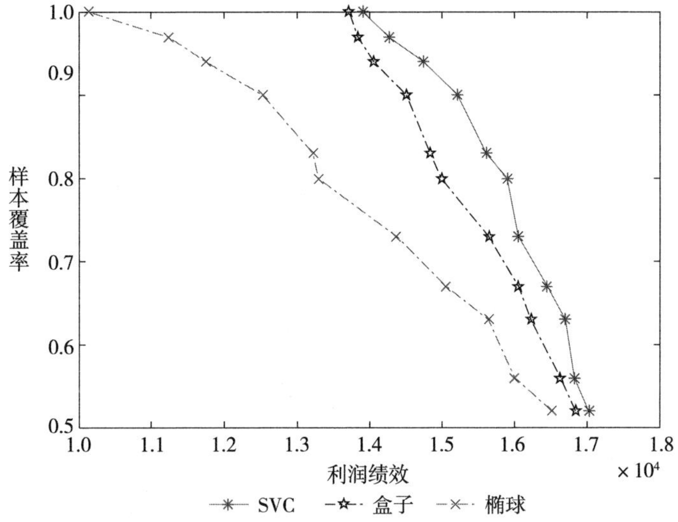

(a) 混合高斯分布

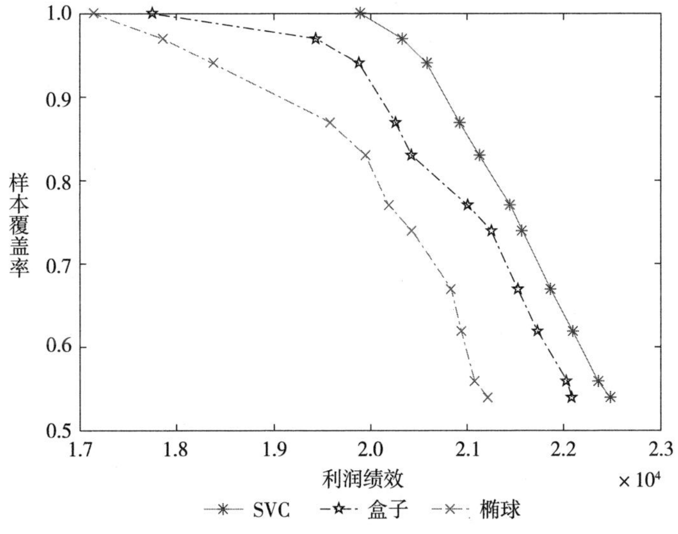

(b) 高斯分布

图 4-3　不同集合下零售商利润绩效及样本覆盖率

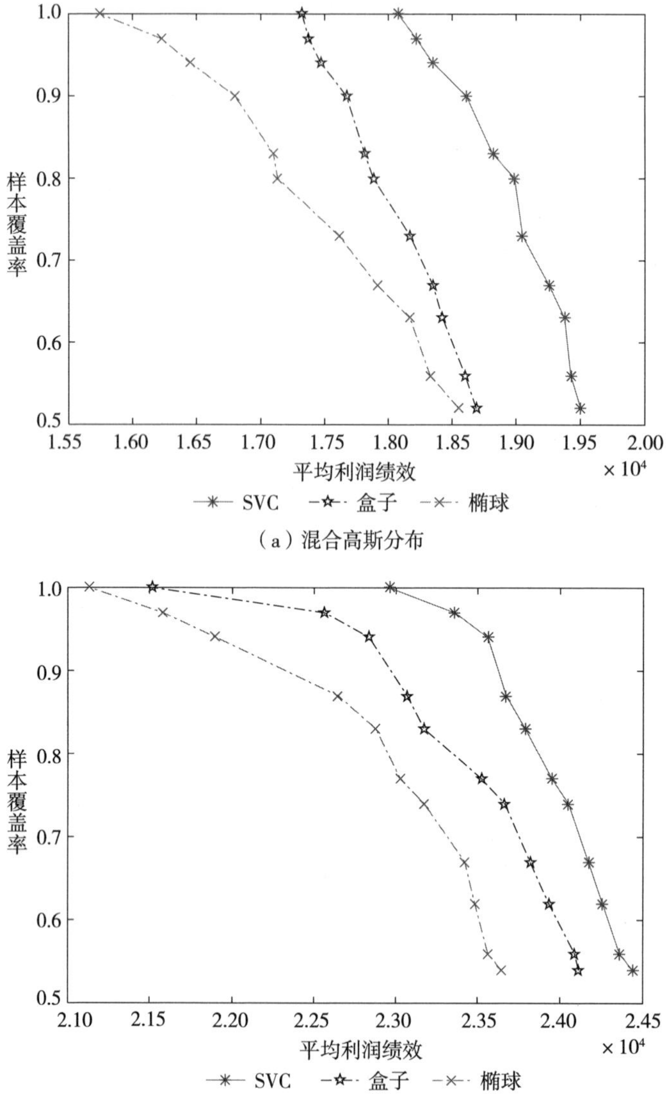

（a）混合高斯分布

（b）高斯分布

图 4-4　基于测试数据集中 1000 个观察值的零售商平均利润绩效及样本覆盖率

特别地，SVC 不确定集下的利润绩效随着样本覆盖率的减小而增加。SVC 不确定集的样本覆盖率受正则化参数 ϑ 的影响，ϑ 越大，SVC 不确定集的样本覆盖率越小，即越来越多的异常点被排除到集合之外，使得 SVC 不确定集尽可能挖掘到需求数据的有效信息。因此，SVC 不确定集的样本覆盖率越小（ϑ 越大），其保守性越低，得到的利润绩效就会越高。类似地，由图 4-4 可以看出，在相同的样本覆盖率下，基于 1000 个需求测试样本观测值，采取 SVC 不确定集下的鲁棒订货决策可获得更高的平均利润绩效。表明本章所提方法可以为企业决策者在需求不确定性环境下制定多产品库存决策提供有效借鉴。

4.5.2 不同正则化参数和样本容量下的绩效损失评估

为了评估本章数据驱动鲁棒优化方法导致的多产品库存利润绩效损失，进一步计算了真实需求下零售商的鲁棒库存策略与绩效。采用随机生成的方式，在 SVC 不确定集 $U_{\vartheta}(\boldsymbol{d})$（$\vartheta=0.25$）中随机生成产品 i 的市场需求数据观测值，以此作为产品 i 的真实需求，求解问题(4-2)，重复上述步骤 100 次并计算平均值，得出零售商在真实需求下的最优库存决策和平均利润绩效。其中，交叉销售系数 $\gamma_{ji}=0.50$，$i\neq j$，i，$j=1$，2，3，混合高斯分布下设置预算 $B=26000$，高斯分布下设置预算 $B=30000$。特别地，为了检验不同 ϑ（$\vartheta=0.01$，0.05，0.10，0.15，0.20，0.25，0.30，0.35，0.40，0.45，0.50）下的鲁棒库存决策造成的绩效损失，进一步计算了不同 ϑ 下的鲁棒库存策略用于真实需求下的平均利润绩效，结果如图 4-5 所示。

由图 4-5 可以看出，在两种分布（混合高斯分布、高斯分布）下，鲁棒利润绩效、鲁棒订货量决策用于真实需求下的平均利润绩效均随着正则化参数 ϑ 的增加而增加。正则化参数 ϑ 越大，鲁棒订货量决策用于真实需求下的平均利润绩效越接近最优情况（混合高斯分布和高斯分布下零售商最优平均利润绩效分别为 21332 和 25146）。此外，鲁棒库存策略导致的绩效损失随着正则化参数 ϑ 的增加而减小，这是由于正则化参数 ϑ 越大，不确定集合保守性越低，从而显著改进了零售商运作绩效。当 $\vartheta=0.01$ 时，两种分布（混合高斯分布、高斯分布）下的绩效损失最大，分别为 3049 和 2125，损失比例分别为 14.29%和 8.45%；当 $\vartheta=0.50$ 时，两种分布（混合高斯分布、高斯分布）下的绩效损失最小，分别为 1605 和 621，损失比例分别为 7.52%和 2.47%。结果表明需求不确定性将不可避免地导致一定的利润绩效损失，但与真实需求下最优平均利润绩效相比，损失值很小。说明基于本章数据驱动鲁棒优化方法得到的库存策略能够有效抑制需求不

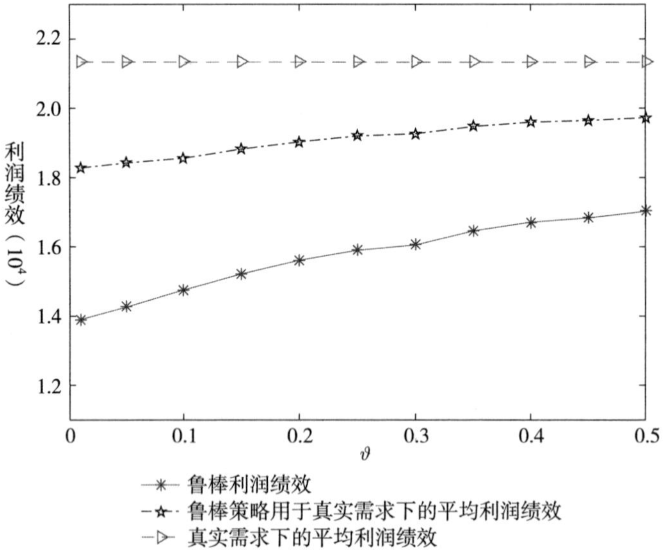

（a）混合高斯分布

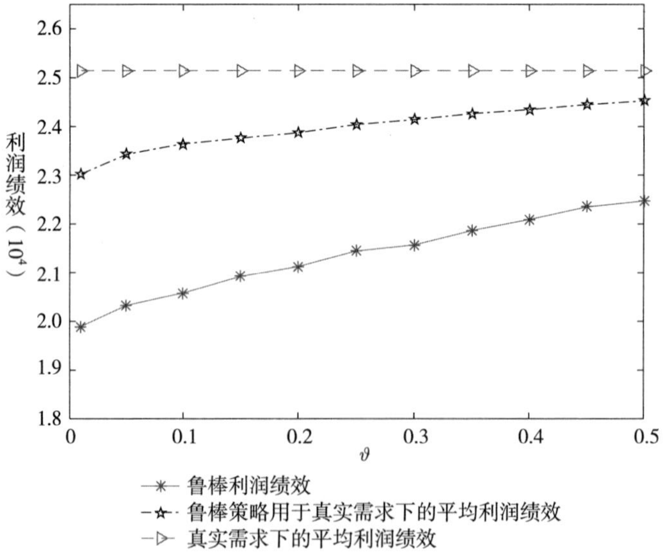

（b）高斯分布

图 4-5　$N=100$ 时不同正则化参数 ϑ 下的利润绩效

确定性扰动，具有良好的鲁棒性，且零售商可根据保守性偏好选择正则化参数 ϑ，以控制问题的保守性。

为进一步分析不同样本规模 N 下的鲁棒库存策略导致的绩效损失，令 $N=50$，100，150，200，250，300，350，400，450，计算不同 N 下的鲁棒库存策略用于真实需求下的平均利润绩效，结果如图4-6所示。由图4-6可以看出，在两

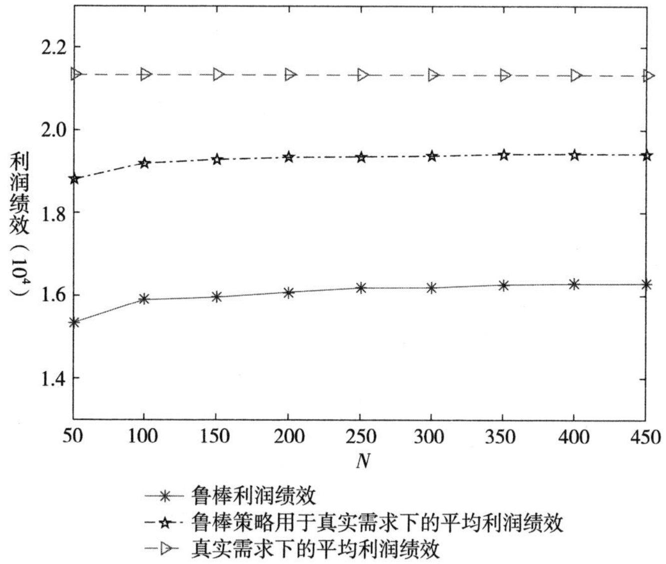

（a）混合高斯分布

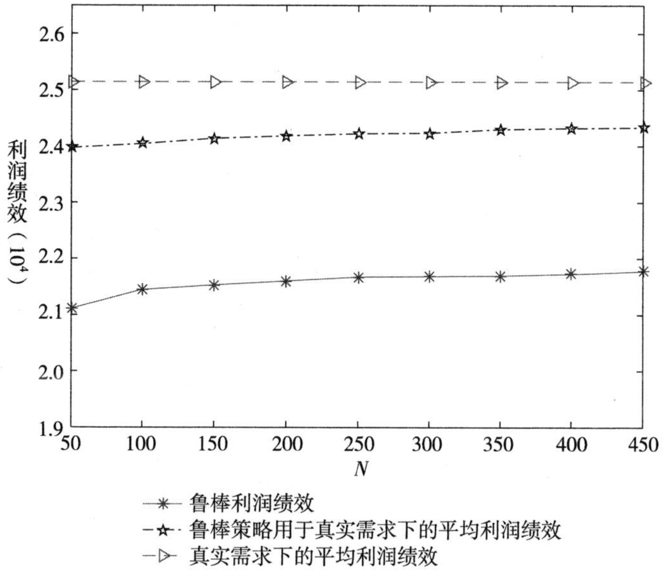

（b）高斯分布

图4-6　$\vartheta=0.25$ 时不同样本规模 N 下的利润绩效

种分布（混合高斯分布、高斯分布）下，随着样本规模 N 的增加，鲁棒利润绩效和鲁棒订货量决策用于真实需求下的平均利润绩效均呈现增加趋势，这是由于样本规模越大，不确定集 U_{ϑ}（$\boldsymbol{d}$）越紧致，库存决策者所能获得的需求信息越准确。特别地，鲁棒库存策略导致的绩效损失随着样本规模的增加而减小，当 $N=50$ 时，两种分布（混合高斯分布、高斯分布）下采取鲁棒库存策略时的绩效损失最大，分别为 2533 和 1177，损失比例分别为 11.87%和 4.68%；当 $N=450$ 时，两种分布（混合高斯分布、高斯分布）下采取鲁棒库存策略时的绩效损失最小，分别为 1904 和 813，损失比例分别为 8.93%和 3.23%。结果表明，决策者获得的历史需求数据规模越大，依据本章数据驱动鲁棒优化方法做出的库存决策越接近真实需求下的最优库存策略。因此，对零售商来说，在经营过程中应注重收集日常销售数据，以便改进库存策略制定水平。

4.5.3 采购预算对零售商利润绩效及库存策略的影响

为了分析零售商预算对多产品库存利润绩效及库存策略的影响，本节基于 SVC 不确定集 $U_{\vartheta}(\boldsymbol{d})$（$\vartheta=0.25$），分别在混合高斯分布和高斯分布下求解问题（4-21），其中，预算 B 在混合高斯（高斯）分布下以 1000 的步长从 21000（24000）变化到 30000（33000）。不失一般性地，假设 $\gamma_{ji}=\gamma$（$i\neq j$，i，$j=1$，2，3），γ 取值分别为 0.4、0.5 和 0.6。零售商利润绩效随预算变化的情况如图 4-7 所示。由图 4-7 可以看出，在混合高斯分布（高斯分布）下零售商利润绩效随着预算的增加而增加，但当预算达到 28000（32000）以后，利润绩效不再发生变化，这是由于额外附加的预算不会再被使用。不同 γ 下的产品订货量如表 4-2 和表 4-3 所示。

4.5.4 交叉销售系数对零售商利润绩效及库存策略的影响

本节将分别针对 2 种产品和 3 种产品交叉销售情况，分析交叉销售系数对零售商利润绩效及库存策略的影响。首先，考虑 2 种产品之间的交叉销售，模型参数赋值如下：$r_1=80$，$c_1=39$，$s_1=19$；$r_2=100$，$c_2=53$，$s_2=28$。特别地，基于混合高斯分布和高斯分布随机生成 100 个需求样本观测值，用以在正则化参数 $\vartheta=0.25$ 时构建 SVC 不确定集。图 4-8 和图 4-9 分别给出了 $\gamma_{21}=0.6$，γ_{12} 以 0.1 的步长从 0 变化到 1，及 $\gamma_{12}=0.2$，γ_{21} 以 0.1 的步长从 0 变化到 1，预算 B 在混合高斯（高斯）分布下取值分别为 12500（16500）、13000（17000）和 13500（17500）时的零售商利润绩效。

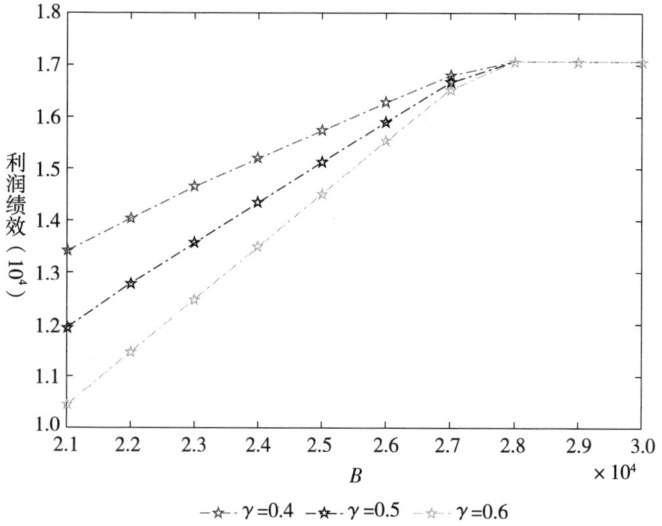

（a）混合高斯分布

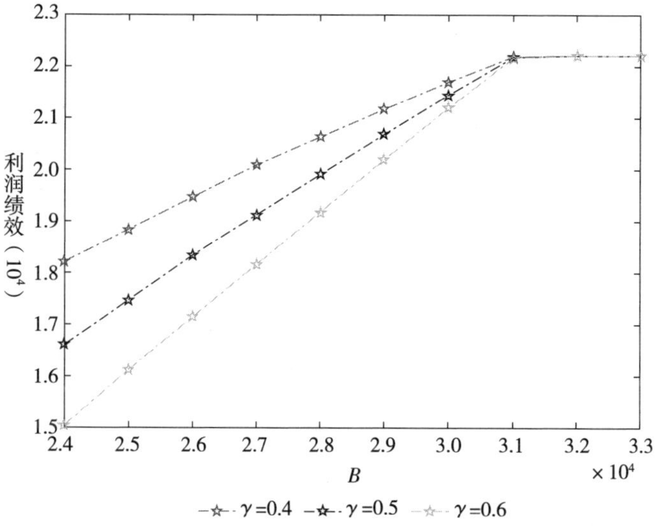

（b）高斯分布

图 4-7　$\vartheta=0.25$ 时不同预算 B 下的利润绩效

表 4-2 混合高斯分布下 $\vartheta=0.25$ 时不同预算 B 下的库存策略

B	产品订货量（q_1，q_2，q_3）		
	$\gamma=0.4$	$\gamma=0.5$	$\gamma=0.6$
30000	(165.03，200.90，232.18)	(165.03，200.90，232.18)	(165.03，200.90，232.18)
29000	(165.03，200.90，232.18)	(165.03，200.90，232.18)	(165.03，200.90，232.18)
28000	(165.03，200.90，232.18)	(165.03，200.90，232.18)	(165.03，200.90，232.18)
27000	(165.03，189.49，232.18)	(165.03，189.49，232.18)	(165.03，189.49，232.18)
26000	(165.03，177.81，223.62)	(165.03，177.24，224.18)	(165.03，176.74，224.68)
25000	(165.03，172.07，209.25)	(165.03，170.53，210.76)	(165.03，169.18，212.08)
24000	(165.03，166.32，194.89)	(165.03，163.82，197.34)	(165.03，161.62，199.49)
23000	(165.03，160.57，180.52)	(165.03，157.11，183.92)	(165.03，154.07，186.89)
22000	(157.13，154.24，172.57)	(165.03，150.39，170.49)	(165.03，146.51，174.30)
21000	(147.42，147.76，166.10)	(158.66，143.13，162.32)	(165.03，138.95，161.71)

表 4-3 高斯分布下 $\vartheta=0.25$ 时不同预算 B 下的库存策略

B	产品订货量（q_1，q_2，q_3）		
	$\gamma=0.4$	$\gamma=0.5$	$\gamma=0.6$
33000	(211.08，231.12，238.12)	(211.08，231.12，238.12)	(211.08，231.12，238.12)
32000	(211.08，231.12，238.12)	(211.08，231.12，238.12)	(211.08，231.12，238.12)
31000	(211.08，230.28，238.12)	(211.08，230.28，238.12)	(211.08，230.28，238.12)
30000	(211.08，209.88，238.12)	(211.08，209.88，238.12)	(211.08，209.88，238.12)
29000	(211.08，199.60，228.20)	(211.08，198.93，228.85)	(211.08，198.35，229.42)
28000	(211.08，193.85，213.83)	(211.08，192.22，215.43)	(211.08，190.79，216.83)
27000	(211.08，188.10，199.46)	(211.08，185.51，202.00)	(211.08，183.23，204.23)
26000	(202.48，181.71，192.08)	(210.69，178.76，188.91)	(211.08，175.68，191.64)
25000	(192.78，175.24，185.61)	(203.33，171.41，181.55)	(211.08，168.12，179.04)
24000	(183.07，168.77，179.14)	(195.98，164.05，174.20)	(206.73，160.13，170.09)

由图 4-8 可以看出，随着 γ_{12} 的增加，零售商利润绩效呈递减趋势。表 4-4 和表 4-5 给出了相应的库存策略，可以看出产品 1 的订货量随着 γ_{12} 的增加呈上升趋势，而产品 2 的订货量随着 γ_{12} 的增加呈下降趋势。这是由于当产品 1 对产

品 2 的交叉销售影响 γ_{12} 越大时，产品 2 缺货对零售商造成的利润损失越大。此外，随着 γ_{12} 的增加，产品 2 的有效需求降低，导致其订货量减少，但零售商为了缓解 γ_{12} 的增加对利润绩效的影响，则需增加产品 1 的订货量。

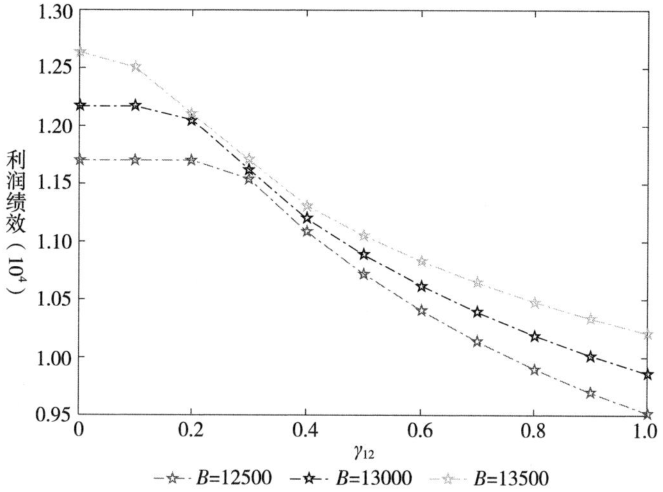

（a）混合高斯分布

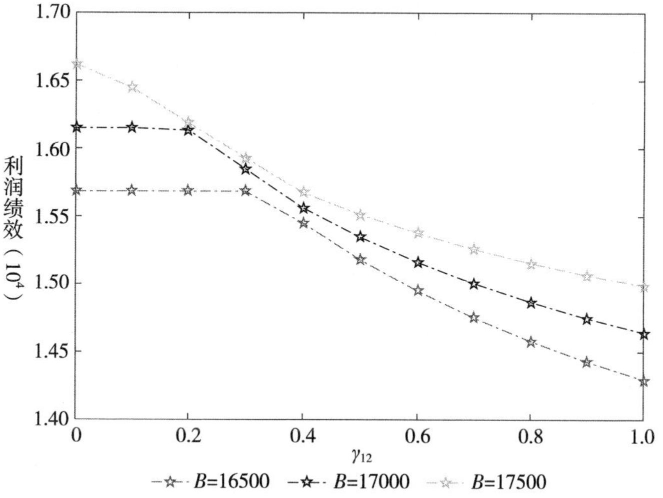

（b）高斯分布

图 4-8　$\gamma_{21}=0.6$ 时零售商利润绩效与 γ_{12} 的关系

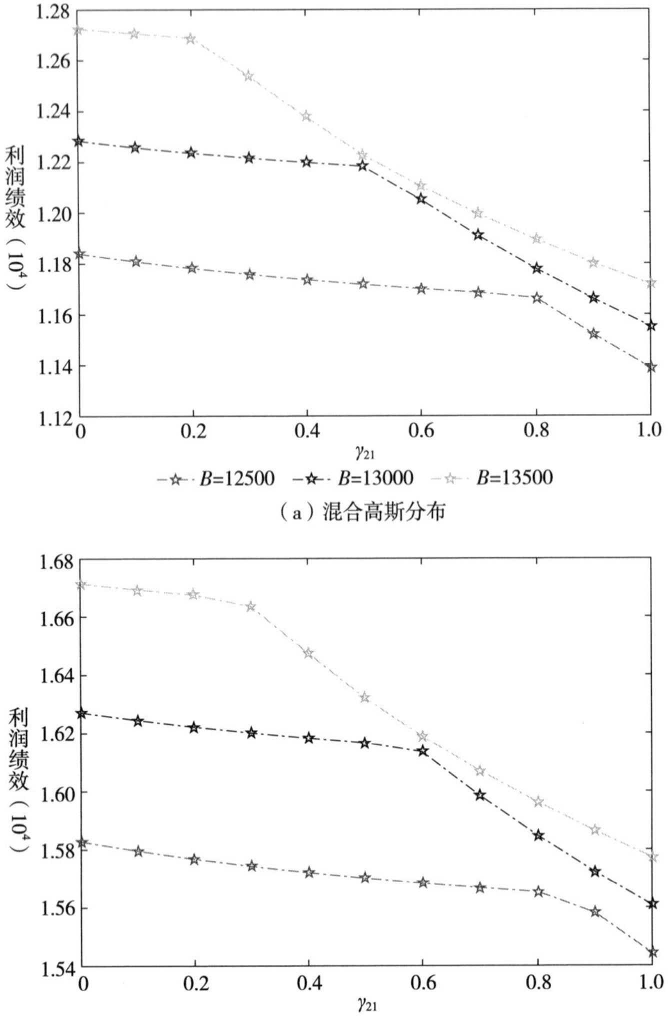

（a）混合高斯分布

（b）高斯分布

图 4-9　$\gamma_{12}=0.2$ 时零售商利润绩效与 γ_{21} 的关系

表 4-4　混合高斯分布下 $\gamma_{21}=0.6$ 时零售商库存策略

γ_{12}	产品订货量（q_1，q_2）		
	$B=12500$	$B=13000$	$B=13500$
0	(96.00, 165.21)	(99.92, 171.76)	(103.85, 178.30)
0.1	(96.00, 165.21)	(99.92, 171.75)	(103.85, 178.30)
0.2	(96.00, 165.21)	(99.92, 171.75)	(103.85, 178.30)

续表

γ_{12}	产品订货量（q_1，q_2）		
	$B=12500$	$B=13000$	$B=13500$
0.3	(96.00, 165.21)	(99.92, 171.75)	(103.85, 178.30)
0.4	(103.51, 159.68)	(111.82, 163.0)	(120.12, 166.32)
0.5	(108.03, 156.36)	(115.66, 160.17)	(123.29, 163.99)
0.6	(111.87, 153.53)	(118.93, 157.77)	(125.99, 162.01)
0.7	(115.17, 151.10)	(121.74, 155.70)	(128.31, 160.30)
0.8	(118.04, 148.98)	(124.19, 153.90)	(130.33, 158.82)
0.9	(120.56, 147.13)	(126.33, 152.32)	(132.10, 157.51)
1	(122.80, 145.49)	(128.23, 150.92)	(133.67, 156.36)

表 4-5 高斯分布下 $\gamma_{21}=0.6$ 时零售商库存策略

γ_{12}	产品订货量（q_1，q_2）		
	$B=16500$	$B=17000$	$B=17500$
0	(163.88, 190.73)	(167.80, 197.27)	(171.74, 203.82)
0.1	(163.88, 190.73)	(167.81, 197.27)	(171.74, 203.82)
0.2	(163.88, 190.73)	(167.81, 197.27)	(171.74, 203.82)
0.3	(163.88, 190.73)	(167.81, 197.27)	(171.74, 203.82)
0.4	(166.73, 188.63)	(175.04, 191.95)	(183.35, 195.27)
0.5	(170.05, 186.19)	(177.68, 190.01)	(185.32, 193.82)
0.6	(172.87, 184.12)	(179.93, 188.35)	(187.00, 192.59)
0.7	(175.29, 182.33)	(181.86, 186.93)	(188.43, 191.53)
0.8	(177.40, 180.78)	(183.54, 185.69)	(189.69, 190.61)
0.9	(179.25, 179.42)	(185.02, 184.61)	(190.79, 189.80)
1	(180.89, 178.21)	(186.33, 183.65)	(191.76, 189.08)

由图 4-9 可以看出，随着 γ_{21} 的增加，零售商利润绩效呈递减趋势。表 4-6 和表 4-7 给出了相应的库存策略，可以看出产品 1 的订货量随着 γ_{21} 的增加呈下降趋势，而产品 2 的订货量随着 γ_{21} 的增加呈上升趋势。说明当产品 2 对产品 1 的交叉销售影响 γ_{21} 越大时，产品 1 缺货对零售商造成的利润损失越大。此外，随着 γ_{21} 的增加，产品 1 的有效需求降低，导致其订货量减少，但零售商为了缓

解 γ_{21} 的增加对利润绩效的影响，则需增加产品 2 的订货量。

表 4-6　混合高斯分布下 $\gamma_{12}=0.2$ 时零售商库存策略

γ_{21}	产品订货量（q_1，q_2）		
	$B=12500$	$B=13000$	$B=13500$
0	(117.54，149.36)	(117.54，158.79)	(117.54，168.22)
0.1	(112.72，152.90)	(113.60，161.69)	(114.48，170.48)
0.2	(108.52，156.00)	(110.16，164.22)	(111.81，172.44)
0.3	(104.82，158.72)	(107.14，166.45)	(108.77，171.89)
0.4	(101.54，161.13)	(104.46，168.42)	(105.60，171.25)
0.5	(98.62，163.28)	(102.07，170.18)	(105.52，177.07)
0.6	(96.00，165.21)	(99.92，171.75)	(103.85，178.30)
0.7	(93.63，166.95)	(97.99，173.18)	(102.34，179.41)
0.8	(91.48，168.54)	(96.23，174.47)	(100.98，180.41)
0.9	(89.52，169.98)	(94.62，175.65)	(99.73，181.33)
1	(87.72，171.30)	(93.16，176.73)	(98.59，182.17)

表 4-7　高斯分布下 $\gamma_{12}=0.2$ 时零售商库存策略

γ_{21}	产品订货量（q_1，q_2）		
	$B=16500$	$B=17000$	$B=17500$
0	(186.40，174.16)	(186.41，183.59)	(186.41，193.00)
0.1	(181.37，177.86)	(182.24，186.65)	(183.12，195.44)
0.2	(176.97，181.10)	(178.62，189.32)	(180.26，197.54)
0.3	(173.11，183.94)	(175.43，191.67)	(177.63，199.00)
0.4	(169.68，186.46)	(172.60，193.75)	(174.45，198.36)
0.5	(166.63，188.71)	(170.08，195.60)	(173.52，202.50)
0.6	(163.88，190.73)	(167.81，197.27)	(171.74，203.82)
0.7	(161.41，192.55)	(165.77，198.78)	(170.12，205.00)
0.8	(159.16，194.20)	(163.91，200.14)	(168.66，206.08)
0.9	(157.11，195.71)	(162.22，201.39)	(167.33，207.06)
1	(155.23，197.09)	(160.67，202.53)	(166.10，207.96)

下面考虑 3 种产品之间的交叉销售，模型参数赋值如下：$r_1=76$，$c_1=37$，$s_1=18$；$r_2=88$，$c_2=49$，$s_2=26$；$r_3=90$，$c_3=50$，$s_3=30$。基于混合高斯分布和高

斯分布下随机生成的 100 个需求样本所构建的 SVC 不确定集 $U_\vartheta(\boldsymbol{d})$（$\vartheta=0.25$），求解问题(4-21)。不失一般性地，假设 $\gamma_{ji}=\gamma$（$i\neq j$，i，$j=1$，2，3），γ 在混合高斯分布和高斯分布下以 0.1 的步长从 0 变化到 1。预算 B 在混合高斯（高斯）分布下取值分别为 23000（26000）、24000（27000）和 25000（28000）。零售商利润绩效随 γ 变化的情况如图 4-10 所示。由图 4-10 可以看出，在混合高斯分布和高

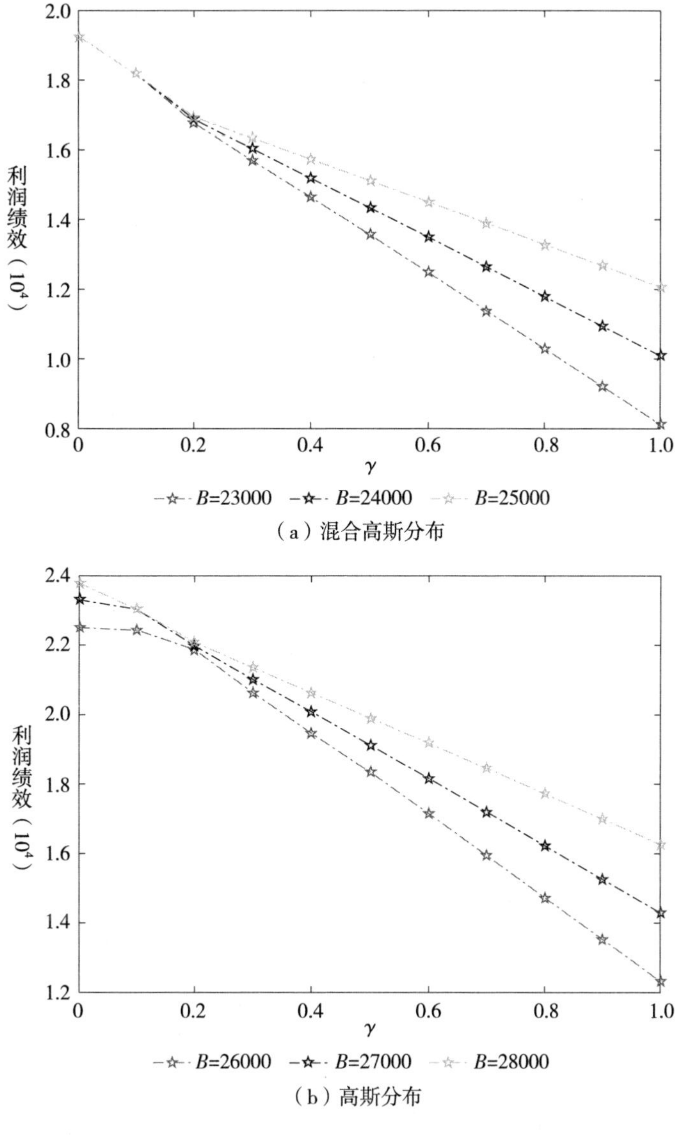

（a）混合高斯分布

（b）高斯分布

图 4-10　$\vartheta=0.25$ 时不同交叉销售系数 γ 下的利润绩效

斯分布下零售商利润绩效随着交叉销售系数的增加而降低，说明产品之间交叉销售的影响越大，对零售商造成的利润损失越大。特别地，当 $\gamma=0$ 时，产品之间不存在交叉销售影响，此时，零售商利润最高。

表 4-8 和表 4-9 给出了在不同交叉销售系数下零售商的库存策略。可以看出，产品 1 的库存策略受 γ 的影响不大，而产品 2 的库存策略呈下降趋势，产品 3 的库存策略呈上升趋势。结合预算及交叉销售系数对零售商利润绩效的影响可知，零售商在资金允许的情况下应制定尽可能高的预算并采购交叉销售影响较低的产品，以提高销售利润。

表 4-8　混合高斯分布下 $\vartheta=0.25$ 时不同交叉销售系数 γ 下的库存策略

γ	产品订货量（q_1，q_2，q_3）		
	$B=23000$	$B=24000$	$B=25000$
0	(113.26, 181.24, 194.39)	(113.26, 181.27, 194.39)	(113.26, 181.24, 194.39)
0.1	(105.56, 170.61, 185.42)	(105.56, 170.61, 185.42)	(105.56, 170.61, 185.42)
0.2	(148.89, 168.51, 184.69)	(165.03, 172.56, 188.78)	(165.03, 175.90, 205.50)
0.3	(158.86, 164.19, 181.53)	(165.03, 169.20, 192.06)	(165.03, 173.84, 207.52)
0.4	(165.03, 160.57, 180.52)	(165.03, 166.32, 194.89)	(165.03, 172.07, 209.25)
0.5	(165.03, 157.11, 183.92)	(165.03, 163.82, 197.34)	(165.03, 170.53, 210.76)
0.6	(165.03, 154.07, 186.89)	(165.03, 161.62, 199.49)	(165.03, 169.18, 212.08)
0.7	(165.03, 151.38, 189.53)	(165.03, 159.68, 201.39)	(165.03, 167.99, 213.25)
0.8	(165.03, 148.99, 191.87)	(165.03, 157.96, 203.08)	(165.03, 166.93, 214.29)
0.9	(165.03, 146.85, 193.97)	(165.03, 156.41, 204.60)	(165.03, 165.98, 215.22)
1	(165.03, 144.92, 195.86)	(165.03, 155.02, 205.96)	(165.03, 165.12, 216.06)

表 4-9　高斯分布下 $\vartheta=0.25$ 时不同交叉销售系数 γ 下的库存策略

γ	产品订货量（q_1，q_2，q_3）		
	$B=26000$	$B=27000$	$B=28000$
0	(185.58, 170.80, 215.29)	(185.58, 191.21, 215.29)	(185.58, 203.57, 215.29)
0.1	(177.86, 184.75, 207.33)	(179.27, 197.45, 208.74)	(179.27, 197.45, 208.74)
0.2	(179.91, 189.87, 200.80)	(196.10, 193.91, 204.85)	(211.08, 197.91, 209.85)
0.3	(192.45, 185.33, 195.96)	(205.04, 190.72, 201.36)	(211.08, 195.73, 211.99)

续表

γ	产品订货量（q_1，q_2，q_3）		
	$B=26000$	$B=27000$	$B=28000$
0.4	（202.48，181.71，192.08）	（211.08，188.10，199.46）	（211.08，193.85，213.83）
0.5	（210.69，178.76，188.91）	（211.08，185.51，202.00）	（211.08，192.22，215.43）
0.6	（211.08，175.68，191.64）	（211.08，183.23，204.23）	（211.08，190.79，216.83）
0.7	（211.08，172.92，194.34）	（211.08，181.22，206.20）	（211.08，189.53，218.06）
0.8	（211.08，170.46，196.74）	（211.08，179.43，207.95）	（211.08，188.40，219.17）
0.9	（211.08，168.27，198.90）	（211.08，177.83，209.53）	（211.08，187.39，220.15）
1	（211.08，166.28，200.84）	（211.08，176.39，210.94）	（211.08，186.49，221.04）

4.6 管理启示

本章提出的 SVC 数据驱动鲁棒优化方法可为管理者在需求不确定环境下制定合理的库存策略提供有效的决策支持。依据本章的理论研究和数值分析，给出如下管理启示：

（1）面对具有高度不确定性的市场需求，零售商通常缺乏获取完备需求信息的能力。然而，为了制定有效的库存策略，可考虑基于历史需求数据，利用本章提出的基于 SVC 的数据驱动鲁棒优化方法建立利润最大化或成本最小化模型，来确定最优鲁棒库存决策，以有效应对需求的不确定性扰动。

（2）采用本章提出的基于 SVC 的数据驱动鲁棒优化方法建模时，决策者获得的历史需求数据规模越大，依据本章方法制定的库存策略越接近真实需求下的最优库存策略。因此，对零售商来说，在经营过程中应注重收集日常销售数据，以便改进库存策略的制定水平。

（3）本章制定的鲁棒库存策略导致的绩效损失随正则化参数 ϑ 的增加而减小。正则化参数 ϑ 越大，不确定集合的保守性越低，从而可显著改进零售商的运作绩效。因此，零售商可根据保守性偏好选择正则化参数 ϑ，以控制问题的保守性。

(4) 实际应用中，很多产品之间存在交叉销售，针对这类产品，零售商应尽可能地采购交叉销售影响较低的产品，并且在资金允许的情况下应制定尽可能高的预算，以获得更高的利润。

4.7 本章小结

本章在需求不确定环境下，针对考虑交叉销售的多产品库存决策问题，建立了带有预算约束的多产品库存鲁棒优化模型，并给出了基于绝对鲁棒性建模准则的鲁棒对应模型。在仅知多产品市场需求历史数据基础上，采用基于 SVC 的数据驱动方法构建了一定置信水平下的需求不确定集，此不确定集可灵活适应数据内在的、复杂的几何结构，应用对偶方法将所建模型等价转化为易于求解的线性规划问题。最后，针对所建模型进行数值计算，对比分析了 SVC 不确定集下和传统不确定集（盒子、椭球）下的利润绩效，结果表明，基于 SVC 的数据驱动鲁棒优化方法可获得更高的利润绩效。特别地，与真实需求下的最优情况对比发现，需求分布信息的缺失虽然会导致一定利润绩效损失，但损失值很小，结果表明，采用本章方法能够有效抑制需求不确定性扰动对利润绩效的影响，具有良好的鲁棒性。特别地，当正则化参数越小，样本容量 N 越大时，绩效损失越小。此外，零售商应制定出较高的预算并采购交叉销售影响较低的产品，以获得更优的利润绩效。本章提出的 SVC 数据驱动鲁棒优化方法可为库存管理者在不确定环境中制定基于历史数据的鲁棒库存策略提供有效的决策支持。

第5章 服务水平约束下基于Wasserstein度量的数据驱动多产品库存鲁棒优化模型

5.1 引言

随着互联网的迅速兴起和现代物流业的快速发展，在线购物已经成为人们购物的主要方式之一。越来越多的零售商，如沃尔玛、家乐福、Target等在传统零售渠道的基础上，开设了网上直销渠道，采用双渠道零售策略吸引广大消费者。business. com网站①于2020年4月发布的一篇报道显示，中国目前是最大的电子商务市场，由阿里巴巴集团旗下的电子商务子公司领军，包括淘宝、阿里巴巴网站和天猫等，年销售额估计为6720亿美元。美国目前是第二大电子商务市场，以电子商务巨头亚马逊（Amazon）和eBay为首，年销售额估计为3400亿美元。这些数据充分表明了开通在线渠道的重要性。

传统零售渠道和在线渠道各有优缺点，顾客可以根据自己的喜好和需求选择购买渠道。在实体店，顾客可以触摸、体验产品，检查质量，寻求销售人员的帮助，但必须亲自前往。在在线渠道上，顾客可以很便捷地访问在线渠道的网页，

---

① https://www. business. com/articles/10-of-the-largest-ecommerce-markets-in-the-world-b/.

浏览产品信息，比较各种型号和品牌，但不能立即获取产品。价格、在线提前期和服务水平是影响消费者对渠道的接受度和忠诚度的关键因素。产品价格上涨通常会导致市场需求下降，并且在线渠道和传统零售渠道之间的价格差异会使得一定比例的顾客转向另一渠道。此外，较长的在线提前期通常会导致一部分在线需求转移到传统零售渠道或者流失。特别地，如果忽视服务水平，则往往会导致零售商频繁缺货、销售损失，甚至是竞争力的下降。因此，合理的价格、提前期和库存策略是零售商需要做出的主要决策。传统双渠道库存问题研究通常假设产品需求服从某一已知分布，但这种假设在现实中难以适用实际，对未知参数的任何不当假设都可能给企业造成严重的绩效损失。目前尚无学者采用数据驱动鲁棒优化方法研究同时考虑定价、订货量和交货期的双渠道库存决策问题。

基于以上内容，本章在市场需求不确定环境下，针对零售商的双渠道多产品库存决策问题进行研究，其中零售商通过传统零售渠道和在线网络渠道向顾客销售多种产品，将两渠道中产品的单位零售价格和订货量以及在线提前期作为决策变量，以实现期望利润的最大化。假设每种产品市场需求是随机的，依赖于产品的单位零售价格和在线提前期。此外，为了保证一定的顾客满意度，引入了服务水平约束，并将其建模为联合机会约束。进一步地，应用基于 Wasserstein 度量的数据驱动方法构建了以经验分布为中心的需求概率分布不确定集。在此基础上，建立了具有联合机会约束的数据驱动双渠道多产品库存分布式鲁棒优化模型。针对分布式鲁棒联合机会约束，采用最坏情况的 CVaR 约束进行保守近似。通过数学推导，将所建模型转化为了双线性规划问题，进而利用分段仿射松弛技术，将双线性规划问题近似为能够有效求解的 MIQP 模型。最后，通过数值计算评估了数据驱动分布式鲁棒优化方法导致的绩效损失，分析了交货时间敏感性、价格敏感性和消费者渠道偏好等关键参数的影响。本章方法具有良好的鲁棒性，能够有效抑制需求不确定性对零售商利润绩效的影响，可为同时经营在线网络和传统零售渠道的零售商提供有力的决策支持。

5.2 基本模型描述

本节针对需求不确定环境下具有服务水平约束的双渠道多产品库存决策问题进行描述，详细给出模型所涉及的数学符号的定义与说明，并建立基本模型。

考虑一个经营多种产品的零售商，其向供应商订购产品，并在传统零售渠道基础上增设了在线网络渠道，以吸引更多消费者，扩大市场覆盖范围。由于需求的不确定性，在销售周期开始之前，零售商需根据其预测的市场需求向供应商订购一定数量的产品，即确定每个渠道的产品订货数量。此外，零售商需为每种产品设定单位零售价格，并控制在线提前期，以使期望利润最大化。为了减缓不确定需求扰动所造成的供需不匹配问题，针对在线网络和传统零售渠道，零售商需保证一定的顾客服务水平。假设所有顾客都是同质的，每位顾客将根据产品价格、提前期以及自身的渠道偏好来选择购买渠道。显然，顾客的渠道选择又同时影响零售商的定价和订货决策。当顾客在网上购物时，零售商将产品交付给顾客，则会产生投资成本。在销售周期结束时，如果产品缺货，则导致缺货成本；反之，如果产品有剩余，则导致持有成本。

为便于理解，下面对本章中所涉及的一些常用数学符号做简要说明，如表5-1所示。未在表5-1中列出的相关符号将在本书中做具体说明。

表5-1 符号说明

通用符号	含义及说明
m	产品种类，$m=1, 2, \cdots, M$，M为一正整数
j	渠道索引，$j\in\{o, r\}$，其中o和r分别代表在线渠道和传统零售渠道
a_m	产品m的潜在市场需求
ζ_m	顾客对在线渠道的偏好指数$(0<\zeta_m<1)$
a_m^j	渠道j中产品m的潜在市场需求，$a_m^o=\zeta_m a_m$，$a_m^r=(1-\zeta_m)a_m$
b_m^j	顾客对渠道j中产品m的价格的敏感性

续表

通用符号	含义及说明
α_m^j	顾客对渠道 j 中产品 m 的提前期的敏感性，$\alpha_m^r<\alpha_m^o$
δ_m	顾客对产品 m 的交叉价格的敏感性
c_m	产品 m 的单位采购成本
s_m	销售期末产品 m 的单位缺货成本
h_m	销售期末产品 m 的单位持有成本
r_m^0，r_m^1	提前期成本依赖参数，简称成本参数
x_m^j	渠道 j 中产品 m 的订货量
ϑ^j	机会约束参数($0<\vartheta^j<1$)
随机变量	含义及说明
D_m^j	渠道 j 中产品 m 的需求
ξ_m^j	需求函数 D_m^j 中的随机需求变量
决策变量	含义及说明
x_m^j	渠道 j 中产品 m 的订货量
L_m	在线渠道中产品 m 的提前期
p_m^j	渠道 j 中产品 m 的单位零售价格

依据上述问题描述，在线网络渠道和传统零售渠道中产品 m 的需求可分别表示为（Modak 和 Kelle，2009）：

$$D_m^o=a_m^o-b_m^o p_m^o-\alpha_m^o L_m-\delta_m(p_m^o-p_m^r)+\xi_m^o,\ m=1,\ \cdots,\ M \tag{5-1}$$

$$D_m^r=a_m^r-b_m^r p_m^r+\alpha_m^r L_m+\delta_m(p_m^o-p_m^r)+\xi_m^r,\ m=1,\ \cdots,\ M \tag{5-2}$$

其中，ξ_m^o 和 ξ_m^r 分别隶属于区间$[\underline{\xi}_m^o,\ \overline{\xi}_m^o]$和$[\underline{\xi}_m^r,\ \overline{\xi}_m^r]$。

如式（5-1）和式（5-2）所示，当一种渠道中的产品价格发生变化时，该渠道将有部分需求(数量为$|\delta_m(p_m^o-p_m^r)|$)转移到另一种渠道。此外，提前期 L_m 每增加一个单位，在线网络渠道将流失 α_m^o 个单位的需求，流失的需求中将有 α_m^r 个单位转移到传统零售渠道，剩余 $\alpha_m^o-\alpha_m^r$ 个单位需求将从渠道中流失。为便于描述，称 $\alpha_m^o-\alpha_m^r$ 为提前期敏感性。本章采用粗体符号 $\boldsymbol{a}$，$\boldsymbol{\zeta}$，$\boldsymbol{L}$，$\boldsymbol{a}^j$，$\boldsymbol{\xi}^j$，$\boldsymbol{\alpha}^j$ 和 $\boldsymbol{\delta}$ 表示 M 维向量，其中，a_m，ζ_m，L_m，a_m^j，ξ_m，α_m^j 和 δ_m 分别为各个向量中的第 m

个元素。令 $\mathbf{B}^j$，$\boldsymbol{\Psi}^j$ 和 $\boldsymbol{\Delta}$ 表示 $M\times M$ 维对角矩阵，其中，b_m^j，α_m^j 和 δ_m 为各个矩阵主对角线上的第 m 个元素。

在线网络渠道和传统零售渠道的利润函数可分别描述为：

$$\pi^o=\begin{cases}\sum_{m=1}^{M}(p_m^o+s_m-c_m)x_m^o-s_mD_m^o-(r_m^0-r_m^1L_m)^2, & \text{如果 } x_m^o\leqslant D_m^o\\ \sum_{m=1}^{M}(p_m^o+h_m)D_m^o-(c_m+h_m)x_m^o-(r_m^0-r_m^1L_m)^2, & \text{如果 } x_m^o>D_m^o\end{cases}\tag{5-3}$$

$$\pi^r=\begin{cases}\sum_{m=1}^{M}(p_m^r+s_m-c_m)x_m^r-s_mD_m^r, & \text{如果 } x_m^r\leqslant D_m^r\\ \sum_{m=1}^{M}(p_m^r+h_m)D_m^r-(c_m+h_m)x_m^r, & \text{如果 } x_m^r>D_m^r\end{cases}\tag{5-4}$$

其中，$(r_m^0-r_m^1L_m)^2$ 表示零售商通过在线网络渠道将产品 m 交付给顾客所产生的投资成本，L_m 满足 $L_m<r_m^0/r_m^1$。

为便于描述，令 $\boldsymbol{s}=(s_1,\cdots,s_M)^T$，$\boldsymbol{c}=(c_1,\cdots,c_M)^T$，$\boldsymbol{h}=(h_1,\cdots,h_M)^T$，$\boldsymbol{p}^j=(p_1^j,\cdots,p_M^j)^T$ 和 $\boldsymbol{x}^j=(x_1^j,\cdots,x_M^j)^T$ 分别表示单位缺货成本向量、单位采购成本向量、单位持有成本向量、渠道 j 中产品的单位零售价格向量和订货量向量。此外，令 $\boldsymbol{\omega}=((r_1^0-r_1^1L_1)^2,\cdots,(r_M^0-r_M^1L_M)^2)^T$。基于需求函数(5-1)和(5-2)，在线和传统零售渠道的利润函数(5-3)和(5-4)可分别改写为：

$$\pi^o=\begin{cases}(\boldsymbol{p}^o+\boldsymbol{s}-\boldsymbol{c})^T\boldsymbol{x}^o-\boldsymbol{s}^T(\boldsymbol{a}^o-\mathbf{B}^o\boldsymbol{p}^o-\boldsymbol{\Psi}^o\boldsymbol{L}-\boldsymbol{\Delta}(\boldsymbol{p}^o-\boldsymbol{p}^r))-\boldsymbol{s}^T\boldsymbol{\xi}^o-\mathbf{1}^T\boldsymbol{\omega}, & \boldsymbol{x}^o\leqslant\boldsymbol{D}^o\\ (\boldsymbol{p}^o+\boldsymbol{h})^T(\boldsymbol{a}^o-\mathbf{B}^o\boldsymbol{p}^o-\boldsymbol{\Psi}^o\boldsymbol{L}-\boldsymbol{\Delta}(\boldsymbol{p}^o-\boldsymbol{p}^r))+(\boldsymbol{p}^o+\boldsymbol{h})^T\boldsymbol{\xi}^o-(\boldsymbol{c}+\boldsymbol{h})^T\boldsymbol{x}^o-\mathbf{1}^T\boldsymbol{\omega}, & \boldsymbol{x}^o>\boldsymbol{D}^o\end{cases}\tag{5-5}$$

$$\pi^r=\begin{cases}(\boldsymbol{p}^r+\boldsymbol{s}-\boldsymbol{c})^T\boldsymbol{x}^r-\boldsymbol{s}^T(\boldsymbol{a}^r-\mathbf{B}^r\boldsymbol{p}^r+\boldsymbol{\Psi}^r\boldsymbol{L}+\boldsymbol{\Delta}(\boldsymbol{p}^o-\boldsymbol{p}^r))-\boldsymbol{s}^T\boldsymbol{\xi}^r, & \boldsymbol{x}^r\leqslant\boldsymbol{D}^r\\ (\boldsymbol{p}^r+\boldsymbol{h})^T(\boldsymbol{a}^r-\mathbf{B}^r\boldsymbol{p}^r+\boldsymbol{\Psi}^r\boldsymbol{L}+\boldsymbol{\Delta}(\boldsymbol{p}^o-\boldsymbol{p}^r))+(\boldsymbol{p}^r+\boldsymbol{h})^T\boldsymbol{\xi}^r-(\boldsymbol{c}+\boldsymbol{h})^T\boldsymbol{x}^r, & \boldsymbol{x}^r>\boldsymbol{D}^r\end{cases}\tag{5-6}$$

令 $\boldsymbol{\phi}_1^j=\boldsymbol{s}^T$，$q_1^o=-(\boldsymbol{p}^o+\boldsymbol{s}-\boldsymbol{c})^T\boldsymbol{x}^o+\boldsymbol{s}^T\boldsymbol{y}^o+\mathbf{1}^T\boldsymbol{\omega}$，$q_1^r=-(\boldsymbol{p}^r+\boldsymbol{s}-\boldsymbol{c})^T\boldsymbol{x}^r+\boldsymbol{s}^T\boldsymbol{y}^r$，$\boldsymbol{\phi}_2^j=-(\boldsymbol{p}^j+\boldsymbol{h})^T$，$q_2^o=-(\boldsymbol{p}^o+\boldsymbol{h})^T\boldsymbol{y}^o+(\boldsymbol{c}+\boldsymbol{h})^T\boldsymbol{x}^o+\mathbf{1}^T\boldsymbol{\omega}$ 和 $q_2^r=-(\boldsymbol{p}^r+\boldsymbol{h})^T\boldsymbol{y}^r+(\boldsymbol{c}+\boldsymbol{h})^T\boldsymbol{x}^r$，其中 $\boldsymbol{y}^o=\boldsymbol{a}^o-\mathbf{B}^o\boldsymbol{p}^o-\boldsymbol{\Psi}^o\boldsymbol{L}-\boldsymbol{\Delta}(\boldsymbol{p}^o-\boldsymbol{p}^r)$，$\boldsymbol{y}^r=\boldsymbol{a}^r-\mathbf{B}^r\boldsymbol{p}^r+\boldsymbol{\Psi}^r\boldsymbol{L}+\boldsymbol{\Delta}(\boldsymbol{p}^o-\boldsymbol{p}^r)$，则利润函数(5-5)和(5-

6)可进一步表示为：

$$\pi^j=-\max_{k=1,2}\{\eth_k^j\},\ j\in\{o,\ r\}$$

其中，$\eth_k^j=\boldsymbol{\phi}_k^j\boldsymbol{\xi}^j+q_k^j$，$k=1,\ 2$。从而，零售商的总期望利润为$\mathbb{E}[\pi^o+\pi^r]$。

假设零售商的服务水平不低于给定的目标服务水平 $1-\vartheta^j$，则服务水平约束可以描述为：

$$SL(x_m^j)=\mathbb{P}^j(D_m^j\leqslant x_m^j,\ m=1,\ \cdots,\ M)\geqslant 1-\vartheta^j,\ j\in\{o,\ r\}\tag{5-7}$$

其中，SL（·）表示服务水平，定义为每种产品的需求小于或等于其订货量的概率，是一个联合概率。约束（5-7）意味着渠道 j 发生缺货的概率不超过 ϑ^j。ϑ^j 值越小，代表服务水平越高。

将 D_m^j 代入式（5-7），并且令

$$f_m^o(\boldsymbol{p}^o,\ \boldsymbol{p}^r,\ \boldsymbol{x}^o,\ \boldsymbol{L})=a_m^o-(\boldsymbol{b}_m^o)^T\boldsymbol{p}^o-(\boldsymbol{\varphi}_m^o)^T\boldsymbol{L}-(\boldsymbol{\delta}_m)^T(\boldsymbol{p}^o-\boldsymbol{p}^r)-\boldsymbol{e}_m^T\boldsymbol{x}^o$$

$$f_m^r(\boldsymbol{p}^o,\ \boldsymbol{p}^r,\ \boldsymbol{x}^r,\ \boldsymbol{L})=a_m^r-(\boldsymbol{b}_m^r)^T\boldsymbol{p}^r+(\boldsymbol{\varphi}_m^r)^T\boldsymbol{L}+(\boldsymbol{\delta}_m)^T(\boldsymbol{p}^o-\boldsymbol{p}^r)-\boldsymbol{e}_m^T\boldsymbol{x}^r$$

其中，$\boldsymbol{b}_m^j$，$\boldsymbol{\varphi}_m^j$ 和 $\boldsymbol{\delta}_m$ 分别是矩阵 $\mathbf{B}^j$，$\boldsymbol{\Psi}^j$ 和 $\boldsymbol{\Delta}$ 的第 m 个列向量，$\boldsymbol{e}_m$ 是单位矩阵 $\mathbf{E}=diag$（1，⋯，1）$\in\mathbb{R}^{M\times M}$ 的第 m 个列向量，则约束（5-7）可以改写为：

$$\mathbb{P}^j(\boldsymbol{e}_m^T\boldsymbol{\xi}^j+f_m^j(\boldsymbol{p}^o,\ \boldsymbol{p}^r,\ \boldsymbol{x}^j,\ \boldsymbol{L})\leqslant 0,\ m=1,\ \cdots,\ M)\geqslant 1-\vartheta^j,\ j\in\{o,\ r\}\tag{5-8}$$

零售商的目标是在保证一定的服务水平下，为两种销售渠道确定最优零售价格和订货量决策以及在线提前期决策，即确定 $\boldsymbol{p}^o$，$\boldsymbol{p}^r$，$\boldsymbol{x}^o$，$\boldsymbol{x}^r$ 和 $\boldsymbol{L}$，以使总期望利润最大化。从而，服务水平约束下双渠道多产品库存优化问题可描述为：

$$\begin{aligned}&\max_{\boldsymbol{p}^o,\boldsymbol{p}^r,\boldsymbol{x}^o,\boldsymbol{x}^r,\boldsymbol{L}}\ \mathbb{E}[\pi^o+\pi^r]\\&\text{s. t. }\mathbb{P}^j(\boldsymbol{e}_m^T\boldsymbol{\xi}^j+f_m^j(\boldsymbol{p}^o,\ \boldsymbol{p}^r,\ \boldsymbol{x}^j,\ \boldsymbol{L})\leqslant 0,\ m=1,\ \cdots,\ M)\geqslant 1-\vartheta^j,\ j\in\{o,\ r\}\end{aligned}\tag{5-9}$$

或等价地描述为如下极小化问题

$$\begin{aligned}&\min_{\boldsymbol{p}^o,\boldsymbol{p}^r,\boldsymbol{x}^o,\boldsymbol{x}^r,\boldsymbol{L}}\ \mathbb{E}[-\pi^o-\pi^r]\\&\text{s. t. }\mathbb{P}^j(\boldsymbol{e}_m^T\boldsymbol{\xi}^j+f_m^j(\boldsymbol{p}^o,\ \boldsymbol{p}^r,\ \boldsymbol{x}^j,\ \boldsymbol{L})\leqslant 0,\ m=1,\ \cdots,\ M)\geqslant 1-\vartheta^j,\ j\in\{o,\ r\}\end{aligned}\tag{5-10}$$

在求解问题（5-10）时，传统研究通常假设已知随机变量 $\boldsymbol{\xi}^j(j\in\{o,\ r\})$ 的概率分布$\mathbb{P}^j$。然而，在实际应用中，通常仅能获取有限的历史需求数据，无法获取需求概率分布的精准信息。本章假设概率分布$\mathbb{P}^j$ 未知，隶属于某一不确定集

$\mathcal{D}^j$。在此基础上，应用 DRO 方法给出问题（5-10）的鲁棒对应，如下所示：

$$\min_{p^o,p^r,x^o,x^r,L} \max_{\mathbf{P}^o \in \mathcal{D}^o, \mathbf{P}^r \in \mathcal{D}^r} \mathbb{E}[-\pi^o-\pi^r]$$

$$\text{s. t.} \inf_{\mathbf{P}^j \in \mathcal{D}^j} \mathbb{P}^j(\boldsymbol{e}_m^T \boldsymbol{\xi}^j + f_m^j(\boldsymbol{p}^o, \boldsymbol{p}^r, \boldsymbol{x}^j, \boldsymbol{L}) \leqslant 0, m=1, \cdots, M) \geqslant 1-\vartheta^j, j \in \{o, r\} \tag{5-11}$$

其中，问题（5-11）中的约束为分布式鲁棒联合机会约束（DRJCC）。

如果每种产品的需求分布是已知的，特别地，假设为正态分布，则由 Bonferroni 不等式（Zymler 等，2013），约束（5-7）可分解为：

$$\mathbb{P}^o(\xi_m^o \leqslant \alpha_m^o L_m + x_m^o - a_m^o + b_m^o p_m^o + \delta_m(p_m^o - p_m^r)) \geqslant 1-\vartheta_m^o, m=1, \cdots, M \tag{5-12}$$

$$\mathbb{P}^o(\xi_m^r \leqslant -\alpha_m^r L_m + x_m^r - a_m^r + b_m^r p_m^r - \delta_m(p_m^o - p_m^r)) \geqslant 1-\vartheta_m^r, m=1, \cdots, M \tag{5-13}$$

其中，$\vartheta_m^j = \dfrac{\vartheta^j}{M}$。约束（5-12）和约束（5-13）构成了约束（5-7）的保守近似，并且可分别重新表示为：

$$\alpha_m^o L_m + x_m^o \geqslant \sigma_m^o \Phi^{-1}(1-\vartheta_m^o) + \mu_m^o + a_m^o - b_m^o p_m^o - \delta_m(p_m^o - p_m^r) \tag{5-14}$$

$$-\alpha_m^r L_m + x_m^r \geqslant \sigma_m^r \Phi^{-1}(1-\vartheta_m^r) + \mu_m^r + a_m^r - b_m^r p_m^r + \delta_m(p_m^o - p_m^r) \tag{5-15}$$

其中，μ_m^j 和 σ_m^j 分别为随机需求 ξ_m^j 的均值和标准差，Φ 表示标准正态累积分布函数。从而，当已知真实分布（正态分布）时，可将问题（5-9）中的约束替换为约束（5-14）和约束（5-15）来确定最优决策。

求解问题（5-11）的关键在于不确定集 $\mathcal{D}^j$ 的构建。下面将采用基于 Wasserstein 度量的数据驱动方法对不确定集进行构建。在此基础上，将带有 DRJCC 的 DRO 模型（5-11）转化为易于求解的数学规划问题。

5.3 基于 Wasserstein 度量的数据驱动不确定集构建

本节首先介绍 Wasserstein 度量基本原理，其次构建基于 Wasserstein 度量的需求概率分布不确定集。

5.3.1 Wasserstein 度量基本原理

基于 N 个独立同分布（iid）的历史数据观测样本 $\hat{\boldsymbol{\xi}}^{j1}$，$\hat{\boldsymbol{\xi}}^{j2}$，…，$\hat{\boldsymbol{\xi}}^{jN}$，$j\in\{o, r\}$，构造经验概率分布 $\hat{\mathbb{P}}_N^j=\frac{1}{N}\sum_{i=1}^{N}\delta_{\hat{\boldsymbol{\xi}}^{ji}}$ 用于近似真实概率分布 $\mathbb{P}^j$，其中，$\delta_{\hat{\boldsymbol{\xi}}^{ji}}$ 表示 Dirac 测度。如果 $\hat{\boldsymbol{\xi}}^{ji}$ 属于随机变量 $\boldsymbol{\xi}$ 的支撑集 Ξ，则 $\delta_{\hat{\boldsymbol{\xi}}^{ji}}=1$；否则 $\delta_{\hat{\boldsymbol{\xi}}^{ji}}=0$。根据强大数定律，当 N 趋于无穷大时，经验概率分布 $\hat{\mathbb{P}}_N^j$ 几乎点态收敛于真实概率分布 $\mathbb{P}^j$，即观测到的样本数据越多，经验分布 $\hat{\mathbb{P}}_N^j$ 越接近于真实分布 $\mathbb{P}^j$。一种被广泛用于量化这种收敛的方法是 Wasserstein 度量。Wasserstein 度量定义为两个概率分布之间的距离函数，具体地，定义如下：

定义 5.3.1 两个概率分布 $\mathbb{P}_1$，$\mathbb{P}_2\in\mathcal{P}(\Xi)$ 的 Wasserstein 度量定义为：

$$d_W(\mathbb{P}_1,\ \mathbb{P}_2)=\inf_{\Pi}\left\{\mathbb{E}_{\Pi}[\rho(\boldsymbol{\xi},\ \hat{\boldsymbol{\xi}})]:\ \begin{array}{l}\Pi\text{ 是 }\boldsymbol{\xi}\text{ 和 }\hat{\boldsymbol{\xi}}\text{ 的联合概率分布，}\\ \text{边际分布为}\mathbb{P}_1\text{ 和}\mathbb{P}_2\end{array}\right\}$$

其中，$\mathbb{E}_{\Pi}[\rho(\boldsymbol{\xi},\ \hat{\boldsymbol{\xi}})]=\int_{\Xi^2}\|\boldsymbol{\xi}-\hat{\boldsymbol{\xi}}\|_p\Pi(\mathrm{d}\boldsymbol{\xi},\ \mathrm{d}\hat{\boldsymbol{\xi}})$，$\boldsymbol{\xi}$，$\hat{\boldsymbol{\xi}}\in\mathbb{R}^M$，$\mathcal{P}(\Xi)$ 表示基于支撑集 Ξ 的所有概率分布的集合，$\|\cdot\|_p$ 是 p-范数。

5.3.2 Wasserstein 不确定集

为了便于模型处理，令 $p=1$。基于 N 个 iid 数据样本 $\hat{\boldsymbol{\xi}}^{j1}$，$\hat{\boldsymbol{\xi}}^{j2}$，…，$\hat{\boldsymbol{\xi}}^{jN}$，未知需求概率分布不确定集或简称 Wasserstein 不确定集可定义如下：

定义 5.3.2 Wasserstein 不确定集定义为：

$$\mathcal{D}_{\mathrm{W}}^j=\{\mathbb{P}^j\in\mathcal{P}(\Xi_j):\ d_{\mathrm{W}}(\mathbb{P}^j,\ \hat{\mathbb{P}}_N^j)\le\varepsilon_j\} \tag{5-16}$$

其中，ε_j 表示概率分布 $\mathbb{P}^j$ 和 $\hat{\mathbb{P}}_N^j$ 之间的距离，可以看作是以经验分布 $\hat{\mathbb{P}}_N^j$ 为中心的集合 $\mathcal{D}_{\mathrm{W}}^j$ 的半径。

ε_j 值的大小取决于数据样本的规模。观测到的数据样本量越大，ε_j 值越小，Wasserstein 不确定集越紧致。不确定集 $\mathcal{D}_W^j$（5-16）中 ε_j 值的大小对具有 DRJCC 的 DRO 模型的性能至关重要。根据 Duan 等（2018），ε_j 可近似为：

$$\varepsilon_j=C^j\sqrt{\frac{1}{N}\log\left(\frac{1}{1-\beta}\right)}$$

其中，

$$C^j \leqslant 2\inf_{\nu^j>0}\left(\frac{1}{2\nu^j}\left(1+\ln \mathbb{E}_{\mathbf{P}^j}\left[e^{\nu^j\|\boldsymbol{\xi}^j-\hat{\boldsymbol{\mu}}^j\|_1^2}\right]\right)\right)^{\frac{1}{2}}$$

$$\approx 2\inf_{\nu^j>0}\left(\frac{1}{2\nu^j}\left(1+\ln\left(\frac{1}{N}\sum_{i=1}^{N}e^{\nu^j\|\hat{\boldsymbol{\xi}}^{ji}-\hat{\boldsymbol{\mu}}^j\|_1^2}\right)\right)\right)^{\frac{1}{2}}$$

$\hat{\boldsymbol{\mu}}^j$ 表示样本均值向量，$\beta\in(0,\ 1)$ 表示不确定集 $\mathcal{D}_W^j$ 的置信水平。显然，β 值越大，ε_j 值越大。

5.4 服务水平约束下数据驱动双渠道多产品库存鲁棒优化模型构建及求解

本节基于式（5-16）所示的不确定集 $\mathcal{D}_W^j$，建立具有服务水平约束的数据驱动双渠道多产品库存分布式鲁棒优化模型，并将其近似为一个双线性规划，进而利用分段仿射松弛技术将模型中的双线性项进行线性化，得到易于求解的 MIQP。

5.4.1 模型建立与 CVaR 近似

基于 Wasserstein 不确定集 $\mathcal{D}_W^j$，DRO 模型（5-11）可描述为如下基于 Wasserstein 度量的数据驱动分布式鲁棒优化模型：

$$\min_{\boldsymbol{p}^o,\boldsymbol{p}^r,\boldsymbol{x}^o,\boldsymbol{x}^r,\boldsymbol{L}}\ \max_{\mathbf{P}^o\in\mathcal{D}_W^o,\mathbf{P}^r\in\mathcal{D}_W^r}\ \mathbb{E}[-\boldsymbol{\pi}^o-\boldsymbol{\pi}^r]$$

$$\text{s.t.}\ \inf_{\mathbf{P}^j\in\mathcal{D}_W^j}\mathbb{P}^j(\boldsymbol{e}_m^T\boldsymbol{\xi}^j+f_m^j(\boldsymbol{p}^o,\ \boldsymbol{p}^r,\ \boldsymbol{x}^j,\ \boldsymbol{L})\leqslant 0,\ m=1,\ \cdots,\ M)\geqslant 1-\vartheta^j,\ j\in\{o,\ r\}$$

（5-17）

为了便于描述，令 Z_{WJCC} 表示优化问题（5-17）的可行域。

下面给出最大化问题 $\max_{\mathbf{P}^o\in\mathcal{D}_W^o,\mathbf{P}^r\in\mathcal{D}_W^r}\mathbb{E}[-\boldsymbol{\pi}^o-\boldsymbol{\pi}^r]$ 的等价转化形式。

命题 5.4.1 假设存在 N 个 iid 样本 $\hat{\boldsymbol{\xi}}^{j1}$，$\hat{\boldsymbol{\xi}}^{j2}$，…，$\hat{\boldsymbol{\xi}}^{jN}$，$j\in\{o,\ r\}$。随机变量 $\boldsymbol{\xi}^j$ 的支撑集为 $\Xi_j=\{\boldsymbol{\xi}^j\in\mathbb{R}^M:\ \underline{\boldsymbol{\xi}}^j\leqslant\boldsymbol{\xi}^j\leqslant\overline{\boldsymbol{\xi}}^j\}$，其中，$\underline{\boldsymbol{\xi}}^j=(\underline{\xi}_1^j,\ \cdots,\ \underline{\xi}_M^j)^T$，$\overline{\boldsymbol{\xi}}^j=$

$(\bar{\xi}_1^j, \cdots, \bar{\xi}_M^j)^T$。特别地，令 $\mathbf{K}^j=(\mathbf{E}, -\mathbf{E})^{\mathrm{T}} \in \mathbb{R}^{2M\times M}$ 和 $\boldsymbol{\xi}_b^j=((\bar{\boldsymbol{\xi}}^j)^T, (-\underline{\boldsymbol{\xi}}^j)^T)^T \in \mathbb{R}^{2M}$，则支撑集$\Xi_j$ 可等价表示为$\Xi_j=\{\boldsymbol{\xi}^j \in \mathbb{R}^M: \mathbf{K}^j\boldsymbol{\xi}^j \leqslant \boldsymbol{\xi}_b^j\}$。从而，最大化问题 $\max\limits_{\mathbf{P}^o \in \mathcal{D}_W^o, \mathbf{P}^r \in \mathcal{D}_W^r} \mathbb{E}[-\pi^o-\pi^r]$等价于下述双线性规划问题：

$$
\begin{aligned}
&\min_{\substack{\tau^j, w_i^j, \boldsymbol{\beta}_{ik}^j,\\ i=1,\cdots,N, k=1,2, j\in\{o,r\}}} \tau^o\varepsilon_o+\tau^r\varepsilon_r+\frac{1}{N}\sum_{i=1}^{N} w_i^o+w_i^r\\
&\text{s.t. } q_k^j+\langle \boldsymbol{\beta}_{ik}^j, \boldsymbol{\xi}_b^j-\mathbf{K}^j\hat{\boldsymbol{\xi}}^{ji}\rangle+\langle \boldsymbol{\phi}_k^j, \hat{\boldsymbol{\xi}}^{ji}\rangle \leqslant w_i^j, \quad i=1, \cdots, N, k=1, 2, j\in\{o, r\}\\
&\quad \|(\mathbf{K}^j)^T\boldsymbol{\beta}_{ik}^j-\boldsymbol{\phi}_k^j\|_* \leqslant \tau^j, \quad i=1, \cdots, N, k=1, 2, j\in\{o, r\}\\
&\quad \boldsymbol{\beta}_{ik}^j \geqslant \mathbf{0}, \quad i=1, \cdots, N, k=1, 2, j\in\{o, r\}
\end{aligned}
\tag{5-18}
$$

证明：基于 Wasserstein 不确定集（5-16），如果$\mathbb{P}^j \in \mathcal{D}_W^j$，则对任意的 $\epsilon_j \geqslant 0$，存在一个联合概率分布 Π^j，满足$\mathbb{E}_{\Pi^j}[\rho(\boldsymbol{\xi}^j, \hat{\boldsymbol{\xi}}^j)] \leqslant \varepsilon_j+\epsilon_j$，其中，

$$
\begin{aligned}
\mathbb{E}_{\Pi^j}[\rho(\boldsymbol{\xi}^j, \hat{\boldsymbol{\xi}}^j)] &= \int_{\hat{\boldsymbol{\xi}}^j \in \Xi_j}\int_{\boldsymbol{\xi}^j \in \Xi_j} \|\boldsymbol{\xi}^j-\hat{\boldsymbol{\xi}}^j\|_1 \Pi^j(\mathrm{d}\boldsymbol{\xi}^j, \mathrm{d}\hat{\boldsymbol{\xi}}^j)\\
&= \sum_{i=1}^{N}\int_{\boldsymbol{\xi}^j \in \Xi_j} P_i^j \|\boldsymbol{\xi}^j-\hat{\boldsymbol{\xi}}^{ji}\|_1 \mathbb{P}_i^j(\mathrm{d}\boldsymbol{\xi}^j)\\
&= \frac{1}{N}\sum_{i=1}^{N}\int_{\boldsymbol{\xi}^j \in \Xi_j} \|\boldsymbol{\xi}^j-\hat{\boldsymbol{\xi}}^{ji}\|_1 \mathbb{P}_i^j(\mathrm{d}\boldsymbol{\xi}^j)
\end{aligned}
$$

其中，$P_i^j=\frac{1}{N}$（$i=1, \cdots, N$）表示事件 $\hat{\boldsymbol{\xi}}^j=\hat{\boldsymbol{\xi}}^{ji}$ 发生的概率，$\mathbb{P}_i^j$ 是当 $\hat{\boldsymbol{\xi}}^j=\hat{\boldsymbol{\xi}}^{ji}$ 时的条件概率分布。从而，问题 $\max\limits_{\mathbf{P}^o \in \mathcal{D}_W^o, \mathbf{P}^r \in \mathcal{D}_W^r} \mathbb{E}[-\pi^o-\pi^r]$可重新描述为：

$$
\begin{aligned}
&\max_{\mathbf{P}^j, \mathbf{P}_i^j, i=1,\cdots,N, j\in\{o,r\}} \int_{\boldsymbol{\xi}^o \in \Xi_o} -\pi^o\mathbb{P}^o(\mathrm{d}\boldsymbol{\xi}^o)+\int_{\boldsymbol{\xi}^r \in \Xi_r} -\pi^r\mathbb{P}^r(\mathrm{d}\boldsymbol{\xi}^r)\\
&\text{s.t. } \mathbb{P}^j = \frac{1}{N}\sum_{i=1}^{N} \mathbb{P}_i^j, \quad j \in \{o, r\}\\
&\quad \int_{\boldsymbol{\xi}^j \in \Xi_j} \mathbb{P}_i^j(\mathrm{d}\boldsymbol{\xi}^j) = 1, \quad i = 1, \cdots, N, j \in \{o, r\}\\
&\quad \frac{1}{N}\sum_{i=1}^{N}\int_{\boldsymbol{\xi}^j \in \Xi_j} \|\boldsymbol{\xi}^j-\hat{\boldsymbol{\xi}}^{ji}\|_1 \mathbb{P}_i^j(\mathrm{d}\boldsymbol{\xi}^j) \leqslant \varepsilon_j+\epsilon_j, \quad j \in \{o, r\}
\end{aligned}
\tag{5-19}
$$

将约束$\mathbb{P}^j=\frac{1}{N}\sum_{i=1}^{N}\mathbb{P}_i^j$，$j\in\{o,r\}$，带入式(5-19)中的目标函数中，式(5-19)可等价转化为：

$$\max_{\mathbb{P}_i^j,i=1,\cdots,N,j\in\{o,r\}} \frac{1}{N}\sum_{i=1}^{N}\int_{\boldsymbol{\xi}^o\in\Xi_o}-\pi^o\mathbb{P}_i^o(\mathrm{d}\boldsymbol{\xi}^o)+\frac{1}{N}\sum_{i=1}^{N}\int_{\boldsymbol{\xi}^r\in\Xi_r}-\pi^r\mathbb{P}_i^r(\mathrm{d}\boldsymbol{\xi}^r)$$

$$\text{s.t.}\int_{\boldsymbol{\xi}^j\in\Xi_j}\mathbb{P}_i^j(\mathrm{d}\boldsymbol{\xi}^j)=1,\qquad i=1,\cdots,N,\ j\in\{o,r\}$$

$$\frac{1}{N}\sum_{i=1}^{N}\int_{\boldsymbol{\xi}^j\in\Xi_j}\|\boldsymbol{\xi}^j-\hat{\boldsymbol{\xi}}^{ji}\|_1\mathbb{P}_i^j(\mathrm{d}\boldsymbol{\xi}^j)\leqslant\varepsilon_j+\epsilon_j,\qquad j\in\{o,r\}$$

(5-20)

进一步地，问题（5-20）的拉格朗日函数为：

$$\begin{aligned}&\mathcal{L}(\mathbb{P}_i^o,\ \mathbb{P}_i^r,\ \lambda_i^o,\ \lambda_i^r,\ \tau^o,\ \tau^r)\\&=\frac{1}{N}\sum_{i=1}^{N}\int_{\boldsymbol{\xi}^o\in\Xi_o}(-\pi^o-N\lambda_i^o-\tau^o\|\boldsymbol{\xi}^o-\hat{\boldsymbol{\xi}}^{oi}\|_1)\mathbb{P}_i^o(\mathrm{d}\boldsymbol{\xi}^o)+\sum_{i=1}^{N}\lambda_i^o+\tau^o(\varepsilon_o+\epsilon_o)+\\&\quad\frac{1}{N}\sum_{i=1}^{N}\int_{\boldsymbol{\xi}^r\in\Xi_r}(-\pi^r-N\lambda_i^r-\tau^r\|\boldsymbol{\xi}^r-\hat{\boldsymbol{\xi}}^{ri}\|_1)\mathbb{P}_i^r(\mathrm{d}\boldsymbol{\xi}^r)+\sum_{i=1}^{N}\lambda_i^r+\tau^r(\varepsilon_r+\epsilon_r)\end{aligned}$$

则问题（5-20）的对偶问题可描述为：

$$\min_{\lambda_i^o,\lambda_i^r,\tau^o\geqslant0,\tau^r\geqslant0,i=1,\cdots,N}\ \max_{\mathbb{P}_i^o,\mathbb{P}_i^r,i=1,\cdots,N}\mathcal{L}(\mathbb{P}_i^o,\ \mathbb{P}_i^r,\ \lambda_i^o,\ \lambda_i^r,\ \tau^o,\ \tau^r)\tag{5-21}$$

其中，λ_i^o，λ_i^r，τ^o 和 τ^r 是拉格朗日乘子。显然，强对偶性成立，且$-\pi^j-N\lambda_i^j-\tau^j\|\boldsymbol{\xi}^j-\hat{\boldsymbol{\xi}}^{ji}\|_1\leqslant0$（Zhao 和 Guan，2018）。从而，

$$\max_{\mathbb{P}_i^o,\mathbb{P}_i^r,i=1,\cdots,N}\mathcal{L}(\mathbb{P}_i^o,\ \mathbb{P}_i^r,\ \lambda_i^o,\ \lambda_i^r,\ \tau^o,\ \tau^r)=\sum_{i=1}^{N}\lambda_i^o+\lambda_i^r+\tau^o(\varepsilon_o+\epsilon_o)+\tau^r(\varepsilon_r+\epsilon_r)$$

其最优解$\mathbb{P}_i^j$，$j\in\{o,r\}$，满足

$$\int_{\boldsymbol{\xi}^j\in\Xi_j}(-\pi^j-N\lambda_i^j-\tau^j\|\boldsymbol{\xi}^j-\hat{\boldsymbol{\xi}}^{ji}\|_1)\mathbb{P}_i^j(\mathrm{d}\boldsymbol{\xi}^j)=0,\ i=1,\ \cdots,\ N,\ j\in\{o,r\}$$

因此，对偶问题（5-21）可表示为：

$$\begin{aligned}&\min_{\lambda_i^j,\tau^j\geqslant0,i=1,\cdots,N,j\in\{o,r\}}\sum_{i=1}^{N}\lambda_i^o+\lambda_i^r+\tau^o(\varepsilon_o+\epsilon_o)+\tau^r(\varepsilon_r+\epsilon_r)\\&\text{s.t.}-\pi^j-N\lambda_i^j-\tau^j\|\boldsymbol{\xi}^j-\hat{\boldsymbol{\xi}}^{ji}\|_1\leqslant0,\ \boldsymbol{\xi}^j\in\Xi_j,\ i=1,\ \cdots,\ N,\ j\in\{o,r\}\end{aligned}\tag{5-22}$$

其最优解 λ_i^j 应满足 $\lambda_i^j=\frac{1}{N}\max_{\boldsymbol{\xi}^j\in\Xi_j}\{-\pi^j-\tau^j\|\boldsymbol{\xi}^j-\hat{\boldsymbol{\xi}}^{ji}\|_1\}$。因此，对任意的$\epsilon_o$，$\epsilon_r\geqslant0$，

$\max_{\mathbf{P}^o \in \mathcal{D}_W^o, \mathbf{P}^r \in \mathcal{D}_W^r} \mathbb{E}[-\pi^o - \pi^r]$等价于如下优化问题，即

$$\min_{\tau^o \geqslant 0, \tau^r \geqslant 0} \left\{ \frac{1}{N} \sum_{i=1}^{N} \max_{\boldsymbol{\xi}^o \in \Xi_o} \{ -\pi^o - \tau^o \| \boldsymbol{\xi}^o - \hat{\boldsymbol{\xi}}^{oi} \|_1 \} + \frac{1}{N} \sum_{i=1}^{N} \max_{\boldsymbol{\xi}^r \in \Xi_r} \{ -\pi^r - \tau^r \| \boldsymbol{\xi}^r - \hat{\boldsymbol{\xi}}^{ri} \|_1 \} + \tau^o(\varepsilon_o + \epsilon_o) + \tau^r(\varepsilon_r + \epsilon_r) \right\} \tag{5-23}$$

此外，问题（5-23）关于ϵ_o和ϵ_r是连续的，因此，当ϵ_o和ϵ_r取值为0时，上述等价关系仍成立，即$\max_{\mathbf{P}^o \in \mathcal{D}_W^o, \mathbf{P}^r \in \mathcal{D}_W^r} \mathbb{E}[-\pi^o - \pi^r]$等价于

$$\min_{\tau^o \geqslant 0, \tau^r \geqslant 0} \left\{ \frac{1}{N} \sum_{i=1}^{N} \max_{\boldsymbol{\xi}^o \in \Xi_o} \{ -\pi^o - \tau^o \| \boldsymbol{\xi}^o - \hat{\boldsymbol{\xi}}^{oi} \|_1 \} + \frac{1}{N} \sum_{i=1}^{N} \max_{\boldsymbol{\xi}^r \in \Xi_r} \{ -\pi^r - \tau^r \| \boldsymbol{\xi}^r - \hat{\boldsymbol{\xi}}^{ri} \|_1 \} + \tau^o \varepsilon_o + \tau^r \varepsilon_r \right\} \tag{5-24}$$

为便于求解，引入辅助变量w_i^o和w_i^r，则问题（5-24）可改写为：

$$\begin{aligned}
\min_{\tau^o, \tau^r, w_i^o, w_i^r, i=1,\cdots,N} \quad & \tau^o \varepsilon_o + \tau^r \varepsilon_r + \frac{1}{N} \sum_{i=1}^{N} w_i^o + w_i^r \\
\text{s.t.} \quad & \max_{\boldsymbol{\xi}^o \in \Xi_o} \{ -\pi^o - \tau^o \| \boldsymbol{\xi}^o - \hat{\boldsymbol{\xi}}^{oi} \|_1 \} \leqslant w_i^o, \quad i=1, \cdots, N \\
& \max_{\boldsymbol{\xi}^r \in \Xi_r} \{ -\pi^r - \tau^r \| \boldsymbol{\xi}^r - \hat{\boldsymbol{\xi}}^{ri} \|_1 \} \leqslant w_i^r, \quad i=1, \cdots, N \\
& \tau^o \geqslant 0, \ \tau^r \geqslant 0
\end{aligned}$$

或等价地描述为：

$$\begin{aligned}
\min_{\tau^o, \tau^r, w_i^o, w_i^r, i=1,\cdots,N} \quad & \tau^o \varepsilon_o + \tau^r \varepsilon_r + \frac{1}{N} \sum_{i=1}^{N} w_i^o + w_i^r \\
\text{s.t.} \quad & \max_{\boldsymbol{\xi}^o \in \Xi_o} \{ \eth_k^o - \max_{\| z_{ik}^o \|_* \leqslant \tau^o} \langle z_{ik}^o, \boldsymbol{\xi}^o - \hat{\boldsymbol{\xi}}^{oi} \rangle \} \leqslant w_i^o, \quad i=1, \cdots, N, \ k=1, 2 \\
& \max_{\boldsymbol{\xi}^r \in \Xi_r} \{ \eth_k^r - \max_{\| z_{ik}^r \|_* \leqslant \tau^r} \langle z_{ik}^r, \boldsymbol{\xi}^r - \hat{\boldsymbol{\xi}}^{ri} \rangle \} \leqslant w_i^r, \quad i=1, \cdots, N, \ k=1, 2 \\
& \tau^o \geqslant 0, \ \tau^r \geqslant 0
\end{aligned}$$

上述问题等价于

$$\min_{\tau^o, \tau^r, w_i^o, w_i^r, i=1,\cdots,N} \tau^o \varepsilon_o + \tau^r \varepsilon_r + \frac{1}{N} \sum_{i=1}^{N} w_i^o + w_i^r$$

$$\text{s. t.} \min_{\|\tilde{z}_{ik}^o\|_* \leqslant \tau^o} \max_{\xi^o \in \Xi_o} \{\eth_k^o - \langle \mathbf{z}_{ik}^o, \boldsymbol{\xi}^o - \hat{\boldsymbol{\xi}}^{oi} \rangle\} \leqslant w_i^o, \quad i=1, \cdots, N, k=1, 2$$

$$\min_{\|\tilde{z}_{ik}^r\|_* \leqslant \tau^r} \max_{\xi^r \in \Xi_r} \{\eth_k^r - \langle \mathbf{z}_{ik}^r, \boldsymbol{\xi}^r - \hat{\boldsymbol{\xi}}^{ri} \rangle\} \leqslant w_i^r, \quad i=1, \cdots, N, k=1, 2 \tag{5-25}$$

$$\tau^o \geqslant 0, \tau^r \geqslant 0$$

其中，$\|\cdot\|_*$表示$\|\cdot\|_1$的对偶范数，$\langle \boldsymbol{x}, \boldsymbol{y} \rangle = \boldsymbol{x}^T \boldsymbol{y}$表示任意两个向量$\boldsymbol{x}$和$\boldsymbol{y}$的内积。因此，问题(5-25)可表示为如下形式，即

$$\min_{\substack{\tau^o, \tau^r, w_i^o, w_i^r, \tilde{z}_{ik}^o, \tilde{z}_{ik}^r, \\ i=1,\cdots,N, k=1,2}} \tau^o \varepsilon_o + \tau^r \varepsilon_r + \frac{1}{N} \sum_{i=1}^{N} w_i^o + w_i^r$$

$$\text{s. t.} \max_{\xi^o \in \Xi_o} \{\eth_k^o - \langle \mathbf{z}_{ik}^o, \boldsymbol{\xi}^o - \hat{\boldsymbol{\xi}}^{oi} \rangle\} \leqslant w_i^o, \quad i=1, \cdots, N, k=1, 2$$

$$\max_{\xi^r \in \Xi_r} \{\eth_k^r - \langle \mathbf{z}_{ik}^r, \boldsymbol{\xi}^r - \hat{\boldsymbol{\xi}}^{ri} \rangle\} \leqslant w_i^r, \quad i=1, \cdots, N, k=1, 2$$

$$\|\mathbf{z}_{ik}^o\|_* \leqslant \tau^o, \quad i=1, \cdots, N, k=1, 2$$

$$\|\mathbf{z}_{ik}^r\|_* \leqslant \tau^r, \quad i=1, \cdots, N, k=1, 2$$

根据 Esfahani 和 Kuhn（2018），上述问题等价于

$$\min_{\substack{\tau^o, \tau^r, w_i^o, w_i^r, \tilde{z}_{ik}^o, \tilde{z}_{ik}^r, \varsigma_{ik}^o, \varsigma_{ik}^r, \\ i=1,\cdots,N, k=1,2}} \tau^o \varepsilon_o + \tau^r \varepsilon_r + \frac{1}{N} \sum_{i=1}^{N} w_i^o + w_i^r$$

$$\text{s. t.} [-\eth_k^o]^* (\mathbf{z}_{ik}^o - \varsigma_{ik}^o) + \sigma_{\Xi_o}(\varsigma_{ik}^o) - \langle \mathbf{z}_{ik}^o, \hat{\boldsymbol{\xi}}^{oi} \rangle \leqslant w_i^o, \quad i=1, \cdots, N, k=1, 2$$

$$[-\eth_k^r]^* (\mathbf{z}_{ik}^r - \varsigma_{ik}^r) + \sigma_{\Xi_r}(\varsigma_{ik}^r) - \langle \mathbf{z}_{ik}^r, \hat{\boldsymbol{\xi}}^{ri} \rangle \leqslant w_i^r, \quad i=1, \cdots, N, k=1, 2$$

$$\|\mathbf{z}_{ik}^o\|_* \leqslant \tau^o, \quad i=1, \cdots, N, k=1, 2$$

$$\|\mathbf{z}_{ik}^r\|_* \leqslant \tau^r, \quad i=1, \cdots, N, k=1, 2 \tag{5-26}$$

其中，

$$[-\eth_k^j]^* (\mathbf{z}_{ik}^j - \varsigma_{ik}^j) = \begin{cases} q_k^j & \text{如果 } \mathbf{z}_{ik}^j = \varsigma_{ik}^j - \boldsymbol{\phi}_k^j \\ \infty & \text{如果 } \mathbf{z}_{ik}^j \neq \varsigma_{ik}^j - \boldsymbol{\phi}_k^j \end{cases}$$

$\sigma_{\Xi_j}(\varsigma_{ik}^j) = \max_{\xi^j \in \Xi_j} \langle \varsigma_{ik}^j, \boldsymbol{\xi}^j \rangle = \max_{\xi^j} \{ \langle \varsigma_{ik}^j, \boldsymbol{\xi}^j \rangle \mid \mathbf{K}^j \boldsymbol{\xi}^j \leqslant \boldsymbol{\xi}_b^j \}$，$[-\eth_k^j]^*(\cdot)$表示$-\eth_k^j$的共轭函数，$\sigma_{\Xi_j}$表示$\Xi_j$的支撑函数。利用强对偶性，可得$\sigma_{\Xi_j}(\varsigma_{ik}^j) = \min_{\beta_{ik}^j \geqslant 0} \{ \langle \boldsymbol{\beta}_{ik}^j,$

$\boldsymbol{\xi}_b^j\rangle \mid (\mathbf{K}^j)^T\boldsymbol{\beta}_{ik}^j=\varsigma_{ik}^j\}$，其中 $\boldsymbol{\beta}_{ik}^j\in\mathbb{R}^{2M}$ 为对偶变量。因此，问题(5-26)可重新表示为：

$$\min_{\substack{\tau^o,\tau^r,w_i^o,w_i^r,\boldsymbol{\beta}_{ik}^o,\boldsymbol{\beta}_{ik}^r,\\ i=1,\cdots,N,k=1,2}} \tau^o\varepsilon_o+\tau^r\varepsilon_r+\frac{1}{N}\sum_{i=1}^{N} w_i^o+w_i^r$$

$$\begin{aligned}
\text{s. t. } & q_k^o+\langle\boldsymbol{\beta}_{ik}^o,\ \boldsymbol{\xi}_b^o\rangle-\langle(\mathbf{K}^o)^T\boldsymbol{\beta}_{ik}^o-\boldsymbol{\phi}_k^o,\ \hat{\boldsymbol{\xi}}^{oi}\rangle\leqslant w_i^o, && i=1,\ \cdots,\ N,\ k=1,\ 2\\
& q_k^r+\langle\boldsymbol{\beta}_{ik}^r,\ \boldsymbol{\xi}_b^r\rangle-\langle(\mathbf{K}^r)^T\boldsymbol{\beta}_{ik}^r-\boldsymbol{\phi}_k^r,\ \hat{\boldsymbol{\xi}}^{ri}\rangle\leqslant w_i^r, && i=1,\ \cdots,\ N,\ k=1,\ 2\\
& \|(\mathbf{K}^o)^T\boldsymbol{\beta}_{ik}^o-\boldsymbol{\phi}_k^o\|_*\leqslant\tau^o, && i=1,\ \cdots,\ N,\ k=1,\ 2\\
& \|(\mathbf{K}^r)^T\boldsymbol{\beta}_{ik}^r-\boldsymbol{\phi}_k^r\|_*\leqslant\tau^r, && i=1,\ \cdots,\ N,\ k=1,\ 2\\
& \boldsymbol{\beta}_{ik}^o\geqslant\mathbf{0},\ \boldsymbol{\beta}_{ik}^r\geqslant\mathbf{0}, && i=1,\ \cdots,\ N,\ k=1,\ 2
\end{aligned}$$

即推导出具有双线性项约束的规划问题（5-18）。证毕。

下面针对模型（5-17）的可行域 Z_{WJCC} 进行分析。首先，利用最坏情况 CVaR 约束近似 DRJCC，给出 Z_{WJCC} 的一个保守的近似集合，并应用对偶理论将此近似集合进一步等价转化为易于处理的集合形式。

令 $F^j(\boldsymbol{p}^o,\ \boldsymbol{p}^r,\ \boldsymbol{x}^j,\ \boldsymbol{L},\ \boldsymbol{\xi}^j)=\max_{m=1,\cdots,M}\{\boldsymbol{e}_m^T\boldsymbol{\xi}^j+f_m^j(\boldsymbol{p}^o,\ \boldsymbol{p}^r,\ \boldsymbol{x}^j,\ \boldsymbol{L})\}$，式（5-17）中的 DRJCC 可转化为如下单一机会约束（Yuan 等，2017）

$$\inf_{\mathbf{P}^j\in\mathcal{D}_{\mathrm{W}}^j}\mathbb{P}^j(F^j(\boldsymbol{p}^o,\ \boldsymbol{p}^r,\ \boldsymbol{x}^j,\ \boldsymbol{L},\ \boldsymbol{\xi}^j)\leqslant 0)\geqslant 1-\vartheta^j,\ j\in\{o,\ r\}$$

进而可保守近似为如下最坏情况 CVaR 约束，即

$$\sup_{\mathbf{P}^j\in\mathcal{D}_{\mathrm{W}}^j}\mathrm{CVaR}_{\vartheta^j}(F^j(\boldsymbol{p}^o,\ \boldsymbol{p}^r,\ \boldsymbol{x}^j,\ \boldsymbol{L},\ \boldsymbol{\xi}^j))\leqslant 0,\ j\in\{o,\ r\} \tag{5-27}$$

其中，$\mathrm{CVaR}_{\vartheta^j}(F^j(\boldsymbol{p}^o,\ \boldsymbol{p}^r,\ \boldsymbol{x}^j,\ \boldsymbol{L},\ \boldsymbol{\xi}^j))=\inf_{t^j\in\mathbf{R}}\left[\frac{1}{\vartheta^j}\mathbb{E}_{\mathbf{P}^j}(F^j(\boldsymbol{p}^o,\ \boldsymbol{p}^r,\ \boldsymbol{x}^j,\ \boldsymbol{L},\ \boldsymbol{\xi}^j)-t^j)^++t^j\right]$。将模型（5-17）中的 DRJCC 替换为最坏情况 CVaR 约束（5-27），得到新的可行域 Z_{CJCC}。Z_{CJCC} 构成了可行域 Z_{WJCC} 的保守近似。下面将可行域 Z_{CJCC} 等价转化为一个易于处理的集合。

命题 5.4.2 给定支撑集 $\Xi_j=\{\boldsymbol{\xi}^j\in\mathbb{R}^M:\ \mathbf{K}^j\boldsymbol{\xi}^j\leqslant\boldsymbol{\xi}_b^j\}$，$j\in\{o,\ r\}$，$Z_{\mathrm{CJCC}}$ 等价于如下集合：

$$\hat{Z}_{\mathrm{CJCC}}=\left\{\begin{array}{l|l} \boldsymbol{p}^{o},\ \boldsymbol{p}^{r},\ \boldsymbol{x}^{j},\ \boldsymbol{L}\in\mathbb{R}^{M} & \eta^{j}\varepsilon_{j}+\dfrac{1}{N}\sum_{i=1}^{N}g_{i}^{j}\leqslant-t^{j}\vartheta^{j} \\ \eta^{j}\in\mathbb{R}_{+} & \|\boldsymbol{e}_{m}-(\mathbf{K}^{j})^{T}\boldsymbol{\kappa}_{im}^{j}\|_{*}\leqslant\eta^{j} \\ \boldsymbol{\kappa}_{im}^{j}\in\mathbb{R}_{+}^{2M} & g_{i}^{j}\geqslant(f_{m}^{j}(\boldsymbol{p}^{o},\ \boldsymbol{p}^{r},\ \boldsymbol{x}^{j},\ \boldsymbol{L})-t^{j}+ \\ t^{j}\in\mathbb{R} & \quad\langle(\boldsymbol{e}_{m}-(\mathbf{K}^{j})^{T}\boldsymbol{\kappa}_{im}^{j}),\ \hat{\boldsymbol{\xi}}^{ji}\rangle+\langle\boldsymbol{\kappa}_{im}^{j},\ \boldsymbol{\xi}_{b}^{j}\rangle)^{+} \\ g_{i}^{j}\in\mathbb{R} & i=1,\ \cdots,\ N,\ m=1,\ \cdots,\ M,\ j\in\{o,\ r\} \end{array}\right\} \tag{5-28}$$

证明： 约束（5-27）可等价表示为：

$$\sup_{\mathbf{P}^{j}\in\mathcal{D}_{\mathrm{W}}^{j}}\inf_{t^{j}\in\mathbf{R}}[\mathbb{E}_{\mathbf{P}^{j}}[(F^{j}(\boldsymbol{p}^{o},\ \boldsymbol{p}^{r},\ \boldsymbol{x}^{j},\ \boldsymbol{L},\ \boldsymbol{\xi}^{j})-t^{j})^{+}]+t^{j}\vartheta^{j}]\leqslant 0,\ j\in\{o,\ r\} \tag{5-29}$$

对任意 $\boldsymbol{\xi}^{j}\in\Xi_{j}$，函数 $F^{j}(\boldsymbol{p}^{o},\ \boldsymbol{p}^{r},\ \boldsymbol{x}^{j},\ \boldsymbol{L},\ \boldsymbol{\xi}^{j})$ 关于 $\boldsymbol{p}^{o}$，$\boldsymbol{p}^{r}$，$\boldsymbol{x}^{j}$ 和 $\boldsymbol{L}$ 为凸函数，并且在支撑集 Ξ_{j} 上是有界的。因此，约束(5-29)等价于

$$\inf_{t^{j}\in\mathbf{R}}\sup_{\mathbf{P}^{j}\in\mathcal{D}_{W}^{j}}[\mathbb{E}_{\mathbf{P}^{j}}[(F^{j}(\boldsymbol{p}^{o},\ \boldsymbol{p}^{r},\ \boldsymbol{x}^{j},\ \boldsymbol{L},\ \boldsymbol{\xi}^{j})-t^{j})^{+}]+t^{j}\vartheta^{j}]\leqslant 0,\ j\in\{o,\ r\} \tag{5-30}$$

根据强对偶理论，

$$\sup_{\mathbf{P}^{j}\in\mathcal{D}_{\mathrm{W}}^{j}}[\mathbb{E}_{\mathbf{P}^{j}}[(F^{j}(\boldsymbol{p}^{o},\ \boldsymbol{p}^{r},\ \boldsymbol{x}^{j},\ \boldsymbol{L},\ \boldsymbol{\xi}^{j})-t^{j})^{+}]+t^{j}\vartheta^{j}]$$

$$=\inf_{\eta^{j}\geqslant 0}\left[\eta^{j}\varepsilon_{j}+t^{j}\vartheta^{j}+\frac{1}{N}\sum_{i=1}^{N}\sup_{\boldsymbol{\xi}^{j}\in\Xi_{j}}[(F^{j}(\boldsymbol{p}^{o},\ \boldsymbol{p}^{r},\ \boldsymbol{x}^{j},\ \boldsymbol{L},\ \boldsymbol{\xi}^{j})-t^{j})^{+}-\eta^{j}\rho(\boldsymbol{\xi}^{j},\ \hat{\boldsymbol{\xi}}^{ji})]\right]$$

成立，并且上式下确界存在（Hota 等，2018）。引入辅助变量 g_{i}^{j}，约束（5-30）等价于

$$\begin{cases} \eta^{j}\varepsilon_{j}+\dfrac{1}{N}\sum_{i=1}^{N}g_{i}^{j}\leqslant-t^{j}\vartheta^{j}, & j\in\{o,\ r\} \\ g_{i}^{j}\geqslant\sup\limits_{\boldsymbol{\xi}^{j}\in\Xi_{j}}[(F^{j}(\boldsymbol{p}^{o},\ \boldsymbol{p}^{r},\ \boldsymbol{x}^{j},\ \boldsymbol{L},\ \boldsymbol{\xi}^{j})-t^{j})^{+}-\eta^{j}\rho(\boldsymbol{\xi}^{j},\ \hat{\boldsymbol{\xi}}^{ji})], & i=1,\ \ldots,\ N,\ j\in\{o,\ r\} \\ \eta^{j}\geqslant 0, & j\in\{o,\ r\} \\ t^{j}\in\mathbb{R}, & j\in\{o,\ r\} \end{cases} \tag{5-31}$$

给定解$(\boldsymbol{p}^{o},\ \boldsymbol{p}^{r},\ \boldsymbol{x}^{j},\ \boldsymbol{L},\ \eta^{j},\ t^{j})$时，式(5-31)中约束 $g_{i}^{j}\geqslant\sup\limits_{\boldsymbol{\xi}^{j}\in\Xi_{j}}[(F^{j}(\boldsymbol{p}^{o},\ \boldsymbol{p}^{r},\ \boldsymbol{x}^{j},\ \boldsymbol{L},\ \boldsymbol{\xi}^{j})-t^{j})^{+}-\eta^{j}\rho(\boldsymbol{\xi}^{j},\ \hat{\boldsymbol{\xi}}^{ji})]$可等价描述为：

$$g_i^j \geqslant \max\left\{ \sup_{\xi^j \in \Xi_j^1} \left[F^j(\boldsymbol{p}^o, \boldsymbol{p}^r, \boldsymbol{x}^j, \boldsymbol{L}, \boldsymbol{\xi}^j) - t^j - \eta^j \rho(\boldsymbol{\xi}^j, \hat{\boldsymbol{\xi}}^{ji}) \right], \sup_{\xi^j \in \Xi_j^2} -\eta^j \rho(\boldsymbol{\xi}^j, \hat{\boldsymbol{\xi}}^{ji}) \right\}$$

其中，$\Xi_j^1 = \{\boldsymbol{\xi}^j \in \Xi_j: F^j(\boldsymbol{p}^o, \boldsymbol{p}^r, \boldsymbol{x}^j, \boldsymbol{L}, \boldsymbol{\xi}^j) - t^j \geqslant 0\}$，$\Xi_j^2 = \Xi_j \setminus \Xi_j^1$。

显然，如果 $\hat{\boldsymbol{\xi}}^{ji} \in \Xi_j^1$，则 $\sup_{\xi^j \in \Xi_j^2} -\eta^j \rho(\boldsymbol{\xi}^j, \hat{\boldsymbol{\xi}}^{ji}) < 0$ 和 $\sup_{\xi^j \in \Xi_j^1} [F^j(\boldsymbol{p}^o, \boldsymbol{p}^r, \boldsymbol{x}^j, \boldsymbol{L}, \boldsymbol{\xi}^j) - t^j - \eta^j \rho(\boldsymbol{\xi}^j, \hat{\boldsymbol{\xi}}^{ji})] > 0$ 成立；如果 $\hat{\boldsymbol{\xi}}^{ji} \in \Xi_j^2$ 则 $\sup_{\xi^j \in \Xi_j^2} -\eta^j \rho(\boldsymbol{\xi}^j, \hat{\boldsymbol{\xi}}^{ji}) = 0$ 和 $\sup_{\xi^j \in \Xi_j^2} [F^j(\boldsymbol{p}^o, \boldsymbol{p}^r, \boldsymbol{x}^j, \boldsymbol{L}, \boldsymbol{\xi}^j) - t^j - \eta^j \rho(\boldsymbol{\xi}^j, \hat{\boldsymbol{\xi}}^{ji})] < 0$ 成立。因此，可推得如下不等式成立：

$$g_i^j \geqslant \left(\sup_{\xi^j \in \Xi_j} [F^j(\boldsymbol{p}^o, \boldsymbol{p}^r, \boldsymbol{x}^j, \boldsymbol{L}, \boldsymbol{\xi}^j) - t^j - \eta^j \rho(\boldsymbol{\xi}^j, \hat{\boldsymbol{\xi}}^{ji})] \right)^+$$

特别地，对任意 $m = 1, \cdots, M$，可得

$$\left(\sup_{\xi^j \in \Xi_j} [F^j(\boldsymbol{p}^o, \boldsymbol{p}^r, \boldsymbol{x}^j, \boldsymbol{L}, \boldsymbol{\xi}^j) - t^j - \eta^j \rho(\boldsymbol{\xi}^j, \hat{\boldsymbol{\xi}}^{ji})] \right)^+ =$$

$$\max_{m=1,\cdots,M} \left(f_m^j(\boldsymbol{p}^o, \boldsymbol{p}^r, \boldsymbol{x}^j, \boldsymbol{L}) - t^j + \sup_{\xi^j \in \Xi_j} [\boldsymbol{e}_m^T \boldsymbol{\xi}^j - \eta^j \| \boldsymbol{\xi}^j - \hat{\boldsymbol{\xi}}^{ji} \|_1] \right)^+ \geqslant$$

$$\left(f_m^j(\boldsymbol{p}^o, \boldsymbol{p}^r, \boldsymbol{x}^j, \boldsymbol{L}) - t^j + \sup_{\xi^j \in \Xi_j} [\boldsymbol{e}_m^T \boldsymbol{\xi}^j - \eta^j \| \boldsymbol{\xi}^j - \hat{\boldsymbol{\xi}}^{ji} \|_1] \right)^+$$

此外，由范数定义和对偶理论知 $\sup_{\xi^j \in \Xi_j} [\boldsymbol{e}_m^T \boldsymbol{\xi}^j - \eta^j \| \boldsymbol{\xi}^j - \hat{\boldsymbol{\xi}}^{ji} \|_1]$ 等价于 $\inf_{\boldsymbol{\kappa}_{im}^j \geqslant \mathbf{0}, \| \boldsymbol{e}_m - (\mathbf{K}^j)^T \boldsymbol{\kappa}_{im}^j \|_* \leqslant \eta^j} (\langle (\boldsymbol{e}_m - (\mathbf{K}^j)^T \boldsymbol{\kappa}_{im}^j), \hat{\boldsymbol{\xi}}^{ji} \rangle + \langle \boldsymbol{\kappa}_{im}^j, \boldsymbol{\xi}_b^j \rangle)$，其中，$\boldsymbol{\kappa}_{im}^j$ 为对偶变量。则，

$$g_i^j \geqslant \left(f_m^j(\boldsymbol{p}^o, \boldsymbol{p}^r, \boldsymbol{x}^j, \boldsymbol{L}) - t^j + \inf_{\boldsymbol{\kappa}_{im}^j \geqslant \mathbf{0}, \| \boldsymbol{e}_m - (\mathbf{K}^j)^T \boldsymbol{\kappa}_{im}^j \|_* \leqslant \eta^j} (\langle (\boldsymbol{e}_m - (\mathbf{K}^j)^T \boldsymbol{\kappa}_{im}^j), \hat{\boldsymbol{\xi}}^{ji} \rangle + \langle \boldsymbol{\kappa}_{im}^j, \boldsymbol{\xi}_b^j \rangle) \right)^+, \quad m = 1, \cdots, M \tag{5-32}$$

不等式（5-32）成立当且仅当存在 $\boldsymbol{\kappa}_{im}^j \geqslant \mathbf{0}$，$m = 1, \cdots, M$，满足下式：

$$\begin{cases} g_i^j \geqslant (f_m^j(\boldsymbol{p}^o, \boldsymbol{p}^r, \boldsymbol{x}^j, \boldsymbol{L}) - t^j + \langle (\boldsymbol{e}_m - (\mathbf{K}^j)^T \boldsymbol{\kappa}_{im}^j), \hat{\boldsymbol{\xi}}^{ji} \rangle + \langle \boldsymbol{\kappa}_{im}^j, \boldsymbol{\xi}_b^j \rangle)^+ \\ \| \boldsymbol{e}_m - (\mathbf{K}^j)^T \boldsymbol{\kappa}_{im}^j \|_* \leqslant \eta^j \end{cases} \tag{5-33}$$

因此，根据式（5-31），Z_{CJCC} 可等价转化为易于处理的集合，如式（5-28）所示。证毕。

根据命题 5.4.1 和命题 5.4.2，问题（5-17）可近似表示为如下最小化问题：

$$
\begin{aligned}
\min_{\substack{p^o, p^r, x^j, L, \tau^j, w_i^j,\\ \beta_{ik}^j, \eta^j, g_i^j, t^j, \kappa_{im}^j,\\ i=1,\cdots,N, m=1,\cdots,M, k=1,2, j\in\{o,r\}}} \quad & \tau^o \varepsilon_o + \tau^r \varepsilon_r + \frac{1}{N}\sum_{i=1}^{N} w_i^o + w_i^r \\
\text{s.t.}\ \ & q_k^j + \langle \boldsymbol{\beta}_{ik}^j, \boldsymbol{\xi}_b^j - \mathbf{K}^j \hat{\boldsymbol{\xi}}^{ji} \rangle + \langle \boldsymbol{\phi}_k^j, \hat{\boldsymbol{\xi}}^{ji} \rangle \leqslant w_i^j, && i=1,\cdots,N,\ k=1,2,\ j\in\{o,r\} \\
& \| (\mathbf{K}^j)^T \boldsymbol{\beta}_{ik}^j - \boldsymbol{\phi}_k^j \|_* \leqslant \tau^j, && i=1,\cdots,N,\ k=1,2,\ j\in\{o,r\} \\
& \eta^j \varepsilon_j + \frac{1}{N}\sum_{i=1}^{N} g_i^j \leqslant -t^j \vartheta^j, && j\in\{o,r\} \\
& g_i^j \geqslant (f_m^j(\boldsymbol{p}^o, \boldsymbol{p}^r, \boldsymbol{x}^j, \boldsymbol{L}) - t^j + && i=1,\cdots,N,\ m=1,\cdots,M,\ j\in\{o,r\} \\
& \quad \langle (\boldsymbol{e}_m - (\mathbf{K}^j)^T \boldsymbol{\kappa}_{im}^j), \hat{\boldsymbol{\xi}}^{ji} \rangle + \langle \boldsymbol{\kappa}_{im}^j, \boldsymbol{\xi}_b^j \rangle)^+, \\
& \| \boldsymbol{e}_m - (\mathbf{K}^j)^T \boldsymbol{\kappa}_{im}^j \|_* \leqslant \eta^j, && i=1,\cdots,N,\ m=1,\cdots,M,\ j\in\{o,r\} \\
& \boldsymbol{\beta}_{ik}^j \geqslant \mathbf{0}, && i=1,\cdots,N,\ k=1,2,\ j\in\{o,r\} \\
& \boldsymbol{\kappa}_{im}^j \geqslant \mathbf{0}, && i=1,\cdots,N,\ m=1,\cdots,M,\ j\in\{o,r\}
\end{aligned}
\tag{5-34}
$$

问题(5-34)是一个双线性规划。求解问题(5-34)的主要挑战在于式 q_k^o 和 q_k^r 中的双线性项 $(\boldsymbol{p}^o)^T\boldsymbol{x}^o$，$(\boldsymbol{p}^o)^T\boldsymbol{\Psi}^o\boldsymbol{L}$，$(\boldsymbol{p}^o)^T\boldsymbol{\Delta p}^r$，$(\boldsymbol{p}^r)^T\boldsymbol{x}^r$ 和 $(\boldsymbol{p}^r)^T\boldsymbol{\Psi}^r\boldsymbol{L}$ 的处理。下面利用双线性项的分段仿射松弛技术推得问题(5-34)近似规划模型。

5.4.2　分段仿射松弛近似

为了推导出问题（5-34）的分段仿射松弛近似模型，假设决策变量有界，即 $x_m^j \in [\underline{x}_m^j, \overline{x}_m^j]$，$p_m^j \in [\underline{p}_m^j, \overline{p}_m^j]$ 和 $L_m \in [\underline{L}_m, \overline{L}_m]$，$m=1, \cdots, M$。在对双线性项 $(\boldsymbol{p}^j)^T\boldsymbol{x}^j$ 和 $(\boldsymbol{p}^j)^T\boldsymbol{\Psi}^j\boldsymbol{L}$，$j\in\{o, r\}$ 进行线性化时，将区间 $[\underline{p}_m^j, \overline{p}_m^j]$ 以 $A_m^j = \frac{\overline{p}_m^j - \underline{p}_m^j}{N_m^j}$ 为步长划分为 $N_m^j (N_m^j \geqslant 1)$ 个子区间。令 $\gamma_{xm}^j = \frac{A_m^j(\overline{x}_m^j - \underline{x}_m^j)}{4}$ 和 $\gamma_{Lm}^j = \frac{A_m^j(\overline{L}_m - \underline{L}_m)}{4}$ 分别表示双线性项 $p_m^j x_m^j$ 和 $p_m^j \alpha_m^j L_m$ 与其相应的 N_m^j 个包络之间的最大差值（Wittmann-Hohlbein 和 Pistikopoulos，2014）。特别地，对于双线性项 $(\boldsymbol{p}^o)^T\boldsymbol{\Delta p}^r$，将区间 $[\underline{p}_m^o, \overline{p}_m^o]$ 划分为 N_m^o 个子区间，令 $\gamma_m^{or} = \frac{A_m^o(\overline{p}_m^r - \underline{p}_m^r)}{4}$ 表示双线性项 $p_m^o \delta_m p_m^r$ 与其相应的 N_m^o

个包络之间的最大差值。

对任意的 $m=1, \cdots, M$ 和 $j \in \{o, r\}$，令 $\boldsymbol{\iota}_{xm}^{j}=(\iota_{xm1}^{j}, \cdots, \iota_{xmN_m^j}^{j})^T$，$\boldsymbol{\iota}_{Lm}^{j}=(\iota_{Lm1}^{j}, \cdots, \iota_{LmN_m^j}^{j})^T$ 和 $\boldsymbol{\iota}_{m}^{or}=(\iota_{m1}^{or}, \cdots, \iota_{mN_m^o}^{or})^T$ 表示辅助 0-1 变量；$\hat{\boldsymbol{x}}_{m}^{j}=(\hat{x}_{m1}^{j}, \cdots, \hat{x}_{mN_m^j}^{j})^T$，$\hat{\boldsymbol{L}}_{m}^{j}=(\hat{L}_{m1}^{j}, \cdots, \hat{L}_{mN_m^j}^{j})^T$ 和 $\hat{\boldsymbol{p}}_{m}^{or}=(\hat{p}_{m1}^{or}, \cdots, \hat{p}_{mN_m^o}^{or})^T$ 表示辅助连续变量。从而，问题(5-34)中约束 $q_k^j+\langle \boldsymbol{\beta}_{ik}^j, \boldsymbol{\xi}_b^j-\mathbf{K}^j\hat{\boldsymbol{\xi}}^{ji}\rangle+\langle \boldsymbol{\phi}_k^j, \hat{\boldsymbol{\xi}}^{ji}\rangle \leqslant w_i^j$，$i=1, \cdots, N$，$k=1, 2$，$j \in \{o, r\}$，可转化为下述约束(5-35)：

$$
\begin{cases}
\mathbf{1}^T\boldsymbol{z}_1^j-(\boldsymbol{s}-\boldsymbol{c})^T\boldsymbol{x}^j+\boldsymbol{s}^T\boldsymbol{y}^j+(\mathbf{1}^T\boldsymbol{\omega})I(j)+\langle \boldsymbol{\beta}_{i1}^j, \boldsymbol{\xi}_b^j-\mathbf{K}^j\hat{\boldsymbol{\xi}}^{ji}\rangle+ & i=1, \cdots, N, j \in \{o, r\} \\
\quad \langle \boldsymbol{\phi}_1^j, \hat{\boldsymbol{\xi}}^{ji}\rangle \leqslant w_i^j, & \\
-(\boldsymbol{p}^j)^T\boldsymbol{\alpha}^j+(\boldsymbol{p}^j)^T\mathbf{B}^j\boldsymbol{p}^j+(\boldsymbol{\alpha}^j)^T\boldsymbol{z}_2^j+(\boldsymbol{p}^j)^T\boldsymbol{\Delta}\boldsymbol{p}^j+\boldsymbol{\delta}^T\boldsymbol{z}^{or}-\boldsymbol{h}^T\boldsymbol{y}^j+ & i=1, \cdots, N, j \in \{o, r\} \\
\quad (\boldsymbol{c}+\boldsymbol{h})^T\boldsymbol{x}^j+(\mathbf{1}^T\boldsymbol{\omega})I(j)+\langle \boldsymbol{\beta}_{i2}^j, \boldsymbol{\xi}_b^j-\mathbf{K}^j\hat{\boldsymbol{\xi}}^{ji}\rangle+\langle \boldsymbol{\phi}_2^j, \hat{\boldsymbol{\xi}}^{ji}\rangle \leqslant w_i^j, & \\
\underline{p}_m^j+A_m^j(\hat{\boldsymbol{N}}_m^j)^T\boldsymbol{\iota}_{xm}^j \leqslant p_m^j \leqslant \underline{p}_m^j+A_m^j(\boldsymbol{N}_m^j)^T\boldsymbol{\iota}_{xm}^j, & m=1, \cdots, M, j \in \{o, r\} \\
\underline{p}_m^j+A_m^j(\hat{\boldsymbol{N}}_m^j)^T\boldsymbol{\iota}_{Lm}^j \leqslant p_m^j \leqslant \underline{p}_m^j+A_m^j(\boldsymbol{N}_m^j)^T\boldsymbol{\iota}_{Lm}^j, & m=1, \cdots, M, j \in \{o, r\} \\
\underline{p}_m^o+A_m^o(\hat{\boldsymbol{N}}_m^o)^T\boldsymbol{\iota}_m^{or} \leqslant p_m^o \leqslant \underline{p}_m^o+A_m^o(\boldsymbol{N}_m^o)^T\boldsymbol{\iota}_m^{or}, & m=1, \cdots, M \\
\mathbf{1}^T\boldsymbol{\iota}_{xm}^j=1, & m=1, \cdots, M, j \in \{o, r\} \\
\mathbf{1}^T\boldsymbol{\iota}_{Lm}^j=1, & m=1, \cdots, M, j \in \{o, r\} \\
\mathbf{1}^T\boldsymbol{\iota}_m^{or}=1, & m=1, \cdots, M \\
\boldsymbol{\iota}_{xm}^j, \boldsymbol{\iota}_{Lm}^j, \boldsymbol{\iota}_m^{or} \in \{\mathbf{0}, \mathbf{1}\}, & m=1, \cdots, M, j \in \{o, r\} \\
x_m^j=\underline{x}_m^j+\mathbf{1}^T\hat{\boldsymbol{x}}_m^j, & m=1, \cdots, M, j \in \{o, r\} \\
L_m=\underline{L}_m+\mathbf{1}^T\hat{\boldsymbol{L}}_m^j, & m=1, \cdots, M, j \in \{o, r\} \\
p_m^r=\underline{p}_m^r+\mathbf{1}^T\hat{\boldsymbol{p}}_m^{or}, & m=1, \cdots, M \\
\mathbf{0} \leqslant \hat{\boldsymbol{x}}_m^j \leqslant (\overline{x}_m^j-\underline{x}_m^j)\boldsymbol{\iota}_{xm}^j, & m=1, \cdots, M, j \in \{o, r\} \\
\mathbf{0} \leqslant \hat{\boldsymbol{L}}_m^j \leqslant (\overline{L}_m-\underline{L}_m)\boldsymbol{\iota}_{Lm}^j, & m=1, \cdots, M, j \in \{o, r\} \\
\mathbf{0} \leqslant \hat{\boldsymbol{p}}_m^{or} \leqslant (\overline{p}_m^r-\underline{p}_m^r)\boldsymbol{\iota}_m^{or}, & m=1, \cdots, M
\end{cases}
\tag{5-35}
$$

其中，$I(o)=1$，$I(r)=0$，$\boldsymbol{z}_1^j=(z_{11}^j, \cdots, z_{1M}^j)^T$，$\boldsymbol{z}_2^j=(z_{21}^j, \cdots, z_{2M}^j)^T$，$\boldsymbol{z}^{or}=(z_1^{or}, \cdots, z_M^{or})^T$，$\boldsymbol{\alpha}^j=(\alpha_1^j, \cdots, \alpha_M^j)^T$，$\boldsymbol{\delta}=(\delta_1, \cdots, \delta_M)^T$，$\boldsymbol{N}_m^j=(1, 2, \cdots,$

$N^j_m)^T$ 和 $\hat{\boldsymbol{N}}^j_m=(0,\ 1,\ \cdots,\ N^j_m-1)^T$。$\mathbf{0}$ 和 $\mathbf{1}$ 分别表示适维的、元素分别为 0 和 1 向量。向量 z^j_1，z^o_2，z^r_2 和 z^{or} 中的元素分别为：

$$z^j_{1m}=\max\{-p^j_m\underline{x}^j_m-(\underline{p}^j_m\mathbf{1}^T\hat{\boldsymbol{x}}^j_m+A^j_m(\boldsymbol{N}^j_m)^T\hat{\boldsymbol{x}}^j_m)+\gamma^j_{xm},\ -p^j_m\overline{x}^j_m-(\underline{p}^j_m\mathbf{1}^T\hat{\boldsymbol{x}}^j_m-\underline{p}^j_m(\overline{x}^j_m-\underline{x}^j_m)\mathbf{1}^T\boldsymbol{\iota}^j_{xm}+A^j_m(\hat{\boldsymbol{N}}^j_m)^T\hat{\boldsymbol{x}}^j_m-A^j_m(\overline{x}^j_m-\underline{x}^j_m)(\hat{\boldsymbol{N}}^j_m)^T\boldsymbol{\iota}^j_{xm})+\gamma^j_{xm}\}$$

$$z^o_{2m}=\max\{p^o_m\underline{L}_m+\underline{p}^o_m\mathbf{1}^T\hat{\boldsymbol{L}}^o_m+A^o_m(\hat{\boldsymbol{N}}^o_m)^T\hat{\boldsymbol{L}}^o_m+\gamma^o_{Lm},\ p^o_m\overline{L}_m+\underline{p}^o_m\mathbf{1}^T\hat{\boldsymbol{L}}^o_m-\underline{p}^o_m(\overline{L}_m-\underline{L}_m)\mathbf{1}^T\boldsymbol{\iota}^o_{Lm}+A^o_m(\boldsymbol{N}^o_m)^T\hat{\boldsymbol{L}}^o_m-A^o_m(\overline{L}_m-\underline{L}_m)(\boldsymbol{N}^o_m)^T\boldsymbol{\iota}^o_{Lm}+\gamma^o_{Lm}\}$$

$$z^r_{2m}=\max\{-p^r_m\underline{L}_m-(\underline{p}^r_m\mathbf{1}^T\hat{\boldsymbol{L}}^r_m+A^r_m(\boldsymbol{N}^r_m)^T\hat{\boldsymbol{L}}^r_m)+\gamma^r_{Lm},\ -p^r_m\overline{L}_m-(\underline{p}^r_m\mathbf{1}^T\hat{\boldsymbol{L}}^r_m-\underline{p}^r_m(\overline{L}_m-\underline{L}_m)\mathbf{1}^T\boldsymbol{\iota}^r_{Lm}+A^r_m(\hat{\boldsymbol{N}}^r_m)^T\hat{\boldsymbol{L}}^r_m-A^r_m(\overline{L}_m-\underline{L}_m)(\hat{\boldsymbol{N}}^r_m)^T\boldsymbol{\iota}^r_{Lm})+\gamma^r_{Lm}\}$$

$$z^{or}_m=\max\{-p^o_m\underline{p}^r_m-(\underline{p}^o_m\mathbf{1}^T\hat{\boldsymbol{p}}^{or}_m+A^o_m(\boldsymbol{N}^o_m)^T\hat{\boldsymbol{p}}^{or}_m)+\gamma^{or}_m,\ -p^o_m\overline{p}^r_m-(\underline{p}^o_m\mathbf{1}^T\hat{\boldsymbol{p}}^{or}_m-\underline{p}^o_m(\overline{p}^r_m-\underline{p}^r_m)\mathbf{1}^T\boldsymbol{\iota}^{or}_m+A^o_m(\hat{\boldsymbol{N}}^o_m)^T\hat{\boldsymbol{p}}^{or}_m-A^o_m(\overline{p}^r_m-\underline{p}^r_m)(\hat{\boldsymbol{N}}^o_m)^T\boldsymbol{\iota}^{or}_m)+\gamma^{or}_m\}$$

$m=1,\ \cdots,\ M,\ j\in\{o,\ r\}$。

从而，模型（5-34）的分段仿射松弛近似模型可描述为下述 MIQP，即

$$\begin{aligned}
&\min_{\substack{\boldsymbol{p}^o,\boldsymbol{p}^r,\boldsymbol{x}^j,\boldsymbol{L},\tau^j,w^j_i,\\ \boldsymbol{\beta}^j_{ik},\eta^j,g^j_i,t^j,\boldsymbol{\kappa}^j_{im},\hat{\boldsymbol{x}}^j_m,\\ \boldsymbol{\iota}^j_{xm},\hat{\boldsymbol{L}}^j_m,\boldsymbol{\iota}^j_{Lm},\hat{\boldsymbol{p}}^{or}_m,\boldsymbol{\iota}^{or}_m,\\ i=1,\cdots,N,m=1,\cdots,M,k=1,2,j\in\{o,r\}}} && \tau^o\varepsilon_o+\tau^r\varepsilon_r+\frac{1}{N}\sum_{i=1}^{N}w^o_i+w^r_i\\
&\text{s.t.}\ \|(\mathbf{K}^j)^T\boldsymbol{\beta}^j_{ik}-\boldsymbol{\phi}^j_k\|_*\leqslant\tau^j, && i=1,\cdots,N,\ k=1,2,\ j\in\{o,r\}\\
&\eta^j\varepsilon_j+\frac{1}{N}\sum_{i=1}^{N}g^j_i\leqslant-t^j\vartheta^j, && j\in\{o,r\}\\
&g^j_i\geqslant(f^j_m(\boldsymbol{p}^o,\boldsymbol{p}^r,\boldsymbol{x}^j,\boldsymbol{L})-t^j+ && i=1,\cdots,N,\ m=1,\cdots,M,\ j\in\{o,r\}\\
&\quad\langle(\boldsymbol{e}_m-(\mathbf{K}^j)^T\boldsymbol{\kappa}^j_{im}),\hat{\boldsymbol{\xi}}^{ji}\rangle+\langle\boldsymbol{\kappa}^j_{im},\boldsymbol{\xi}^j_b\rangle)^+ &&\\
&\|\boldsymbol{e}_m-(\mathbf{K}^j)^T\boldsymbol{\kappa}^j_{im}\|_*\leqslant\eta^j, && i=1,\cdots,N,\ m=1,\cdots,M,\ j\in\{o,r\}\\
&\boldsymbol{\beta}^j_{ik}\geqslant\mathbf{0}, && i=1,\cdots,N,\ k=1,2,\ j\in\{o,r\}\\
&\boldsymbol{\kappa}^j_{im}\geqslant\mathbf{0}, && i=1,\cdots,N,\ m=1,\cdots,M,\ j\in\{o,r\}\\
&\text{约束}(5-35) &&
\end{aligned}\tag{5-36}$$

可利用最先进的求解器，如 Gurobi① 和 SCIP②，对模型（5-36）进行求解。

5.5 数值分析

为了验证基于 Wasserstein 度量的数据驱动鲁棒运作决策在应对需求不确定性方面的有效性，对本章所建模型进行数值计算。相关参数赋值为：$M=2$，$\boldsymbol{a}=(900,\ 1000)^T$，$\boldsymbol{\zeta}=(0.55,\ 0.55)^T$，$\boldsymbol{a}^o=(495,\ 550)^T$，$\boldsymbol{a}^r=(405,\ 450)^T$，$\boldsymbol{b}^o=(0.68,\ 0.65)^T$，$\boldsymbol{b}^r=(0.73,\ 0.70)^T$，$\boldsymbol{\alpha}^o=(0.60,\ 0.64)^T$，$\boldsymbol{\alpha}^r=(0.45,\ 0.54)^T$，$\vartheta^o=0.06$，$\vartheta^r=0.06$，$\delta_1=0.20$，$\delta_2=0.22$，$\boldsymbol{c}=(55,\ 46)^T$，$\boldsymbol{s}=(28,\ 22)^T$，$\boldsymbol{h}=(10,\ 8)^T$，$r_1^0=60$，$r_2^0=55$，$r_1^1=10$ 和 $r_2^1=6$。基于正态分布随机生成一组合理的具有代表性的且与市场需求结构相似的需求样本数据，用于构建 Wasserstein 不确定集。

数值实验是在 Intel Ⓡ CoreTM i5-4200U 2.30GHz 处理器，4GB RAM 的便携式计算机上采用 Matlab R2016a 编程，并调用 CVX 中的 Gurobi 优化器 9.0 版进行的，该优化器可有效求解具有线性、二次和二阶锥约束的 MIP 模型。

5.5.1 绩效评估

本节对基于所提方法得到的鲁棒策略进行绩效损失分析，并进一步在不同的样本规模下对所提方法的样本外性能进行评估，验证所提方法在应对需求不确定性方面的有效性。

5.5.1.1 绩效损失

为了评估不同样本规模 N 下的鲁棒运作策略导致的绩效损失，在正态分布下随机生成样本规模为 N 的需求样本，分别令 $N=100$，200，300，400，500，600 和 700。针对不同规模的样本，构建 Wasserstein 不确定集，通过求解模型（5-

① https：//www.gurobi.com/.

② https：//www.scipopt.org/.

36）计算不同样本规模下的鲁棒运作策略用于真实需求分布（正态分布）下的平均利润绩效，结果如图 5-1 所示。

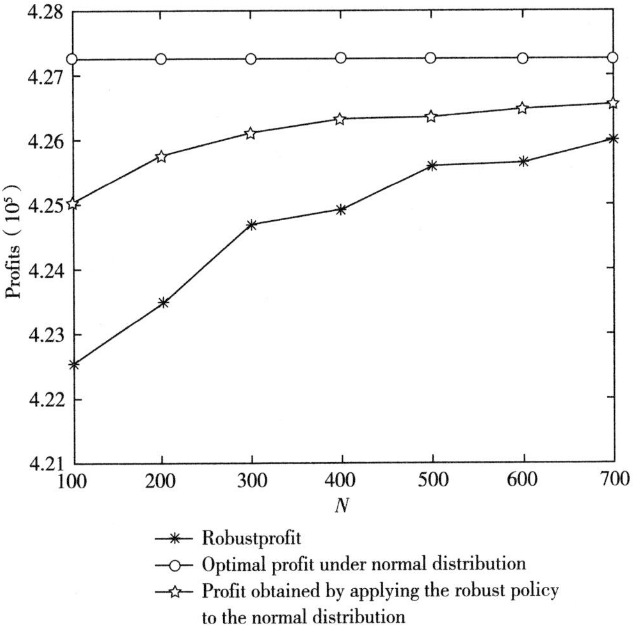

图 5-1 不同样本规模 N 下的期望利润

不确定集 D_W^j 随着样本规模 N 的增加而缩小，即样本规模越大，不确定集变得越紧致。由图 5-1 可以看出，零售商的鲁棒利润和将鲁棒策略应用于正态分布时的利润均随着样本规模 N 的增加而增加，这是由于样本规模 N 越大，数据集中包含的需求信息也越准确。同时，样本规模越大，正态分布下的最优利润与将鲁棒策略用于正态分布下的平均利润之差越小，说明需求信息越准确，所制定的鲁棒策略越接近最优情况。当 $N=100$ 和 $N=700$ 时，采取鲁棒策略时的绩效损失分别取得最大值 2226.49 和最小值 704.43，损失比例分别为 $\frac{427236.78-425010.29}{427236.78}\times 100\%=0.52\%$ 和 $\frac{427236.78-426532.35}{427236.78}\times 100\%=0.16\%$。绩效损失较低，表明基于本章数据驱动分布式鲁棒优化方法得到的鲁棒策略能够有效抑制需求不确定性对双渠道零售商利润绩效的影响，具有良好的鲁棒性。此算例结果亦表明，需求数据集所包含的需求信息的精度对决策制定至关重要，因此，零售商在经营过程中应注重收集日常销售数据，以提高决策的有效性。

样本规模 N 对单位零售价格、提前期和订货量决策的影响如表 5-2 所示。由表 5-2 可知，两渠道产品的订货量均随着样本规模 N 的增加而减小，但 N 的变化对两渠道产品的单位价格和在线提前期几乎没有影响。

表 5-2　不同样本规模 N 下的鲁棒策略

N	$\boldsymbol{p}^o$	$\boldsymbol{p}^r$	$\boldsymbol{x}^o$	$\boldsymbol{x}^r$	$\boldsymbol{L}$
100	(423, 516)	(381, 448)	(309, 347)	(277, 332)	(6, 8)
200	(423, 516)	(381, 451)	(309, 346)	(274, 322)	(6, 8)
300	(423, 516)	(381, 450)	(306, 344)	(275, 321)	(6, 8)
400	(423, 516)	(381, 450)	(306, 342)	(272, 323)	(6, 8)
500	(423, 516)	(381, 450)	(305, 341)	(272, 323)	(6, 8)
600	(423, 516)	(381, 452)	(305, 341)	(272, 321)	(6, 8)
700	(423, 516)	(381, 449)	(305, 341)	(272, 321)	(6, 8)

随着样本规模 N 的增加，模型（5-36）变得愈加复杂，因此求解时间随之增加。当 $N=100$ 时，求解模型（5-36）所用时间最短，为 25.53 秒；当 $N=700$ 时，所用时间最长，为 370.46 秒，计算成本相对较低。

5.5.1.2　样本外绩效

为了进一步验证本章数据驱动分布式鲁棒优化方法的有效性，利用 K-fold 交叉验证方法对样本外绩效进行评估，令 N 以 100 为步长从 100 增加到 700。将在线渠道的需求数据集 $S^o=\{\hat{\boldsymbol{\xi}}^{o1}, \hat{\boldsymbol{\xi}}^{o2}, \cdots, \hat{\boldsymbol{\xi}}^{oN}\}$ 和传统零售渠道的需求数据集 $S^r=\{\hat{\boldsymbol{\xi}}^{r1}, \hat{\boldsymbol{\xi}}^{r2}, \cdots, \hat{\boldsymbol{\xi}}^{rN}\}$ 分别随机划分成 $K=5$ 个不相交的子集，即 $\{S_1^o, \cdots, S_5^o\}$ 和 $\{S_1^r, \cdots, S_5^r\}$，每个子集 $S_{k'}^j$ 的大小为 $|D_V^{k'}|=\dfrac{N}{K}$。将子集 $S_{k'}^o \times S_{k'}^r$，$k'=1, \cdots, 5$，依次作为测试集，其余子集的并集作为训练集。基于训练集，求解模型（5-36）得最优鲁棒运作策略和零售商利润 $\pi_{ROP}^{k'}$，$k'=1, \cdots, 5$。进一步地，根据 $\pi_{OSP}^{k'}=\dfrac{1}{|D_V^{k'}|}\sum_{l=1}^{|D_V^{k'}|}\pi_{OSP}^{k'l}$ 计算平均样本外利润，其中 $\pi_{OSP}^{k'l}$ 表示将鲁棒策略应用于第 k'

个测试集的第 l 个需求数据观测值下的样本外利润。在运行 5 次之后，分别计算平均鲁棒利润 π_{ROP}、平均样本外利润 π_{OSP} 以及在线渠道和传统零售渠道的平均服务水平 SL_A^o 和 SL_A^r，其中，$\pi_{ROP}=\frac{1}{5}\sum_{k=1}^{5}\pi_{ROP}^k$，$\pi_{OSP}=\frac{1}{5}\sum_{k'=1}^{5}\pi_{OSP}^k$，结果如图 5-2 所示。

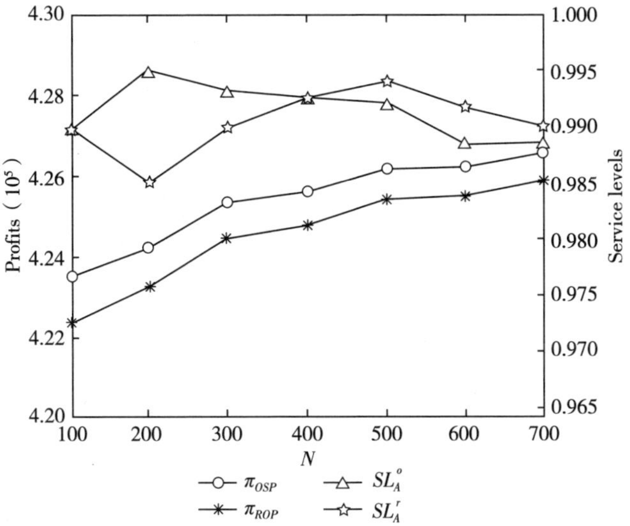

图 5-2　不同样本规模 N 下的期望利润和服务水平

由图 5-2 可以看出，平均样本外利润 π_{OSP} 高于平均鲁棒利润 π_{ROP}，表明本章提出的数据驱动分布式鲁棒优化方法具有良好的样本外性能。此外，由图 5-2 可以看出在线和传统零售渠道的服务水平均较高，当 $N=600$ 时，在线渠道的服务水平最低，为 98.83%，当 $N=200$ 时，传统零售渠道的服务水平最低，为 98.50%，但均高于预先设定的 94%的服务水平。

5.5.2　灵敏度分析

为了分析相关参数值的变化对零售商期望利润和鲁棒策略的影响，令 $N=200$，通过求解模型(5-36)对相关参数(如机会约束参数 ϑ^j、成本参数 r_m^1、价格敏感性 b_m^j、提前期敏感性 $\alpha_m^o-\alpha_m^r$ 和渠道偏好指数 ζ_m)进行敏感性分析。

5.5.2.1 机会约束参数对最优鲁棒策略和期望利润的影响

为了分析机会约束参数 ϑ^j 对鲁棒策略和期望利润的影响，令 ϑ^j 以 0.01 为步长从 0.01 增至 0.1，ϑ^j 值越大，表示预设的服务水平越低。零售商的最优鲁棒策略和期望利润随 ϑ^j 的变化情况如表 5-3 所示。由表 5-3 可以看出，随着 ϑ^j 的增加，在线渠道和传统零售渠道的产品订货量减少，但总期望利润呈现相反趋势，这是因为联合机会约束随着 ϑ^j 的增加而变得更加松弛。此外，ϑ^j 值的变化对最优价格和最优提前期决策几乎没有影响。需要指出的是，虽然较高的 ϑ^j 值可使零售商获得较高的期望利润，但零售商应兼顾企业的长远发展，即确定适当的服务水平(对 ϑ^j 设置恰当的数值)，以平衡企业的短期收入和长期发展。

表 5-3　不同 ϑ^j 下鲁棒策略和期望利润

ϑ^j	$\boldsymbol{p}^o$	$\boldsymbol{p}^r$	$\boldsymbol{x}^o$	$\boldsymbol{x}^r$	$\boldsymbol{L}$	利润
0.01	(423, 516)	(381, 450)	(311, 350)	(280, 330)	(6, 7)	422318
0.02	(423, 516)	(381, 450)	(311, 350)	(280, 330)	(6, 7)	422318
0.03	(423, 516)	(381, 450)	(311, 350)	(280, 330)	(6, 7)	422318
0.04	(423, 516)	(381, 450)	(311, 350)	(277, 332)	(6, 7)	422369
0.05	(423, 516)	(381, 450)	(310, 349)	(274, 327)	(6, 7)	422891
0.06	(423, 516)	(381, 451)	(309, 346)	(274, 322)	(6, 7)	423474
0.07	(423, 516)	(381, 450)	(307, 344)	(274, 318)	(6, 7)	423954
0.08	(423, 516)	(381, 450)	(306, 342)	(271, 317)	(6, 7)	424352
0.09	(423, 516)	(381, 450)	(304, 341)	(270, 315)	(6, 7)	424672
0.10	(423, 516)	(381, 451)	(303, 340)	(269, 314)	(6, 7)	424938

5.5.2.2 成本参数对最优鲁棒策略和期望利润的影响

不同成本参数(r_1^1, r_2^1)下，计算零售商鲁棒策略和期望利润如表 5-4 所示，其中，表 5-4 第一列给出了(r_1^1, r_2^1)的不同取值。

表 5-4　不同参数 r_1^1 和 r_2^1 下鲁棒策略和期望利润

(r_1^1, r_2^1)	$\boldsymbol{p}^o$	$\boldsymbol{p}^r$	$\boldsymbol{x}^o$	$\boldsymbol{x}^r$	$\boldsymbol{L}$	利润
(14, 10)	(424, 516)	(381, 450)	(310, 348)	(273, 321)	(4, 5)	423804

续表

(r_1^1, r_2^1)	$\boldsymbol{p}^o$	$\boldsymbol{p}^r$	$\boldsymbol{x}^o$	$\boldsymbol{x}^r$	$\boldsymbol{L}$	利润
(13, 9)	(424, 516)	(381, 451)	(310, 347)	(273, 320)	(5, 6)	423759
(12, 8)	(424, 516)	(381, 451)	(309, 347)	(273, 321)	(5, 6)	423701
(11, 7)	(423, 516)	(381, 450)	(309, 346)	(274, 322)	(5, 7)	423617
(10, 6)	(423, 516)	(381, 451)	(309, 346)	(274, 322)	(6, 8)	423474
(9, 5)	(423, 516)	(381, 451)	(309, 345)	(274, 323)	(6, 9)	423277
(8, 4)	(423, 516)	(381, 450)	(308, 344)	(275, 324)	(7, 11)	423002

由表5-4可见，随着(r_1^1, r_2^1)的减小，零售商总期望利润降低。当(r_1^1, r_2^1)减小时，为了弥补运输成本的增加，零售商增加了在线提前期$\boldsymbol{L}$，导致在线渠道需求降低，传统零售渠道需求增加。因此，为了满足传统零售渠道中不断增长的需求，零售商需增加产品订货量$\boldsymbol{x}^r$。然而，为了应对在线渠道需求的下降，零售商需减少订货量$\boldsymbol{x}^o$。此外，由表5-4可以看出，两种渠道的最优零售价格几乎不随(r_1^1, r_2^1)值的变化而变化。

5.5.2.3　提前期敏感性对最优鲁棒策略和期望利润的影响

α_m^o与α_m^r之差可理解为在线提前期每增加一个单位导致的销售损失量，即从两渠道中流失的需求数量。为了分析α_m^o和α_m^r的不同差值，即不同的提前期敏感性，对鲁棒策略及期望利润的影响，令$(\alpha_1^r, \alpha_2^r)=(0.15, 0.20)$，并且令$\alpha_m^o-\alpha_m^r$以0.1为步长从0.05增加到0.75。$\alpha_m^o$值越大，表示顾客对更好的服务有更高的期望。在不同的$\alpha_m^o-\alpha_m^r$下，计算零售商的鲁棒策略和期望利润，结果如表5-5所示。结果表明，随着$\alpha_m^o-\alpha_m^r$的增加，零售商选择缩短在线提前期，以防止较高的提前期敏感性导致过多的销售损失。然而，缩短提前期$\boldsymbol{L}$未能完全阻止在线渠道需求的减少和销售损失，从而导致订货量$\boldsymbol{x}^o$和总期望利润的降低。此外，订货量$\boldsymbol{x}^r$以及销售价格$\boldsymbol{p}^o$和$\boldsymbol{p}^r$几乎不受$\alpha_m^o-\alpha_m^r$变化的影响。

表5-5　不同提前期敏感性$\alpha_m^o-\alpha_m^r$下鲁棒策略和期望利润

$\alpha_m^o-\alpha_m^r$	$\boldsymbol{p}^o$	$\boldsymbol{p}^r$	$\boldsymbol{x}^o$	$\boldsymbol{x}^r$	$\boldsymbol{L}$	利润
0.05	(423, 516)	(381, 450)	(311, 349)	(272, 320)	(6, 9)	424204

续表

$\alpha_m^o-\alpha_m^r$	p^o	p^r	x^o	x^r	L	利润
0.15	(423, 515)	(381, 450)	(311, 348)	(272, 320)	(6, 8)	423598
0.25	(423, 516)	(381, 450)	(310, 348)	(273, 320)	(5, 7)	423033
0.35	(423, 516)	(381, 450)	(310, 347)	(273, 320)	(5, 7)	422495
0.45	(423, 516)	(380, 450)	(309, 347)	(273, 319)	(5, 6)	421985
0.55	(423, 516)	(380, 450)	(309, 347)	(273, 319)	(5, 6)	421508
0.65	(423, 516)	(381, 450)	(308, 347)	(272, 319)	(5, 5)	421061
0.75	(423, 516)	(381, 450)	(308, 347)	(272, 319)	(5, 5)	420641

5.5.2.4 价格敏感性对最优鲁棒策略和期望利润的影响

为了分析价格敏感性 $\boldsymbol{b}^j$ 对鲁棒策略和总期望利润的影响，令 $\boldsymbol{b}^j=(1+\hbar^j)\boldsymbol{b}_0^j$，$j\in\{o, r\}$，其中，$\boldsymbol{b}_0^o=(0.68, 0.65)^T$，$\boldsymbol{b}_0^r=(0.73, 0.70)^T$，$\hbar^j$ 以 0.05 为步长从-0.20 增加到 0.2，从而，$\boldsymbol{b}^j$ 随着 $\hbar^j$ 的变化而变化，计算结果如表 5-6 和表 5-7 所示。结果表明，随着 $\hbar^o$ 或 $\hbar^r$ 的增加，零售商通过降低零售价格 $\boldsymbol{p}^o$ 和 $\boldsymbol{p}^r$ 来应对较高的价格敏感性可能导致的需求下降，并且 $\hbar^o$ 对 $\boldsymbol{p}^o$ 的影响最为显著。同时，最优在线提前期随着 $\hbar^o(\hbar^r)$ 的增加而缓慢增加(减少)，订货量 $\boldsymbol{x}^o$ 和 $\boldsymbol{x}^r$ 也随着价格敏感性 $\boldsymbol{b}^o$ 和 $\boldsymbol{b}^r$ 的变化而变化。此外，随着 $\hbar^o$ 和 $\hbar^r$ 的增加，总期望利润降低。

表 5-6　不同价格敏感性 b_m^o 下鲁棒策略和期望利润

$\hbar^o$	p^o	p^r	x^o	x^r	L	利润
-0.20	(488, 581)	(400, 471)	(252, 387)	(269, 317)	(5, 7)	488695
-0.15	(486, 579)	(391, 463)	(252, 353)	(277, 324)	(5, 7)	471282
-0.10	(476, 572)	(389, 462)	(260, 321)	(277, 324)	(6, 8)	454026
-0.05	(424, 516)	(384, 450)	(309, 346)	(271, 322)	(6, 8)	438485
0	(423, 516)	(381, 451)	(309, 346)	(274, 322)	(6, 8)	423474
0.05	(423, 511)	(377, 450)	(309, 350)	(277, 321)	(6, 8)	408480
0.10	(416, 454)	(376, 440)	(314, 398)	(277, 318)	(6, 8)	395288
0.15	(361, 453)	(372, 437)	(362, 398)	(270, 321)	(6, 8)	383040
0.20	(361, 452)	(370, 433)	(362, 398)	(272, 324)	(6, 8)	371717

表 5-7　不同价格敏感性 b_m^r 下鲁棒策略和期望利润

$\bar{b}^r$	p^o	p^r	x^o	x^r	L	利润
-0.20	(436, 530)	(434, 529)	(308, 351)	(222, 337)	(6, 9)	477895
-0.15	(434, 526)	(426, 492)	(308, 346)	(230, 335)	(6, 8)	463204
-0.10	(433, 523)	(419, 481)	(309, 346)	(236, 311)	(6, 8)	449782
-0.05	(428, 520)	(400, 469)	(309, 346)	(257, 306)	(6, 8)	436528
0	(423, 516)	(381, 451)	(309, 346)	(274, 322)	(6, 8)	423474
0.05	(420, 512)	(368, 433)	(309, 346)	(285, 337)	(6, 8)	411320
0.10	(416, 509)	(350, 421)	(309, 346)	(301, 348)	(6, 8)	399880
0.15	(414, 506)	(343, 407)	(309, 345)	(308, 360)	(6, 8)	389235
0.20	(412, 502)	(331, 392)	(309, 345)	(318, 373)	(6, 8)	379278

5.5.2.5　渠道偏好指数对最优鲁棒策略和期望利润的影响

进一步地，分析不同的消费者渠道偏好指数 ζ_m 对鲁棒策略和总期望利润的影响，令 ζ_m 以 0.04 为步长从 0.40 增加到 0.68，结果如表 5-8 所示。ζ_m 值越大，意味着有更多顾客选择在线渠道。

表 5-8　不同消费者渠道偏好指数 ζ_m 下鲁棒策略和期望利润

ζ_m	p^o	p^r	x^o	x^r	L	利润
0.40	(369, 444)	(435, 515)	(232, 272)	(348, 398)	(6, 9)	425458
0.44	(373, 466)	(421, 491)	(262, 288)	(326, 384)	(6, 9)	421639
0.48	(413, 463)	(411, 477)	(261, 328)	(307, 356)	(6, 8)	419885
0.52	(426, 513)	(391, 464)	(282, 321)	(292, 339)	(6, 8)	420634
0.56	(423, 516)	(377, 450)	(318, 356)	(268, 312)	(6, 8)	424528
0.60	(474, 511)	(366, 429)	(307, 396)	(253, 291)	(6, 8)	429887
0.64	(476, 568)	(350, 417)	(338, 384)	(232, 274)	(6, 7)	438893
0.68	(472, 564)	(335, 400)	(374, 423)	(209, 249)	(6, 7)	449926

由表 5-8 可以看出，最优价格 $\boldsymbol{p}^o(\boldsymbol{p}^r)$ 和最优订货量 $\boldsymbol{x}^o(\boldsymbol{x}^r)$ 均随着 ζ_m 的值的增加而增加(减小)。同时，随着 ζ_m 的增加，最优提前期 $\boldsymbol{L}$ 略有下降，而期望利润先减小后增加。当 $\zeta_m = 0.50$ 时，利润取得最小值。当消费者的在线渠道偏好

指数相对较高或较低时，零售商获得的利润均较高，说明在总的潜在市场需求固定的情况下，零售商应采取适当的措施，如提高服务水平，以增加顾客的线上或线下渠道忠诚度。然而，应鼓励双渠道零售商尽力满足两渠道中消费者的需求，通过广告宣传、价格促销等手段，挖掘新的消费者群体，增加销售额，追求企业的未来发展。

5.6 管理启示

本章提出的基于 Wasserstein 度量的数据驱动分布式鲁棒优化方法可为具有在线直销渠道和传统零售渠道的企业管理者在需求不确定环境下制定合理的价格、订货量和在线提前期决策提供有效的决策支持。基于模型分析和数值结果，管理见解总结如下：

（1）大量收集历史销售数据有利于提高总期望利润。面对高度不确定的市场环境，零售商应注重收集日常销售数据，以获得更准确的需求信息，从而提高策略的制定水平。

（2）设置的服务水平越低，总期望利润越高。然而，较低的服务水平会对品牌和顾客忠诚度产生负面影响，严重影响零售商的竞争优势。因此，对于零售商而言，确保适当的服务水平至关重要，以平衡企业的短期利润和长期发展。

（3）提前期敏感性越高，说明消费者对更好的服务寄予更高的期望。提前期是衡量服务质量的关键因素，缩短在线提前期可有助于减少销售损失，但可能会导致投资成本的增加。因此，零售商应该谨慎管理提前期，以平衡其收益和成本。

（4）价格敏感性提高时，零售商可适当降低产品价格，以弥补价格敏感性的增加对需求的影响，并相应地确定订货量和提前期决策，以保持较高的利润绩效。在激烈的市场竞争中，零售商之间的价格竞争是不可避免的，零售商必须谨慎制定价格策略，以保证企业的生存和发展。

（5）当消费者对在线渠道的偏好指数增加时，更多的消费者愿意选择在线渠道，零售商的总期望利润先下降后增加。对零售商来说，适当提高消费者对线上或线下渠道的偏好是有利的，但应积极采取措施使得两渠道均尽可能地吸引新消费者，以提高产品销量，这对企业的未来发展至关重要。

5.7 本章小结

本章针对服务水平约束下的双渠道多产品库存决策问题，将产品需求定义为关于价格和在线提前期的线性函数，利用 Wasserstein 度量构建了需求概率分布不确定集，建立了带有联合机会约束的数据驱动分布式鲁棒优化模型。进一步，利用拉格朗日对偶方法、CVaR 近似和分段仿射松弛技术，将所建模型转化为了易于求解的 MIQP，确定了最优订货量、价格和在线提前期决策。最后，通过数值计算评估了本章方法导致的绩效损失，分析了交货时间敏感性、价格敏感性和消费者渠道偏好等关键参数对决策和利润的影响。数值结果表明，本章提出的基于 Wasserstein 度量的数据驱动分布式鲁棒优化方法会导致一定的绩效损失，但损失值很小，能够有效抑制需求的不确定性扰动，可为运营在线和传统零售两种渠道的零售商提供有力的决策支持。

第6章　预算约束下基于Bootstrap的数据驱动多产品库存鲁棒优化模型

6.1　引言

随着市场竞争的日益激烈，不确定性已经成为供应链的固有属性。在实践中，零售商在采购之初不仅面临着市场需求的不确定性，也常常面临着供应商的供应（产量）不确定性，比如在半导体、蔬菜和电子产品等行业广泛存在着市场需求和供应方面的不确定性。

需求不确定性增加了需求的预测难度，可能会造成库存过量或失销，增加订货周期的不稳定性以及库存管理方面的困难。供应不确定性会降低供应的可靠性，增加企业的供应风险。供应风险已被公认为是供应链成功的主要挑战之一，可造成严重的经济后果。剑桥科技2020年10月发布报告①显示，受新冠疫情及市场环境变化影响，关键元器件供应不足，导致部分无线产品的客户订单推迟交付，影响了其公司的整体利润，公司前三个季度净利润亏损达1.26亿元。在当前全球经济环境下，供应方面的风险越来越高。为了降低供应风险，一些企业如美国制造商，更倾向于从两个或多个供应商进行采购。多源采购是企业减少潜在

① https：//baijiahao. baidu. com/s？ id=1680703530933289041&wfr=spider&for=pc.

供应中断或风险的有效策略。然而，不同供应商之间的产出可能具有一定的相关性，影响着零售商的订货策略。例如，1999 年 9 月 21 日，台湾地震袭击了摩托罗拉的供应商台积电和联华电子公司，这两家公司的产出存在一定的相关性，导致摩托罗拉可选择的供应方案变得更少（Yan 等，2012）。由此可见，有效应对需求不确定性扰动和潜在的供应风险对企业来说至关重要，同时也极具挑战性。特别地，亟须注重不同供应商之间的产出的相关性对决策和绩效的影响。

据此，本章在市场需求和供应商产出率不确定条件下，针对零售商多产品库存决策问题进行研究，其中，零售商可同时向多个供应商订购多种产品，但预算资金有限。供应商的产出率具有一定的相关性。产品需求是关于当前库存水平的线性函数。采用 Bootstrap 方法估计需求均值和标准差及产出率均值和标准差，在此基础上，基于绝对鲁棒性建模准则建立了具有预算约束的多产品库存分布式鲁棒优化模型。进一步地，通过数学推导，将所建模型等价转化为了易于求解的凸规划模型。针对仅存在一个可信赖或不可信赖供应商的情形，利用拉格朗日乘子法确定了零售商订货量的闭式解，并给出了相应的求解算法。针对存在两个（一个完全可信赖，另一个不可信赖）、多个同类和多个非同类供应商的情形，探究了零售商的订货决策。最后，通过数值计算评估了 DRO 方法导致的绩效损失，分析预算、单位采购成本、需求均值和标准差、产出率均值和标准差以及产出率相关系数对零售商库存策略和利润绩效的影响，并在实际应用中对基于本章方法得到的最优库存策略的样本外性能进行评估。本章方法具有良好的鲁棒性和样本外性能，可为管理者在供需不确定性环境下制定库存策略提供有效决策借鉴。

6.2　基本模型描述

本节对供需不确定环境下的多供应商多产品库存决策问题进行描述，给出模型所涉及的数学符号的定义与说明，并构建基本模型。

考虑单周期环境下，经营多种产品的零售商的库存决策问题。零售商作为库存管理者，其预算资金有限，并且面临着不确定的市场需求和不确定产出率。为了降低随机产出带来的供应风险，零售商进行多源采购，以一定的单位采购成本向不同的供应商下订单。由于不可控因素，供应商的产出能力各不相同，如果供应商能够完全履行零售商的订单，则认为此供应商是完全可信赖的，反之是不可信赖的。产品需求依赖于订单交付时零售商的库存水平。在销售季节开始之前，零售商需确定向哪些供应商下订单以及订购多少数量。订单交付后，销售立即开始，零售商以一定的单位零售价格出售产品。在销售期末，若有产品剩余，零售商将进行清仓处理，获取相应的残值收益。

为便于理解，下面对本章中所涉及的一些常用数学符号做简要说明，如表 6-1 所示。未在表 6-1 中列出的相关符号将在本书中做具体说明。

表 6-1 符号说明

通用符号	含义及说明
i	产品种类，$i=1, \cdots, N$，N 为一正整数
j	供应商编号，$j=1, \cdots, M$，M 为一正整数
a_i	产品 i 的市场规模
b_i	产品 i 的库存弹性
c_{ji}	零售商从供应商 j 订购产品 i 的单位采购成本
s_i	产品 i 的单位残值
p_i	产品 i 的单位零售价格，满足 $p_i>c_{ji}>s_i\geqslant 0$
B	零售商的采购预算
随机变量	含义及说明
D_i	产品 i 的需求
ξ_i	需求函数 D_i 中的随机需求变量
α_{ji}	供应商 j 对产品 i 的随机产出率
统计量	含义及说明
ν_i	随机变量 ξ_i 的均值
τ_i	随机变量 ξ_i 的标准差
μ_{ji}	产出率 α_{ji} 的均值
σ_{ji}	产出率 α_{ji} 的标准差
决策变量	含义及说明
Q_{ji}	零售商向供应商 j 订购产品 i 的数量

基于上述问题描述，零售商从供应商 j 处获得的产品 i 的实际数量可描述为 $\alpha_{ji}Q_{ji}$。从而，产品 i 的需求函数定义如下：

$$D_i = a_i + b_i\left(\sum_{j=1}^{M}\alpha_{ji}Q_{ji}\right) + \xi_i,\quad \forall i = 1, \cdots, N$$

D_i 是关于产品 i 交付时零售商所拥有的库存水平的线性函数。

在销售季节开始之前，零售商以单位成本 c_{ji} 向供应商 j 下 Q_{ji} 个单位订单以满足销售期间的顾客需求。为符号描述简便，令 $\boldsymbol{c}_j = (c_{j1}, c_{j2}, \cdots, c_{jN})^T$ 表示向供应商 j 下订单时的单位成本向量，$\boldsymbol{\mu}_j = (\mu_{j1}, \mu_{j2}, \cdots, \mu_{jN})^T$ 和 $\boldsymbol{\sigma}_j = (\sigma_{j1}, \sigma_{j2}, \cdots, \sigma_{jN})^T$ 分别表示供应商 j 产出率均值和标准差向量，$\boldsymbol{\nu} = (\nu_1, \nu_2, \cdots, \nu_N)^T$ 和 $\boldsymbol{\tau} = (\tau_1, \tau_2, \cdots, \tau_N)^T$ 分别表示需求均值和标准差向量。销售季节开始，零售商以单位零售价格 p_i 出售产品 i。由于产品需求不确定，在销售季节结束时可能存在库存积压，对于超出市场需求的部分，零售商以单位残值 s_i 将其处理。令 $\boldsymbol{p} = (p_1, p_2, \cdots, p_N)^T$ 和 $\boldsymbol{s} = (s_1, s_2, \cdots, s_N)^T$ 分别表示单位零售价格和单位残值向量。零售商的总期望利润函数可表示为：

$$\Pi(Q_{ji}) = \sum_{i=1}^{N}\left(p_i\mathbb{E}\min\left(\sum_{j=1}^{M}\alpha_{ji}Q_{ji}, D_i\right) + s_i\mathbb{E}\left(\sum_{j=1}^{M}\alpha_{ji}Q_{ji} - D_i\right)^+ - \mathbb{E}\left(\sum_{j=1}^{M}c_{ji}\alpha_{ji}Q_{ji}\right)\right) \tag{6-1}$$

其中，$v^+ := \max\{v, 0\}$，$\sum_{j=1}^{M}\alpha_{ji}Q_{ji} - D_i$ 为销售季节结束时产品 i 的剩余量。令 $\boldsymbol{Q}_i = (Q_{1i}, Q_{2i}, \cdots, Q_{Mi})^T$ 和 $\boldsymbol{\alpha}_i = (\alpha_{1i}, \alpha_{2i}, \cdots, \alpha_{Mi})^T$ 分别表示产品 i 的订货量向量和随机产出率向量，$\mathbb{C}_i = diag(c_{1i}, \cdots, c_{Mi}) \in \mathbb{R}^{M\times M}$，则式(6-1)可简化为：

$$\Pi(\boldsymbol{Q}_i) = \sum_{i=1}^{N}(p_i\mathbb{E}\min(\boldsymbol{\alpha}_i^T\boldsymbol{Q}_i, D_i) + s_i\mathbb{E}(\boldsymbol{\alpha}_i^T\boldsymbol{Q}_i - D_i)^+ - \mathbb{E}((\mathbb{C}_i\boldsymbol{Q}_i)^T\boldsymbol{\alpha}_i))$$

零售商的决策目标是在销售季节开始之前确定产品 i 的最优订货量 $\boldsymbol{Q}_i$，以在预算范围内期望利润最大化 $\Pi(\boldsymbol{Q}_i)$。因此，带有预算约束的多产品库存优化模型可描述为：

$$\max_{\boldsymbol{Q}_1,\cdots,\boldsymbol{Q}_N}\sum_{i=1}^{N}(p_i\mathbb{E}\min(\boldsymbol{\alpha}_i^T\boldsymbol{Q}_i, D_i) + s_i\mathbb{E}(\boldsymbol{\alpha}_i^T\boldsymbol{Q}_i - D_i)^+ - \mathbb{E}((\mathbb{C}_i\boldsymbol{Q}_i)^T\boldsymbol{\alpha}_i))$$

$$\text{s.t.}\ \mathbb{E}\left[\sum_{i=1}^{N}(\mathbb{C}_i\boldsymbol{Q}_i)^T\boldsymbol{\alpha}_i\right] \leqslant B \tag{6-2}$$

上述问题（6-2）等价于下述问题，即

$$\max_{Q_1,\cdots,Q_N} \sum_{i=1}^{N} ((p_i-s_i)(a_i+\nu_i)-((\mathbb{C}_i\boldsymbol{Q}_i)^T-p_ib_i\boldsymbol{Q}_i^T-s_i\boldsymbol{Q}_i^T+s_ib_i\boldsymbol{Q}_i^T)\boldsymbol{\mu}_i-(p_i-s_i)\mathbb{E}(D_i-\boldsymbol{\alpha}_i^T\boldsymbol{Q}_i)^+)$$

$$\text{s. t.} \sum_{i=1}^{N} (\mathbb{C}_i\boldsymbol{Q}_i)^T\boldsymbol{\mu}_i \leqslant B \tag{6-3}$$

其中，$\boldsymbol{\mu}_i=(\mu_{1i},\ \mu_{2i},\ \cdots,\ \mu_{Mi})^T$ 是产品 i 的产出率均值向量。

为了确定问题（6-3）的最优解 $\boldsymbol{Q}_i^*$，只需求解如下最小化问题：

$$\min_{Q_1,\cdots,Q_N} \sum_{i=1}^{N} (((\mathbb{C}_i\boldsymbol{Q}_i)^T-p_ib_i\boldsymbol{Q}_i^T-s_i\boldsymbol{Q}_i^T+s_ib_i\boldsymbol{Q}_i^T)\boldsymbol{\mu}_i+(p_i-s_i)\mathbb{E}(D_i-\boldsymbol{\alpha}_i^T\boldsymbol{Q}_i)^+)$$

$$\text{s. t.} \sum_{i=1}^{N} (\mathbb{C}_i\boldsymbol{Q}_i)^T\boldsymbol{\mu}_i \leqslant B \tag{6-4}$$

模型（6-4）中含有随机变量 $\boldsymbol{\alpha}_i$ 和 ξ_i，难以直接求解。假设 $\boldsymbol{\alpha}_i$ 和 ξ_i 的概率分布分别隶属于由具有相同一阶矩和二阶矩的一族概率分布构成的集合，表示为 $\boldsymbol{\alpha}_i\sim(\boldsymbol{\mu}_i,\ \Sigma_i)$ 和 $\xi_i\sim(\nu_i,\ \tau_i^2)$。式(6-4)的鲁棒对应可描述为

$$\min_{Q_1,\cdots,Q_N} \max_{\substack{\boldsymbol{\alpha}_i\sim(\boldsymbol{\mu}_i,\Sigma_i)\\ \xi_i\sim(\nu_i,\tau_i^2)\\ \forall i=1,\cdots,N}} \sum_{i=1}^{N} (((\mathbb{C}_i\boldsymbol{Q}_i)^T-p_ib_i\boldsymbol{Q}_i^T-s_i\boldsymbol{Q}_i^T+s_ib_i\boldsymbol{Q}_i^T)\boldsymbol{\mu}_i+(p_i-s_i)\mathbb{E}(D_i-\boldsymbol{\alpha}_i^T\boldsymbol{Q}_i)^+)$$

$$\text{s. t.} \sum_{i=1}^{N} (\mathbb{C}_i\boldsymbol{Q}_i)^T\boldsymbol{\mu}_i \leqslant B \tag{6-5}$$

令 $X_i=D_i-\boldsymbol{\alpha}_i^T\boldsymbol{Q}_i$，则 X_i 的均值和方差分别为 $\varpi_i=a_i+\nu_i+(b_i-1)\boldsymbol{\mu}_i^T\boldsymbol{Q}_i$ 和 $\varrho_i^2=\tau_i^2+(b_i-1)^2\boldsymbol{Q}_i^T\Sigma_i\boldsymbol{Q}_i$，其中，$\Sigma_i=(\rho_{jh}^i\sigma_{ji}\sigma_{hi})_{j,h=1,\cdots,M}$ 是一个 $M\times M$ 维的对称正半定协方差矩阵，ρ_{jh}^i 是 α_{ji} 和 α_{hi} 之间的相关系数。特别地，当 $j=h$ 时，$\rho_{jh}^i=1$；当 $j\neq h$ 时，如果 α_{ji} 和 α_{hi} 相互独立，则 $\rho_{jh}^i=0$。从而，

$$\max_{\substack{\boldsymbol{\alpha}_i\sim(\boldsymbol{\mu}_i,\Sigma_i)\\ \xi_i\sim(\nu_i,\tau_i^2)}} \mathbb{E}(D_i-\boldsymbol{\alpha}_i^T\boldsymbol{Q}_i)^+ = \max_{\mathbb{F}_i\in\Gamma_i(\varpi_i,\varrho_i^2)} \mathbb{E}(X_i)^+ \tag{6-6}$$

其中，$\mathbb{F}_i$ 是 X_i 的分布函数，$\Gamma_i(\varpi_i,\ \varrho_i^2)$是均值为 ϖ_i 方差为ϱ_i^2 的所有分布函数的集合。

下面利用 Bootstrap 方法在历史数据基础上探讨如何估计随机产出率和随机需求的一阶矩和二阶矩，并采用基于矩的方法构建概率分布不确定集 $\Gamma_i(\varpi_i,\ \varrho_i^2)$。

6.3　基于 Bootstrap 的概率分布不确定集构建及最差分布确定

本节首先给出了非参数 Bootstrap 的基本原理，可用于估计随机参数的统计量，如均值和标准差。其次，在已知不确定参数的矩信息下，构建基于矩的概率分布不确定集 $\Gamma_i(\varpi_i, \varrho_i^2)$。最后，在所建集合基础上确定使得期望值 $\mathbb{E}(X_i)^+$ 最大的最差分布，从而确定 $\Phi(X_i)=\max\limits_{\mathbf{F}_i\in\Gamma_i(\varpi_i,\varrho_i^2)}\mathbb{E}(X_i)^+$ 闭式表达式。

6.3.1　Bootstrap 基本原理

在统计学中，Bootstrap 是一种从给定训练集中有放回的均匀抽样。在介绍其基本原理之前，给出如下假设：

（1）令 δ 表示来自未知总体分布的某一总体统计量，如均值和标准差；

（2）令 $\hat{\xi}_1$，…，$\hat{\xi}_{\hat{n}}$ 表示来自总体的一组样本数据，称为原始样本数据，$\hat{n}$ 为一正整数；

（3）令 $\hat{\delta}$ 表示由该组样本数据得到的总体统计量 δ 的点估计，称为原始样本统计量；

（4）在原始样本数据中进行 $\hat{n}$ 次有放回的重复抽样，得到一组样本数据 $\hat{\xi}_1^*$，…，$\hat{\xi}_{\hat{n}}^*$，称为 Bootstrap 样本；

（5）令 δ^* 表示基于 Bootstrap 样本计算得到的统计量，称为 Bootstrap 样本统计量。

Bootstrap 基本思想是利用 Bootstrap 统计量的估计误差 $\Delta^*=\delta^*-\hat{\delta}$ 来近似原始样本统计量的估计误差 $\hat{\Delta}=\hat{\delta}-\delta$。在计算总体统计量 δ 的置信区间时，若已知 $\hat{\Delta}$ 的概率分布，则可直接确定某一置信水平下 δ 的置信区间，如 95%的置信区间为 $[\hat{\delta}-\hat{\Delta}_{0.025}, \hat{\delta}-\hat{\Delta}_{0.975}]$，其中，$\hat{\Delta}_{0.025}$ 和 $\hat{\Delta}_{0.975}$ 分别为 2.5%分位数和 97.5%分位数。$\hat{\Delta}$ 的概率分布未知，可利用 $[\delta^*-\Delta^*_{0.025}, \delta^*-\Delta^*_{0.975}]$ 来近似。当 Bootstrap 样本量足

够大时，根据大数定理，Δ^* 的概率分布可以很好地近似 $\hat{\Delta}$ 的概率分布。

依据上述假设和 Bootstrap 基本原理，对历史需求和产出率数据（数据规模为 $\hat{n}$）进行 $\hat{n}$ 次有放回的重复抽样，得 Bootstrap 样本。依据此样本，计算 Bootstrap 样本统计量，如一阶矩和二阶矩，用于估计随机需求和产出率的统计量，并确定统计量的满足一定置信水平的置信区间。

6.3.2 概率分布不确定集及最差分布

当已知随机需求和产出率的一阶矩和二阶矩时，构建未知参数 X_i 的概率分布不确定集如下：

定义 6.3.1 概率分布不确定集 $\Gamma_i(\varpi_i, \varrho_i^2)$ 可描述为：

$$\Gamma_i(\varpi_i,\ \varrho_i^2)=\left\{\mathbb{F}_i\ \middle|\ \begin{array}{l}\mathbb{F}_i[X_i]=1\\ \mathbb{E}_{\mathbb{F}_i}[X_i]=\varpi_i\\ \mathbb{E}_{\mathbb{F}_i}[X_i^2]=\varpi_i^2+\varrho_i^2\end{array}\right\} \tag{6-7}$$

下面给出式 $\Phi(X_i)=\max\limits_{\mathbb{F}_i\in\Gamma_i(\varpi_i,\varrho_i^2)}\mathbb{E}(X_i)^+$ 的闭式表达式。

根据式(6-7)，求解 $\max\limits_{\mathbb{F}_i\in\Gamma_i(\varpi_i,\varrho_i^2)}\mathbb{E}(X_i)^+$ 等价于求解下述数学规划问题：

$$\begin{aligned}
&\max_{\mathbb{F}_i}\int_{-\infty}^{\infty}f(X_i)\,d\mathbb{F}_i(X_i)\\
&\text{s. t.}\int_{-\infty}^{\infty}d\mathbb{F}_i(X_i)=1\\
&\int_{-\infty}^{\infty}X_i\,d\mathbb{F}_i(X_i)=\varpi_i\\
&\int_{-\infty}^{\infty}X_i^2\,d\mathbb{F}_i(X_i)=\varpi_i^2+\varrho_i^2\\
&d\mathbb{F}_i(X_i)\geqslant 0
\end{aligned} \tag{6-8}$$

其中，$f(X_i)=(X_i)^+$。

问题（6-8）的对偶问题可描述为：

$$\begin{aligned}
&\min_{y_{1i},y_{2i},y_{3i}}\ y_{1i}+y_{2i}\varpi_i+y_{3i}(\varpi_i^2+\varrho_i^2)\\
&\text{s. t. }y_{1i}+y_{2i}X_i+y_{3i}X_i^2\geqslant f(X_i),\quad \forall X_i\in\mathbb{R}
\end{aligned} \tag{6-9}$$

其中，y_{1i}、y_{2i} 和 y_{3i} 为对偶变量。

为了确定 $\Phi(X_i)$，首先构造一对原始—对偶可行解 $\mathbb{F}_i^*(X_i)$ 和 $(y_{1i}^*, y_{2i}^*, y_{3i}^*)$，其中，$\mathbb{F}_i^*(X_i)$ 为原问题(6-8)的最优解，$(y_{1i}^*, y_{2i}^*, y_{3i}^*)$ 为对偶问题(6-9)的最优解，需满足互补松弛条件 $\int_{-\infty}^{\infty}(y_{1i}^*+y_{2i}^*X_i+y_{3i}^*X_i^2-f(X_i))\,d\mathbb{F}_i^*(X_i)=0$。由强对偶理论可知，问题(6-8)和问题(6-9)有相同的目标值，为 $\mathbb{E}(X_i)^+$ 的紧致上界。

根据互补松弛条件，对任意的 X_i，原问题最优解 $\mathbb{F}_i^*(X_i)$ 拥有非零的概率当且仅当对偶问题最优解 $(y_{1i}^*, y_{2i}^*, y_{3i}^*)$ 满足式 $g(X_i)=f(X_i)$，其中 $g(X_i)=y_{1i}+y_{2i}X_i+y_{3i}X_i^2$。因此，原问题最优解 $\mathbb{F}_i^*(X_i)$ 在 $g(X_i)$ 和 $f(X_i)$ 的公共点处取得，如图 6-1 所示，函数 $g(X_i)$ 和 $f(X_i)$ 至多有两个交点，说明 X_i 的最差分布为两点分布。

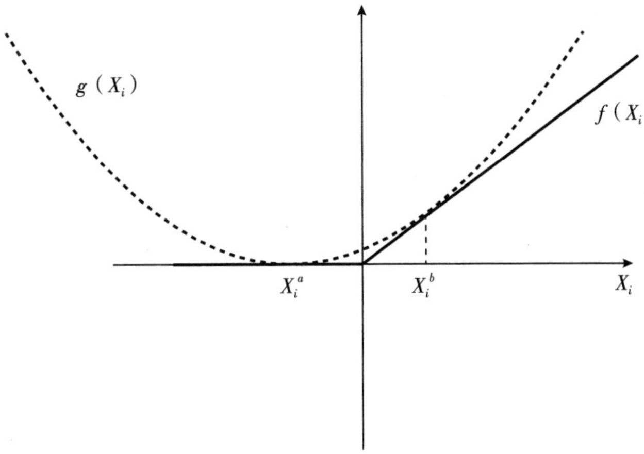

图 6-1　函数 $g(X_i)$ 和 $f(X_i)$ 的图形表示

假设 $g(X_i)$ 和 $f(X_i)$ 的两个切点的横坐标分别为 X_i^a 和 X_i^b，其中，$X_i^a<0$，$X_i^b>0$。由相切性质，得方程组

$$\begin{cases} y_{1i}+y_{2i}X_i^a+y_{3i}(X_i^a)^2=0, & y_{2i}+2y_{3i}X_i^a=0 \\ y_{1i}+y_{2i}X_i^b+y_{3i}(X_i^b)^2=X_i^b, & y_{2i}+2y_{3i}X_i^b=1 \end{cases} \tag{6-10}$$

从而，得 $X_i^a+X_i^b=0$。

根据原问题（6-8）中的约束条件，两点分布可构造为：

$$\begin{cases} P_{1i}+P_{2i}=1 \\ P_{1i}X_i^a+P_{2i}X_i^b=\varpi_i \\ P_{1i}(X_i^a)^2+P_{2i}(X_i^b)^2=\varpi_i^2+\varrho_i^2 \end{cases} \tag{6-11}$$

将 $X_i^a=-X_i^b$ 代入式(6-11)，得两点分布为：

$$\begin{cases} X_i^a=-\sqrt{\varpi_i^2+\varrho_i^2}, \quad P_{1i}=\dfrac{1}{2}\left(1-\dfrac{\varpi_i}{\sqrt{\varpi_i^2+\varrho_i^2}}\right) \\ X_i^b=\sqrt{\varpi_i^2+\varrho_i^2}, \quad P_{2i}=\dfrac{1}{2}\left(1+\dfrac{\varpi_i}{\sqrt{\varpi_i^2+\varrho_i^2}}\right) \end{cases}$$

进一步，将 X_i^a 和 X_i^b 代入方程组(6-10)，得 $y_{1i}^*=\dfrac{1}{4}\sqrt{\varpi_i^2+\varrho_i^2}$，$y_{2i}^*=\dfrac{1}{2}$和 $y_{3i}^*=\dfrac{1}{4\sqrt{\varpi_i^2+\varrho_i^2}}$。

综上，两点分布$\mathbb{F}_i^*(X_i)$：(X_i^a, P_{1i})，(X_i^b, P_{2i})是原问题的可行解，且满足互补松弛条件，因此是原问题(6-8)的最优解。同理，$(y_{1i}^*, y_{2i}^*, y_{3i}^*)$是对偶问题(6-9)的最优解。因此，问题(6-8)和问题(6-9)有相同的最优目标值，等于

$$\begin{aligned} &\max_{X_i}\mathbb{E}[f(X_i)]=f(X_i^a)P_{1i}+f(X_i^b)P_{2i} \\ &=y_{1i}^*+y_{2i}^*\varpi_i+y_{3i}^*(\varpi_i^2+\varrho_i^2) \\ &=\frac{1}{2}(\varpi_i+\sqrt{\varpi_i^2+\varrho_i^2}) \\ &=\frac{a_i+\nu_i+(b_i-1)\boldsymbol{\mu}_i^T\boldsymbol{Q}_i+\sqrt{\tau_i^2+(b_i-1)^2\boldsymbol{Q}_i^T\Sigma_i\boldsymbol{Q}_i+(a_i+\nu_i+(b_i-1)\boldsymbol{\mu}_i^T\boldsymbol{Q}_i)^2}}{2} \end{aligned}$$

即，$\mathbb{E}(X_i)^+$的上界。具体地，有下述引理 6.3.1 成立。

引理 6.3.1 （于辉等，2017）当已知随机变量 ξ_i 和 $\boldsymbol{\alpha}_i$ 的矩信息(ν_i, τ_i^2)和$(\boldsymbol{\mu}_i, \Sigma_i)$时，对于 ξ_i 和 $\boldsymbol{\alpha}_i$ 的任意概率分布，有如下等式成立：

$$\begin{aligned} &\max_{\substack{\boldsymbol{\alpha}_i\sim(\boldsymbol{\mu}_i,\Sigma_i)\\ \xi_i\sim(\nu_i,\tau_i^2)}}\mathbb{E}(D_i-\boldsymbol{\alpha}_i^T\boldsymbol{Q}_i)^+=\max_{\mathbb{F}_i\in\Gamma_i(\varpi_i,\varrho_i^2)}\mathbb{E}(X_i)^+ \\ &=\frac{a_i+\nu_i+(b_i-1)\boldsymbol{\mu}_i^T\boldsymbol{Q}_i+\sqrt{\tau_i^2+(b_i-1)^2\boldsymbol{Q}_i^T\Sigma_i\boldsymbol{Q}_i+(a_i+\nu_i+(b_i-1)\boldsymbol{\mu}_i^T\boldsymbol{Q}_i)^2}}{2} \end{aligned}$$

6.4 预算约束下数据驱动多产品库存鲁棒优化模型构建及求解

本节首先针对仅有一个可信赖或不可信赖供应商情况，建立带有预算约束的多产品库存分布式鲁棒优化模型，并给出最优订货量的闭式解和相应的求解算法。其次针对多个供应商情况进行分析，分别探讨两个供应商（一个完全可信赖，另一个不可信赖）、多个同类供应商和多个非同类供应商情况下的零售商最优库存策略。

6.4.1 单一供应商下多产品库存鲁棒优化模型

考虑零售商向单一完全可信赖或不可信赖供应商进行采购，完全可信赖供应商命名为供应商1，即$j=1$，其产出率均值$\mu_{ji}=1$，标准差$\sigma_{ji}=0$。不可信赖供应商命名为供应商2，即$j=2$，其产出率均值$\mu_{ji}<1$，标准差$\sigma_{ji}>0$，$i=1, 2, \cdots, N$。令单位零售价格$p_i=c_{ji}(1+m_{ji})$，单位残值$s_i=c_{ji}(1-d_{ji})$，其中m_{ji}和d_{ji}分别表示产品i的加价和折扣。为描述简便，令$\boldsymbol{c}_r=(c_{11}, c_{12}, \cdots, c_{1N})^T$和$\boldsymbol{c}_u=(c_{21}, c_{22}, \cdots, c_{2N})^T$分别表示零售商向可信赖供应商和不可信赖供应商下订单时的单位成本向量，$\boldsymbol{\mu}_u=(\mu_{21}, \mu_{22}, \cdots, \mu_{2N})^T$和$\boldsymbol{\sigma}_u=(\sigma_{21}, \sigma_{22}, \cdots, \sigma_{2N})^T$分别表示不可信赖供应商的产出率均值和标准差向量。零售商的目标是在销售季节开始之前确定订货量Q_{ji}，从而在预算范围内使期望利润最大化。因此，单一供应商下具有预算约束的多产品库存优化模型可表示为：

$$\max_{Q_{j1},\cdots,Q_{jN}} \sum_{i=1}^{N} \left(p_i\mathbb{E}[\min(\alpha_{ji}Q_{ji}, D_i)]+s_i\mathbb{E}[(\alpha_{ji}Q_{ji}-D_i)^+]-\mathbb{E}[c_{ji}\alpha_{ji}Q_{ji}]\right)$$

$$\text{s.t.}\ \mathbb{E}\left[\sum_{i=1}^{N} c_{ji}\alpha_{ji}Q_{ji}\right]\leqslant B \tag{6-12}$$

其中，$v^+:=\max\{v, 0\}$，$\alpha_{ji}Q_{ji}-D_i$是销售季节结束时产品i的剩余数量。基于$\min(\alpha_{ji}Q_{ji}, D_i)=D_i-(D_i-\alpha_{ji}Q_{ji})^+$和$(\alpha_{ji}Q_{ji}-D_i)^+=\alpha_{ji}Q_{ji}-D_i+(D_i-\alpha_{ji}Q_{ji})^+$，问题(6-

12)可等价描述为:

$$\max_{Q_{j1},\cdots,Q_{jN}} \sum_{i=1}^{N} c_{ji}((m_{ji}+d_{ji})(a_i+\nu_i)+(b_i(m_{ji}+d_{ji})-d_{ji})\mu_{ji}Q_{ji}-(m_{ji}+d_{ji})\mathbb{E}(D_i-\alpha_{ji}Q_{ji})^{+})$$

$$\text{s. t.} \sum_{i=1}^{N} c_{ji}\mu_{ji}Q_{ji} \leqslant B \tag{6-13}$$

为了求解问题(6-13),只需求解如下最小化问题:

$$\min_{Q_{j1},\cdots,Q_{jN}} \sum_{i=1}^{N} c_{ji}(d_{ji}\mu_{ji}Q_{ji}-b_i(m_{ji}+d_{ji})\mu_{ji}Q_{ji}+(m_{ji}+d_{ji})\mathbb{E}(D_i-\alpha_{ji}Q_{ji})^{+})$$

$$\text{s. t.} \sum_{i=1}^{N} c_{ji}\mu_{ji}Q_{ji} \leqslant B \tag{6-14}$$

问题(6-14)的鲁棒对应为:

$$\min_{Q_{j1},\cdots,Q_{jN}} \max_{\substack{\alpha_{ji}\sim(\mu_{ji},\sigma_{ji}^2) \\ \xi_i\sim(\nu_i,\tau_i^2) \\ \forall i=1,\cdots,N}} \sum_{i=1}^{N} c_{ji}(d_{ji}\mu_{ji}Q_{ji}-b_i(m_{ji}+d_{ji})\mu_{ji}Q_{ji}+(m_{ji}+d_{ji})\mathbb{E}(D_i-\alpha_{ji}Q_{ji})^{+})$$

$$\text{s. t.} \sum_{i=1}^{N} c_{ji}\mu_{ji}Q_{ji} \leqslant B \tag{6-15}$$

令 $\hat{X}_i=D_i-\alpha_{ji}Q_{ji}=a_i+(b_i-1)\alpha_{ji}Q_{ji}+\xi_i$,则 $\hat{X}_i$ 的期望和方差分别为$\mathbb{E}(\hat{X}_i)=a_i+\nu_i+(b_i-1)\mu_{ji}Q_{ji}$ 和 $Var(\hat{X}_i)=\tau_i^2+(b_i-1)^2Q_{ji}^2\sigma_{ji}^2$。类似于引理 6.3.1,得如下引理 6.4.1。

引理 6.4.1 (于辉等,2017). 当已知随机变量 ξ_i 和 α_{ji} 的矩信息(ν_i, τ_i^2)和$(\mu_{ji}, \sigma_{ji}^2)$时,对于 ξ_i 和 α_{ji} 的任意概率分布,等式

$$\max_{\substack{\alpha_{ji}\sim(\mu_{ji},\sigma_{ji}^2) \\ \xi_i\sim(\nu_i,\tau_i^2)}} \mathbb{E}(D_i-\alpha_{ji}Q_{ji})^{+} = \max_{\hat{X}_i\sim(\mathbb{E}(\hat{X}_i),Var(\hat{X}_i))} \mathbb{E}(\hat{X}_i)^{+}$$

$$=\frac{\sqrt{\tau_i^2+(b_i-1)^2Q_{ji}^2\sigma_{ji}^2+(a_i+\nu_i+(b_i-1)\mu_{ji}Q_{ji})^2}+a_i+\nu_i+(b_i-1)\mu_{ji}Q_{ji}}{2} \tag{6-16}$$

成立。

在引理 6.4.1 的基础上,问题(6-15)等价于

$$\min_{Q_{j1},\cdots,Q_{jN}} \left\{ H(Q_{j1}, \cdots, Q_{jN}) \middle| \sum_{i=1}^{N} c_{ji}\mu_{ji}Q_{ji} \leqslant B \right\} \tag{6-17}$$

其中,

$$H(Q_{j1},\ \cdots,\ Q_{jN}) = \sum_{i=1}^{N} c_{ji}\left(d_{ji}\mu_{ji}Q_{ji} - b_i(m_{ji}+d_{ji})\mu_{ji}Q_{ji} + (m_{ji}+d_{ji})\frac{\sqrt{\tau_i^2+(b_i-1)^2Q_{ji}^2\sigma_{ji}^2+(a_i+\nu_i+(b_i-1)\mu_{ji}Q_{ji})^2}+a_i+\nu_i+(b_i-1)\mu_{ji}Q_{ji}}{2}\right)$$

显然，问题（6-17）是一个凸优化问题，定义其拉格朗日函数为：

$$\mathcal{L}(Q_{j1},\ \cdots,\ Q_{jN},\ \lambda)=H(Q_{j1},\ \cdots,\ Q_{jN})+\lambda\left(\sum_{i=1}^{N} c_{ji}\mu_{ji}Q_{ji} - B\right)$$

其中，$\lambda\geqslant 0$ 是拉格朗日乘子。易知，$\mathcal{L}(Q_{j1},\ \cdots,\ Q_{jN},\ \lambda)$ 关于 Q_{ji} 为凸函数，当 $\tau_i^2+(b_i-1)^2Q_{ji}^2\sigma_{ji}^2+(a_i+\nu_i+(b_i-1)\mu_{ji}Q_{ji})^2>0$ 时，$\mathcal{L}(Q_{j1},\ \cdots,\ Q_{jN},\ \lambda)$ 是可微的，其梯度为：

$$\frac{\partial\mathcal{L}(Q_{j1},\ \cdots,\ Q_{jN},\ \lambda)}{\partial Q_{ji}}=c_{ji}\left\{d_{ji}\mu_{ji}-b_i(m_{ji}+d_{ji})\mu_{ji}+(m_{ji}+d_{ji})\left(\frac{(b_i-1)^2\sigma_{ji}^2Q_{ji}+(a_i+\nu_i+(b_i-1)\mu_{ji}Q_{ji})(b_i-1)\mu_{ji}}{2\sqrt{\tau_i^2+(b_i-1)^2Q_{ji}^2\sigma_{ji}^2+(a_i+\nu_i+(b_i-1)\mu_{ji}Q_{ji})^2}}+\frac{(b_i-1)\mu_{ji}}{2}\right)\right\}+c_{ji}\mu_{ji}\lambda \quad (6-18)$$

因此，可利用微分法确定问题(6-17)的最优解。可以看出，如果需求标准差 $\tau_i>0$，则 $\mathcal{L}(Q_{j1},\ \cdots,\ Q_{jN},\ \lambda)$ 关于订货量决策 Q_{ji} 总是可微的。当 $\tau_i^2+(b_i-1)^2Q_{ji}^2\sigma_{ji}^2+(a_i+\nu_i+(b_i-1)\mu_{ji}Q_{ji})^2=0$ 时，$\mathcal{L}(Q_{j1},\ \cdots,\ Q_{jN},\ \lambda)$ 不可微。

假设 $\mathcal{L}(Q_{j1},\ \cdots,\ Q_{jN},\ \lambda)$ 在最优解$(Q_{j1}^*,\ \cdots,\ Q_{jN}^*,\ \lambda^*)$处可微，并且 $Q_{ji}^*\geqslant 0$，得最优订货量决策如定理 6.4.1 所示。

定理 6.4.1　零售商向供应商 j($j=1$ 或 $j=2$)进行采购，产品 i 的最优订货量为：

$$Q_{ji}^*=\frac{\mu_{ji}(a_i+\nu_i)}{(1-b_i)(\mu_{ji}^2+\sigma_{ji}^2)}+\frac{a_{ji}+b_i\mu_{ji}}{|1-b_i|(\mu_{ji}^2+\sigma_{ji}^2)}\sqrt{\frac{\sigma_{ji}^2(a_i+\nu_i)^2+\tau_i^2(\mu_{ji}^2+\sigma_{ji}^2)}{(b_i-1)^2(\mu_{ji}^2+\sigma_{ji}^2)-(a_{ji}+b_i\mu_{ji})^2}} \quad (6-19)$$

其中，$a_{ji}=\dfrac{\mu_{ji}(m_{ji}-2\lambda-d_{ji})}{m_{ji}+d_{ji}}$。

证明：$\mathcal{L}(Q_{j1},\ \cdots,\ Q_{jN},\ \lambda)$ 对 Q_{ji} 求一阶偏导，并令其等于 0，得 $\dfrac{(b_i-1)^2\sigma_{ji}^2Q_{ji}+(a_i+\nu_i+(b_i-1)\mu_{ji}Q_{ji})(b_i-1)\mu_{ji}}{\sqrt{\tau_i^2+(b_i-1)^2Q_{ji}^2\sigma_{ji}^2+(a_i+\nu_i+(b_i-1)\mu_{ji}Q_{ji})^2}}-\dfrac{m_{ji}-2\lambda-d_{ji}}{m_{ji}+d_{ji}}\mu_{ji}-b_i\mu_{ji}=0$。令 $a_{ji}=$

$\frac{\mu_{ji}(m_{ji}-2\lambda-d_{ji})}{m_{ji}+d_{ji}}$，则 $a_{ji}=\frac{(b_i-1)^2(\mu_{ji}^2+\sigma_{ji}^2)Q_{ji}+(a_i+\nu_i)(b_i-1)\mu_{ji}}{\sqrt{\tau_i^2+(b_i-1)^2Q_{ji}^2\sigma_{ji}^2+(a_i+\nu_i+(b_i-1)\mu_{ji}Q_{ji})^2}}-b_i\mu_{ji}$，求解此方程可得 Q_{ji}^*，如式(6-19)所示。证毕。

由式(6-19)可知，当 $\tau_i>0$ 且 $(a_{ji}+b_i\mu_{ji})^2<(b_i-1)^2(\mu_{ji}^2+\sigma_{ji}^2)$ 时，最优解 Q_{ji}^* 存在。此外，有如下推论 6.4.1 成立。

推论 6.4.1 (i) 如果 $a_{ji}+b_i\mu_{ji}>0$，则 Q_{ji}^* 随着 τ_i 的增加而增加；

(ii) 如果 $a_{ji}+b_i\mu_{ji}=0$，则 Q_{ji}^* 的变化与 τ_i 无关；

(iii) 如果 $a_{ji}+b_i\mu_{ji}<0$，则 Q_{ji}^* 随着 τ_i 的增加而减小。

下述命题 6.4.1 给出了产品 i 的订货量是非负的($Q_{ji}\geqslant 0$)充要条件。

命题 6.4.1 订货量 $Q_{ji}\geqslant 0(j=1$ 或 $j=2)$ 当且仅当不等式

$$\frac{(d_{ji}+2\lambda-m_{ji})\mu_{ji}}{m_{ji}+d_{ji}}-b_i\mu_{ji}+\frac{(a_i+\nu_i)(b_i-1)\mu_{ji}}{\sqrt{\tau_i^2+(a_i+\nu_i)^2}}\leqslant 0 \tag{6-20}$$

成立。

证明：如果 $\tau_i>0$，则 $\frac{\partial\mathcal{L}(0,\ \cdots,\ 0,\ \lambda)}{\partial Q_{ji}}$ 存在，并且 $\mathcal{L}(Q_{j1},\ \cdots,\ Q_{jN},\ \lambda)$ 关于 Q_{ji} 是凸函数，因此，当且仅当 $\frac{\partial\mathcal{L}(0,\ \cdots,\ 0,\ \lambda)}{\partial Q_{ji}}\leqslant 0$ 时，$Q_{ji}\geqslant 0$，其中 $\frac{\partial\mathcal{L}(0,\ \cdots,\ 0,\ \lambda)}{\partial Q_{ji}}=$

$$c_{ji}\left(d_{ji}\mu_{ji}-b_i(m_{ji}+d_{ji})\mu_{ji}+(m_{ji}+d_{ji})\left(\frac{(a_i+\nu_i)(b_i-1)\mu_{ji}}{2\sqrt{\tau_i^2+(a_i+\nu_i)^2}}+\frac{(b_i-1)\mu_{ji}}{2}\right)\right)+c_{ji}\mu_{ji}\lambda。$$

证毕。

将式(6-19)和式(6-16)代入问题(6-13)的目标函数中，得最优期望利润的下界为：

$$\Pi_j(Q_{j1}^*,\ \cdots,\ Q_{jN}^*)\geqslant\sum_{i=1}^{N}c_{ji}\left(\frac{(m_{ji}+d_{ji})(a_i+\nu_i)}{2}+\frac{\mu_{ji}^2(b_i(m_{ji}+d_{ji})+(m_{ji}-d_{ji}))(a_i+\nu_i)}{2(1-b_i)(\mu_{ji}^2+\sigma_{ji}^2)}+\left(\frac{\mu_{ji}(b_i(m_{ji}+d_{ji})+(m_{ji}-d_{ji}))(a_{ji}+b_i\mu_{ji})}{2|1-b_i|(\mu_{ji}^2+\sigma_{ji}^2)}-\frac{(m_{ji}+d_{ji})|1-b_i|}{2}\right)\sqrt{\frac{\sigma_{ji}^2(a_i+\nu_i)^2+\tau_i^2(\mu_{ji}^2+\sigma_{ji}^2)}{(b_i-1)^2(\mu_{ji}^2+\sigma_{ji}^2)-(a_{ji}+b_i\mu_{ji})^2}}\right)$$

其中，$\Pi_j(Q_{j1}^*,\ \cdots,\ Q_{jN}^*)$ 表示最优订货量为 $(Q_{j1}^*,\ \cdots,\ Q_{jN}^*)$ 时的最优期望利润。

在定理 6.4.1 和命题 6.4.1 的基础上，给出求解最优订货量 Q_{ji}^* 的具体步骤，如下述算法 6.4.1 所示。

算法 6.4.1：

（1）令 $\lambda=0$，根据式(6-19)计算 Q_{ji}^*。如果不等式 $(b_i-1)^2(\mu_{ji}^2+\sigma_{ji}^2)-(a_{ji}+b_i\mu_{ji})^2>0$ 成立，并且 Q_{ji}^* 满足式(6-17)中的预算约束，则 Q_{ji}^* 是最优解，算法终止；否则，执行步骤 2。

（2）选取任意的 $\lambda>0$ 和 $\varepsilon>0$ 满足不等式 $(b_i-1)^2(\mu_{ji}^2+\sigma_{ji}^2)-(a_{ji}+b_i\mu_{ji})^2>0$，执行步骤 3。

（3）如果 $\dfrac{(d_{ji}+2\lambda-m_{ji})\mu_{ji}}{m_{ji}+d_{ji}}-b_i\mu_{ji}+\dfrac{(a_i+\nu_i)(b_i-1)\mu_{ji}}{\sqrt{\tau_i^2+(a_i+\nu_i)^2}}\leqslant 0$，则 Q_{ji}^* 如式(6-19)所示，否则，令 $Q_{ji}^*=0$，执行步骤 4。

（4）如果 $\sum_{i=1}^{N}c_{ji}\mu_{ji}Q_{ji}^*<B-\varepsilon$，则减小 λ，并使其满足不等式 $(b_i-1)^2(\mu_{ji}^2+\sigma_{ji}^2)-(a_{ji}+b_i\mu_{ji})^2>0$，执行步骤 3；如果 $\sum_{i=1}^{N}c_{ji}\mu_{ji}Q_{ji}^*>B+\varepsilon$，则增加 λ，并使其满足不等式 $(b_i-1)^2(\mu_{ji}^2+\sigma_{ji}^2)-(a_{ji}+b_i\mu_{ji})^2>0$，执行步骤 3；如果 $B-\varepsilon\leqslant\sum_{i=1}^{N}c_{ji}\mu_{ji}Q_{ji}^*\leqslant B+\varepsilon$，则 Q_{ji}^* 为最优解，算法终止。

6.4.2　多供应商下多产品库存鲁棒优化模型

本节针对多供应商情况进行分析，在概率分布不确定集（6-7）基础上，多供应商下的 DRO 模型（6-5）可描述为：

$$\min_{\boldsymbol{Q}_1,\cdots,\boldsymbol{Q}_N}\ \max_{\substack{\mathbf{F}_i\in\Gamma_i(\varpi_i,\varrho_i^2)\\ \forall i=1,\cdots,N}}\ \sum_{i=1}^{N}\left(\left(\left(\mathbb{C}_i\boldsymbol{Q}_i\right)^T-p_ib_i\boldsymbol{Q}_i^T-s_i\boldsymbol{Q}_i^T+s_ib_i\boldsymbol{Q}_i^T\right)\boldsymbol{\mu}_i+(p_i-s_i)\mathbb{E}(X_i)^+\right)$$

$$\text{s.t.}\ \sum_{i=1}^{N}(\mathbb{C}_i\boldsymbol{Q}_i)^T\boldsymbol{\mu}_i\leqslant B \tag{6-21}$$

根据引理 6.3.1，问题（6-21）等价于

$$\min_{\boldsymbol{Q}_1,\cdots,\boldsymbol{Q}_N}\left\{H(\boldsymbol{Q}_1,\ \cdots,\ \boldsymbol{Q}_N)\ \middle|\ \sum_{i=1}^{N}(\mathbb{C}_i\boldsymbol{Q}_i)^T\boldsymbol{\mu}_i\leqslant B\right\} \tag{6-22}$$

其中，

$$H(\boldsymbol{Q}_1, \cdots, \boldsymbol{Q}_N) = \sum_{i=1}^{N} \left(\left((\mathbb{C}_i \boldsymbol{Q}_i)^T - p_i b_i \boldsymbol{Q}_i^T - s_i \boldsymbol{Q}_i^T + s_i b_i \boldsymbol{Q}_i^T \right) \boldsymbol{\mu}_i + (p_i - s_i) \right.$$
$$\left. \frac{a_i+\nu_i+(b_i-1)\boldsymbol{\mu}_i^T\boldsymbol{Q}_i+\sqrt{\tau_i^2+(b_i-1)^2\boldsymbol{Q}_i^T\Sigma_i\boldsymbol{Q}_i+(a_i+\nu_i+(b_i-1)\boldsymbol{\mu}_i^T\boldsymbol{Q}_i)^2}}{2} \right)$$

定义问题（6-22）的拉格朗日函数为：

$$\mathcal{L}(\boldsymbol{Q}_1, \cdots, \boldsymbol{Q}_N, \lambda) = \sum_{i=1}^{N} \left(\left((1+\lambda)(\mathbb{C}_i\boldsymbol{\mu}_i)^T - \frac{b_i(p_i-s_i)}{2}\boldsymbol{\mu}_i^T - \frac{p_i+s_i}{2}\boldsymbol{\mu}_i^T \right) \boldsymbol{Q}_i + \frac{(p_i-s_i)(a_i+\nu_i)}{2} + \right.$$
$$\left. \sum_{i=1}^{N} \frac{(p_i-s_i)\sqrt{\tau_i^2+(b_i-1)^2\boldsymbol{Q}_i^T\Sigma_i\boldsymbol{Q}_i+(a_i+\nu_i+(b_i-1)\boldsymbol{\mu}_i^T\boldsymbol{Q}_i)^2}}{2} \right) - \lambda B \tag{6-23}$$

其中，$\lambda \geqslant 0$ 是拉格朗日乘子。当 $\tau_i^2+(b_i-1)^2\boldsymbol{Q}_i^T\Sigma_i\boldsymbol{Q}_i+(a_i+\nu_i+(b_i-1)\boldsymbol{\mu}_i^T\boldsymbol{Q}_i)^2>0$ 时，$\mathcal{L}(\boldsymbol{Q}_1, \cdots, \boldsymbol{Q}_N, \lambda)$ 可微，其梯度为：

$$\nabla_{Q_i}\mathcal{L}(\boldsymbol{Q}_1, \cdots, \boldsymbol{Q}_N, \lambda) = (1+\lambda)\mathbb{C}_i\boldsymbol{\mu}_i - \frac{b_i(p_i-s_i)}{2}\boldsymbol{\mu}_i - \frac{p_i+s_i}{2}\boldsymbol{\mu}_i + (p_i-s_i)$$
$$\frac{(b_i-1)^2\Sigma_i\boldsymbol{Q}_i+(a_i+\nu_i+(b_i-1)\boldsymbol{\mu}_i^T\boldsymbol{Q}_i)(b_i-1)\boldsymbol{\mu}_i}{2\sqrt{\tau_i^2+(b_i-1)^2\boldsymbol{Q}_i^T\Sigma_i\boldsymbol{Q}_i+(a_i+\nu_i+(b_i-1)\boldsymbol{\mu}_i^T\boldsymbol{Q}_i)^2}} \tag{6-24}$$

可以看出，如果 $\tau_i>0$，则式(6-24)存在。假设 $\mathcal{L}(\boldsymbol{Q}_1, \cdots, \boldsymbol{Q}_N, \lambda)$ 在最优解 $(\boldsymbol{Q}_1^*, \cdots, \boldsymbol{Q}_N^*, \lambda^*)$ 处可微，且 $\boldsymbol{Q}_i^* \geqslant \boldsymbol{0}$，则当如下最优性条件成立时，可得问题（6-22）的最优解。

$\nabla_{Q_i}\mathcal{L}(\boldsymbol{Q}_1^*, \cdots, \boldsymbol{Q}_N^*, \lambda^*) \geqslant \boldsymbol{0}$ 和 $\boldsymbol{Q}_i^{*T}\nabla_{Q_i}\mathcal{L}(\boldsymbol{Q}_1^*, \cdots, \boldsymbol{Q}_N^*, \lambda^*) = 0$

下面给出向多个供应商订货时产品 i 的订货量是非负的充要条件。

命题 6.4.2 当且仅当下述条件成立时，产品 i 的订货量 $\boldsymbol{Q}_i \geqslant \boldsymbol{0}$。

$$\frac{2(1+\lambda)\mathbb{C}_i\boldsymbol{\mu}_i-(p_i+s_i)\boldsymbol{\mu}_i}{p_i-s_i} - b_i\boldsymbol{\mu}_i + \frac{(a_i+\nu_i)(b_i-1)\boldsymbol{\mu}_i}{\sqrt{\tau_i^2+(a_i+\nu_i)^2}} \leqslant \boldsymbol{0},\ i=1, 2, \cdots, N \tag{6-25}$$

命题 6.4.2 表明，如果 $\frac{2(1+\lambda)c_{ji}\mu_{ji}-(p_i+s_i)\mu_{ji}}{p_i-s_i} - b_i\mu_{ji} + \frac{(a_i+\nu_i)(b_i-1)\mu_{ji}}{\sqrt{\tau_i^2+(a_i+\nu_i)^2}} \leqslant 0$，则 $Q_{ji} \geqslant 0$。

下面将具体分析向多个供应商下订单时零售商的最优库存策略。首先，针对两个供应商（一个完全可信赖，另一个不可信赖）的特殊情况，探讨如何选择供应商对零售商更有利，给出了向可信赖或不可信赖供应商订货的最优性条件。其次，针对多个同类和非同类供应商情况，分析零售商的最优库存策略，讨论有效改进库存策略的相关措施，以提高零售商的利润绩效。

6.4.2.1　两个供应商

假设仅有两个供应商作为供货源，其中，供应商 1 完全可信赖，其产出率均值 $\mu_{1i}=1$，标准差 $\sigma_{1i}=0$；供应商 2 不可信赖，其产出率均值 $\mu_{2i}<1$，标准差 $\sigma_{2i}>0$。在此基础上，分析零售商的最优库存策略，给出向可信赖供应商或不可信赖供应商订货的最优性条件。在此背景下，问题(6-22)可以改写为：

$$\min_{Q_{11},\cdots,Q_{1N},Q_{21},\cdots,Q_{2N}} H(Q_{11},\ \cdots,\ Q_{1N},\ Q_{21},\ \cdots,\ Q_{2N})$$

$$\text{s.t.}\ \sum_{i=1}^{N} c_{1i}Q_{1i}+c_{2i}\mu_{2i}Q_{2i}\leqslant B \tag{6-26}$$

其中，

$$H(Q_{11},\ \cdots,\ Q_{1N},\ Q_{21},\ \cdots,\ Q_{2N})=\sum_{i=1}^{N}\left(c_{1i}-\frac{(p_i-s_i)b_i}{2}-\frac{p_i+s_i}{2}\right)Q_{1i}+\left(c_{2i}-\frac{(p_i-s_i)b_i}{2}-\frac{p_i+s_i}{2}\right)\mu_{2i}Q_{2i}+\sum_{i=1}^{N}\frac{(p_i-s_i)(a_i+\nu_i)}{2}+(p_i-s_i)\frac{\sqrt{\tau_i^2+(b_i-1)^2\sigma_{2i}^2Q_{2i}^2+(a_i+\nu_i+(b_i-1)(Q_{1i}+\mu_{2i}Q_{2i}))^2}}{2}$$

问题（6-26）的拉格朗日函数为：

$$\mathcal{L}(Q_{11},\ \cdots,\ Q_{1N},\ Q_{21},\ \cdots,\ Q_{2N},\ \lambda)=\sum_{i=1}^{N}\left((1+\lambda)c_{1i}-\frac{(p_i-s_i)b_i}{2}-\frac{p_i+s_i}{2}\right)Q_{1i}+\left((1+\lambda)c_{2i}-\frac{(p_i-s_i)b_i}{2}-\frac{p_i+s_i}{2}\right)\mu_{2i}Q_{2i}+\sum_{i=1}^{N}\frac{(p_i-s_i)(a_i+\nu_i)}{2}+(p_i-s_i)\frac{\sqrt{\tau_i^2+(b_i-1)^2\sigma_{2i}^2Q_{2i}^2+(a_i+\nu_i+(b_i-1)(Q_{1i}+\mu_{2i}Q_{2i}))^2}}{2}-\lambda B \tag{6-27}$$

$\mathcal{L}(Q_{11},\ \cdots,\ Q_{1N},\ Q_{21},\ \cdots,\ Q_{2N},\ \lambda)$ 对 Q_{1i} 和 Q_{2i} 分别求一阶偏导，得

$$\frac{\partial\mathcal{L}(Q_{11},\ \cdots,\ Q_{1N},\ Q_{21},\ \cdots,\ Q_{2N},\ \lambda)}{\partial Q_{1i}}=(1+\lambda)c_{1i}-\frac{(p_i-s_i)b_i}{2}-\frac{p_i+s_i}{2}+(p_i-s_i)$$

$$\frac{(a_i+\nu_i)(b_i-1)+(b_i-1)^2(Q_{1i}+\mu_{2i}Q_{2i})}{2\sqrt{\tau_i^2+(b_i-1)^2\sigma_{2i}^2Q_{2i}^2+(a_i+\nu_i+(b_i-1)(Q_{1i}+\mu_{2i}Q_{2i}))^2}} \tag{6-28}$$

和

$$\frac{\partial\mathcal{L}(Q_{11},\ \cdots,\ Q_{1N},\ Q_{21},\ \cdots,\ Q_{2N},\ \lambda)}{\partial Q_{2i}}=\left((1+\lambda)c_{2i}-\frac{(p_i-s_i)b_i}{2}-\frac{p_i+s_i}{2}\right)\mu_{2i}+(p_i-s_i)$$

$$\frac{(b_i-1)^2(\mu_{2i}^2+\sigma_{2i}^2)Q_{2i}+(b_i-1)^2\mu_{2i}Q_{1i}+(a_i+\nu_i)(b_i-1)\mu_{2i}}{2\sqrt{\tau_i^2+(b_i-1)^2\sigma_{2i}^2Q_{2i}^2+(a_i+\nu_i+(b_i-1)(Q_{1i}+\mu_{2i}Q_{2i}))^2}} \tag{6-29}$$

下述命题 6.4.3 给出了选择可信赖供应商作为供货源是最优的充要条件。

命题 6.4.3 仅向可信赖供应商 1 订货是最优策略当且仅当

$$-q_i^*+a_{1i}^*\mu_{2i}\geqslant 0 \tag{6-30}$$

其中，$q_1^*=\dfrac{\mu_{2i}(m_{2i}-2\lambda_1^*-d_{2i})}{m_{2i}+d_{2i}}$，$a_{1i}^*=\dfrac{(a_i+\nu_i)(b_i-1)+(b_i-1)^2Q_{1i}^*}{\sqrt{\tau_i^2+(a_i+\nu_i+(b_i-1)Q_{1i}^*)^2}}-b_i$，$\lambda_1^*$ 代表由算法 6.4.1 求得的当 $j=1$ 时 λ 的最优值。最优订货量 Q_{1i}^* 由式(6-19)确定，其中，$j=1$。

下面给出选择不可信赖供应商作为供货源是最优的充要条件。

命题 6.4.4 仅向不可信赖供应商 2 订货是最优策略当且仅当

$$-q_2^*+\frac{1}{\mu_{2i}}\left(a_{2i}^*-\frac{(b_i-1)^2\sigma_{2i}^2Q_{2i}^*}{\sqrt{\tau_i^2+(b_i-1)^2\sigma_{2i}^2(Q_{2i}^*)^2+(a_i+\nu_i+(b_i-1)\mu_{2i}Q_{2i}^*)^2}}\right)\geqslant 0 \tag{6-31}$$

其中，$q_2^*=\dfrac{m_{1i}-2\lambda_2^*-d_{1i}}{m_{1i}+d_{1i}}$，$a_{2i}^*=\dfrac{(b_i-1)^2(\mu_{2i}^2+\sigma_{2i}^2)Q_{2i}^*+(a_i+\nu_i)(b_i-1)\mu_{2i}}{\sqrt{\tau_i^2+(b_i-1)^2(Q_{2i}^*)^2\sigma_{2i}^2+(a_i+\nu_i+(b_i-1)\mu_{2i}Q_{2i}^*)^2}}-b_i\mu_{2i}$，$\lambda_2^*$ 代表由算法 6.4.1 求得的当 $j=2$ 时 λ 的最优值。最优订货量 Q_{2i}^* 由式(6-19)确定，其中 $j=2$。

不等式 $\sqrt{\tau_i^2+(b_i-1)^2\sigma_{2i}^2(Q_{2i}^*)^2+(a_i+\nu_i+(b_i-1)\mu_{2i}Q_{2i}^*)^2}\geqslant|1-b_i|\sigma_{2i}Q_{2i}^*$ 恒成立，因此 $\dfrac{(b_i-1)^2\sigma_{2i}^2Q_{2i}^*}{\sqrt{\tau_i^2+(b_i-1)^2\sigma_{2i}^2(Q_{2i}^*)^2+(a_i+\nu_i+(b_i-1)\mu_{2i}Q_{2i}^*)^2}}\leqslant|1-b_i|\sigma_{2i}$。如果 $-q_2^*+\dfrac{1}{\mu_{2i}}(a_{2i}^*-|1-b_i|\sigma_{2i})\geqslant 0$，则式(6-31)成立。因此可将 $q_2^*\mu_{2i}\leqslant a_{2i}^*-|1-b_i|\sigma_{2i}$ 作为

不等式(6-31)成立的充分条件。

下一节将针对 M（$M \geqslant 2$）个同类供应商情况，探讨如何制定零售商的最优库存策略。

6.4.2.2　多个同类供应商

在销售季节开始之前，零售商需向 M 个供应商订购一定数量的产品，假设此 M 个供应商属于同一类(称为同类供应商)，即 $c_{ji}=c_i$，$\mu_{ji}=\mu_i$ 和 $\sigma_{ji}=\sigma_i$ 成立，$j=1$，…，M，$i=1$，…，N。然而，每两个供应商的产出率之间的相关系数是任意值。令 Q_i($Q_i \geqslant 0$)表示仅从其中一个供应商订货时产品 i 的订货量。在此情况下，最小化问题(6-22)可表示为：

$$\max_{Q_1,\cdots,Q_N}\left\{\hat{H}(Q_1,\ \cdots,\ Q_N)\ \middle|\ \sum_{i=1}^{N} c_i\mu_i Q_i \leqslant B\right\} \tag{6-32}$$

其中，$\hat{H}(Q_1,\ \cdots,\ Q_N)=\sum_{i=1}^{N}((c_i-s_i)Q_i-b_i(p_i-s_i)Q_i)\mu_i+(p_i-s_i)$ $\dfrac{a_i+\nu_i+(b_i-1)\mu_i Q_i+\sqrt{\tau_i^2+(b_i-1)^2 Q_i^2\sigma_i^2+(a_i+\nu_i+(b_i-1)\mu_i Q_i)^2}}{2}$。

本节旨在探讨当存在多个同类供应商时，多源采购是否比单源采购更有利。不失一般性，假设从 M 个供应商采购时，产品 i 的总订货量不变，即 $\sum_{j=1}^{M} Q_{ji}=Q_i$。从而，可得$(\mathbb{C}_i\boldsymbol{Q}_i)^T\boldsymbol{\mu}_i=c_iQ_i\mu_i$ 和 $\boldsymbol{\mu}_i{}^T\boldsymbol{Q}_i=\mu_iQ_i$。比较问题(6-32)和问题(6-22)中的目标函数 $\hat{H}(Q_1,\ \cdots,\ Q_N)$和 $H(\boldsymbol{Q}_1,\ \cdots,\ \boldsymbol{Q}_N)$发现，式 $\hat{H}(Q_1,\ \cdots,\ Q_N)-H(\boldsymbol{Q}_1,\ \cdots,\ \boldsymbol{Q}_N)$与下式

$$\varphi=\sum_{i=1}^{N}\frac{(p_i-s_i)\,|1-b_i|}{2}\left(\sqrt{Q_i^2\sigma_i^2}-\sqrt{\boldsymbol{Q}_i^T\Sigma_i\boldsymbol{Q}_i}\right) \tag{6-33}$$

成正比，其中，$\boldsymbol{Q}_i^T\Sigma_i\boldsymbol{Q}_i=\sigma_i^2\left(\sum_{j=1}^{M}Q_{ji}^2+\sum_{j\neq h;\ j,\ h=1}^{M}Q_{ji}Q_{hi}\rho_{jh}^i\right)$。

下述命题 6.4.5 表明，当供应商属于同一类时，多源采购是最优策略。

命题 6.4.5　当存在 $M \geqslant 2$ 个同类供应商时，多源采购优于单源采购。特别地，对任意的 $i=1$，…，N，j，$h=1$，…，M（$j \neq h$），当 $\rho_{jh}^i=1$ 时，多源采购和单源采购下零售商的期望利润相同。

证明：如前文所述，$\hat{H}(Q_1,\ \cdots,\ Q_N)-H(\boldsymbol{Q}_1,\ \cdots,\ \boldsymbol{Q}_N)$与 φ 成正比。对任意的 $i=1$，…，N 和 j，$h=1$，…，M（$j \neq h$），当 $\rho_{jh}^i=1$ 时，可得 $Q_i^2\sigma_i^2=\boldsymbol{Q}_i^T\Sigma_i\boldsymbol{Q}_i$。

因此，$\hat{H}(Q_1, \cdots, Q_N)=H(\boldsymbol{Q}_1, \cdots, \boldsymbol{Q}_N)$，即多源采购和单源采购下零售商的期望利润相同。然而，如果存在 i 使得 $\rho_{jh}^i<1(j\neq h)$，则 $Q_i^2\sigma_i^2>\boldsymbol{Q}_i^T\sum_i\boldsymbol{Q}_i$。因此，$\hat{H}(Q_1, \cdots, Q_N)>H(\boldsymbol{Q}_1, \cdots, \boldsymbol{Q}_N)$，表明多源采购时的期望利润高于单源采购时的期望利润。综上分析可见，除了 $\rho_{jh}^i=1(\forall i=1, \cdots, N, j, h=1, \cdots, M, j\neq h)$ 这一特殊情况外，多源采购对零售商更有利。证毕。

给定订货量 $\boldsymbol{Q}_i$，如果 $\rho_{jh}^i(\forall i=1, \cdots, N, j\neq h, j, h=1, \cdots, M)$ 减小，则多源采购下零售商的期望利润 $\sum_{i=1}^N(p_i-s_i)(a_i+\nu_i)-H(\boldsymbol{Q}_1, \cdots, \boldsymbol{Q}_N)$ 增加。特别地，当 $\rho_{jh}^i=1(\forall i=1, \cdots, N, j\neq h, j, h=1, \cdots, M)$ 时，多源采购下零售商的期望利润取得最小值。结论表明，当存在两组供应商，并且每组具有相同数量的同类供应商时，可选择向产出率相关系数较小的那组供应商订货，以提高零售商的期望利润。产出率相关系数越小，越有助于提高零售商的期望利润。

下面针对 M（$M\geqslant2$）个非同类供应商情况，探讨如何制定零售商的最优库存策略。

6.4.2.3 多个非同类供应商

考虑 M 个属于不同类别的供应商（称为非同类供应商），其中，前 L 个供应商是完全可信赖的，依次命名为供应商 1 至供应商 L，产出率均值 $\mu_{ji}=\mu_i=1$，产出率标准差 $\sigma_{ji}=0$，$\forall j=1, \cdots, L$，余下 $M-L$ 个供应商是不可信赖的，依次命名为供应商 $L+1$ 至供应商 M，产出率均值 $\mu_{ji}<1$，产出率标准差 $\sigma_{ji}>0$，$\forall j=L+1, \cdots, M$。假设 $c_{ji}=c_i$，$\forall j=1, \cdots, M, i=1, \cdots, N$，即从 M 个供应商处采购产品 i 的单位成本相同。针对每种产品，假设每两个供应商的产出率之间的相关系数是任意值。

当向 M 个供应商订货时，记产品 i 的订货量向量为 $\boldsymbol{Q}_i=(Q_{1i}, Q_{2i}, \cdots, Q_{Mi})^T$，则问题(6-22)中的目标函数为：

$$H(\boldsymbol{Q}_1, \cdots, \boldsymbol{Q}_N)=\sum_{i=1}^N\left(c_i-\frac{(p_i-s_i)b_i}{2}-\frac{(p_i+s_i)}{2}\right)\left(\sum_{j=1}^L Q_{ji}\mu_i+\sum_{j=L+1}^M Q_{ji}\mu_{ji}\right)+\sum_{i=1}^N \frac{(p_i-s_i)(a_i+\nu_i)}{2}+(p_i-s_i)\frac{\sqrt{\tau_i^2+(b_i-1)^2\boldsymbol{Q}_i^T\sum_i\boldsymbol{Q}_i+(a_i+\nu_i+(b_i-1)\boldsymbol{\mu}_i^T\boldsymbol{Q}_i)^2}}{2} \quad (6-34)$$

当仅向 L 个可信赖供应商订货时，令 $\boldsymbol{X}_i=(\Omega_{1i},\ \cdots,\ \Omega_{Li},\ 0,\ \cdots,\ 0)^T$ 表示产品 i 的订货量向量，满足 $\sum_{j=1}^{L}\Omega_{ji}=\boldsymbol{1}^T\boldsymbol{Q}_i$，从而，问题(6-22)中的目标函数可改写为：

$$H(\boldsymbol{X}_1,\ \cdots,\ \boldsymbol{X}_N)=\sum_{i=1}^{N}\left(c_i-\frac{(p_i-s_i)b_i}{2}-\frac{(p_i+s_i)}{2}\right)\left(\sum_{j=1}^{L}\Omega_{ji}\right)\mu_i+\frac{(p_i-s_i)(a_i+\nu_i)}{2}+(p_i-s_i)\frac{\sqrt{\tau_i^2+(a_i+\nu_i+(b_i-1)\boldsymbol{\mu}_i^T\boldsymbol{X}_i)^2}}{2} \tag{6-35}$$

其中，$\boldsymbol{X}_i^T\sum_i\boldsymbol{X}_i=0$。当仅向 $M-L$ 个不可信赖供应商订货时，令 $\boldsymbol{Y}_i=(0,\ \cdots,\ 0,\ \mathcal{Q}_{L+1,i},\ \cdots,\ \mathcal{Q}_{Mi})^T$ 表示产品 i 的订货量向量，满足 $\sum\limits_{j=L+1}^{M}\mathcal{Q}_{ji}=\boldsymbol{1}^T\boldsymbol{Q}_i$，则问题（6-22）中的目标函数可改写为：

$$H(\boldsymbol{Y}_1,\ \cdots,\ \boldsymbol{Y}_N)=\sum_{i=1}^{N}\left(c_i-\frac{(p_i-s_i)b_i}{2}-\frac{p_i+s_i}{2}\right)\left(\sum_{j=L+1}^{M}\mathcal{Q}_{ji}\boldsymbol{\mu}_{ji}\right)+\frac{(p_i-s_i)(a_i+\nu_i)}{2}+\sum_{i=1}^{N}(p_i-s_i)\frac{\sqrt{\tau_i^2+(b_i-1)^2\boldsymbol{Y}_i^T\sum_i\boldsymbol{Y}_i+(a_i+\nu_i+(b_i-1)\boldsymbol{\mu}_i^T\boldsymbol{Y}_i)^2}}{2} \tag{6-36}$$

其中，

$$\boldsymbol{Y}_i^T\sum_i\boldsymbol{Y}_i=\sum_{j=L+1}^{M}\mathcal{Q}_{ji}^2\boldsymbol{\sigma}_{ji}^2+2\left(\sum_{j=L+2}^{M}\mathcal{Q}_{L+1,i}\mathcal{Q}_{ji}\boldsymbol{\rho}_{L+1,j}^{i}\boldsymbol{\sigma}_{L+1,i}\boldsymbol{\sigma}_{ji}+\sum_{j=L+3}^{M}\mathcal{Q}_{L+2,i}\mathcal{Q}_{ji}\boldsymbol{\rho}_{L+2,j}^{i}\boldsymbol{\sigma}_{L+2,i}\boldsymbol{\sigma}_{ji}+\cdots+\sum_{j=M-1}^{M}\mathcal{Q}_{M-2,i}\mathcal{Q}_{ji}\boldsymbol{\rho}_{M-2,j}^{i}\boldsymbol{\sigma}_{M-2,i}\boldsymbol{\sigma}_{ji}+\mathcal{Q}_{M-1,i}\mathcal{Q}_{Mi}\boldsymbol{\rho}_{M-1,M}^{i}\boldsymbol{\sigma}_{M-1,i}\boldsymbol{\sigma}_{Mi}\right)>0$$

在此 M 个供应商中，本节旨在分析向哪一组(即，L 个可信赖的，$M-L$ 个不可信赖的或所有 M 个)供应商订货是零售商的最优策略。为了解决这一问题，需比较式(6-34)、式(6-35)和式(6-36)中的目标函数 $H(\boldsymbol{Q}_1,\ \cdots,\ \boldsymbol{Q}_N)$、$H(\boldsymbol{X}_1,\ \cdots,\ \boldsymbol{X}_N)$和 $H(\boldsymbol{Y}_1,\ \cdots,\ \boldsymbol{Y}_N)$的大小，并且需保证总订货成本在预算范围之内。从而，向 $H(\boldsymbol{Q}_1,\ \cdots,\ \boldsymbol{Q}_N)$、$H(\boldsymbol{X}_1,\ \cdots,\ \boldsymbol{X}_N)$和 $H(\boldsymbol{Y}_1,\ \cdots,\ \boldsymbol{Y}_N)$中最小值所对应的那一组供应商订货是最优策略。

给定订货策略 $\boldsymbol{Q}_i$，$\boldsymbol{X}_i$ 和 $\boldsymbol{Y}_i$，可得 $\boldsymbol{\mu}_i{}^T\boldsymbol{X}_i>\boldsymbol{\mu}_i{}^T\boldsymbol{Y}_i$ 和 $\boldsymbol{\mu}_i{}^T\boldsymbol{X}_i>\boldsymbol{\mu}_i{}^T\boldsymbol{Q}_i$。因此，如果 $c_i-\frac{(p_i-s_i)b_i}{2}-\frac{p_i+s_i}{2}<0$，$|a_i+\nu_i+(b_i-1)\boldsymbol{\mu}_i^T\boldsymbol{X}_i|<|a_i+\nu_i+(b_i-1)\boldsymbol{\mu}_i^T\boldsymbol{Y}_i|$且 $|a_i+\nu_i+(b_i-$

$1)\boldsymbol{\mu}_i^T\boldsymbol{X}_i| < |a_i+\nu_i+(b_i-1)\boldsymbol{\mu}_i^T\boldsymbol{Q}_i|$，$\forall i=1, \cdots, N$，则 $\Delta_1=H(\boldsymbol{Q}_1, \cdots, \boldsymbol{Q}_N)-H(\boldsymbol{X}_1, \cdots, \boldsymbol{X}_N)>0$ 和 $\Delta_2=H(\boldsymbol{Y}_1, \cdots, \boldsymbol{Y}_N)-H(\boldsymbol{X}_1, \cdots, \boldsymbol{X}_N)>0$ 恒成立。结论表明，在上述条件成立情况下，从 L 个可信赖供应商订货比从 $M-L$ 个不可信赖供应商或从所有 M 个供应商订货对零售商更有利。下述命题 6.4.6 对这一结论进行了具体描述。

命题 6.4.6 假设存在 M 个单位采购成本相同的供应商，其中 L 个供应商完全可信赖，余下 $M-L$ 个供应商不可信赖，并且订货量决策 $\boldsymbol{X}_i$，$\boldsymbol{Y}_i$ 和 $\boldsymbol{Q}_i$，$i=1, \cdots, N$，均满足预算约束，预算 B 值相同。如果 $c_i-\frac{(p_i-s_i)b_i}{2}-\frac{p_i+s_i}{2}<0$，$|a_i+\nu_i+(b_i-1)\boldsymbol{\mu}_i^T\boldsymbol{X}_i| < |a_i+\nu_i+(b_i-1)\boldsymbol{\mu}_i^T\boldsymbol{Y}_i|$ 且 $|a_i+\nu_i+(b_i-1)\boldsymbol{\mu}_i^T\boldsymbol{X}_i| < |a_i+\nu_i+(b_i-1)\boldsymbol{\mu}_i^T\boldsymbol{Q}_i|$，$\forall i=1, \cdots, N$，则向 L 个可信赖的供应商订货是最优策略。

6.5 数值分析

为了验证本章所提 DRO 方法在处理产出率和需求不确定性方面的有效性和实用性，针对多产品库存分布式鲁棒优化模型进行数值计算。评估鲁棒策略导致的绩效损失，并将 DRO 方法与 SAA 方法进行比较。进一步地，分析产出率均值和标准差、需求均值和标准差、单位采购成本、预算、库存弹性和产出率相关系数等参数对库存策略和期望利润的影响。为了探究不确定性扰动对零售商的库存策略和利润的影响，假设需求均值和标准差及产出率均值和标准差在一定范围内波动。

进一步地，针对单一不可信赖的供应商情况，采用计算机仿真随机生成具有代表性的、类似于市场需求结构及产出率结构的样本数据，并采用 Bootstrap 方法对产出率均值和标准差以及需求均值和标准差进行估计。在此基础上，分析零售商的库存策略，以从实际角度验证本章 DRO 方法在处理不确定性方面的有效性和实用性。此外，对 DRO 方法的样本外性能进行测试。下面给出实验设计和相应的数值结果。

6.5.1　实验设计

相关参数赋值为：$N=4$，$\boldsymbol{p}=(49,\ 43,\ 30,\ 27)^T$，$\boldsymbol{s}=(15,\ 13,\ 9,\ 5)^T$，$\boldsymbol{a}=(1000,\ 1300,\ 1500,\ 2000)^T$，$\boldsymbol{b}=(0.20,\ 0.24,\ 0.21,\ 0.22)^T$，$\boldsymbol{\nu}_0=(300,\ 360,\ 400,\ 470)^T$，$\boldsymbol{\tau}_0=(48,\ 61,\ 69,\ 80)^T$，$\boldsymbol{\mu}_0=(0.67,\ 0.68,\ 0.69,\ 0.70)^T$，$\boldsymbol{\sigma}_0=(0.02,\ 0.03,\ 0.04,\ 0.05)^T$ 和 $\boldsymbol{c}_0=(34,\ 30,\ 19,\ 15)^T$。令 $\boldsymbol{\nu}=\boldsymbol{\nu}_0$，$\boldsymbol{\tau}=\boldsymbol{\tau}_0$，$\boldsymbol{\mu}_u=\boldsymbol{\mu}_0$，$\boldsymbol{\sigma}_u=\boldsymbol{\sigma}_0$ 和 $\boldsymbol{c}_r=\boldsymbol{c}_u=\boldsymbol{c}_0$。为了验证基于本章方法得到的库存策略的鲁棒性，不失一般性地，假设产品的实际需求和供应商的实际产出率服从均匀分布。

6.5.1.1　单一供应商下的库存策略

针对仅有一个可信赖或不可信赖供应商情况，检验本章提出的 DRO 方法在处理供需不确定时的有效性。通过求解问题（6-17），确定零售商的最优库存策略和利润绩效。

进一步地，将 DRO 与 SAA 方法进行比较。当供应商完全可信赖时，SAA 方法下的零售商期望利润最大化问题可描述为：

$$\max_{Q_{11},\cdots,Q_{1N}}\left\{\sum_{i=1}^{N}\left(p_i\frac{1}{n}\sum_{g=1}^{n}\min(Q_{1i},\ D_i^g)+s_i\frac{1}{n}\sum_{g=1}^{n}(Q_{1i}-D_i^g)^+-c_{1i}Q_{1i}\right)\,\middle|\,\sum_{i=1}^{N}c_{1i}Q_{1i}\leqslant B\right\}\tag{6-37}$$

其中，$D_i^g=a_i+b_iQ_{1i}+\xi_i^g$，$\xi_i^g$ 表示随机需求 ξ_i 的第 g 个样本的观测值，$g=1,\ \cdots,\ n$，$n=200$。产品 i 的市场需求数据观测值是基于均匀分布采用随机生成的方式产生的，其中，均匀分布区间的下界为 $l_i=\nu_i-\sqrt{3}\tau_i$，上界为 $u_i=\nu_i+\sqrt{3}\tau_i$。基于此 n 个随机需求样本的观测值求解问题(6-37)，得不同预算 B 下零售商最优库存策略。进而，在均匀分布下，将此最优库存策略应用于模型(6-13)，其中 $j=1$，得 SAA 方法下零售商最优库存策略用于均匀分布的利润绩效，重复上述步骤 100 次，得不同预算 B 值下平均利润绩效。

当供应商不可信赖时，SAA 方法下的零售商期望利润最大化问题可描述为：

$$\max_{Q_{21},\cdots,Q_{2N}}\sum_{i=1}^{N}\left(p_i\frac{1}{mn}\sum_{z=1}^{m}\sum_{g=1}^{n}\min(\alpha_{2i}^zQ_{2i},\ D_i^{gz})+s_i\frac{1}{mn}\sum_{z=1}^{m}\sum_{g=1}^{n}(\alpha_{2i}^zQ_{2i}-D_i^{gz})^+-\right.$$

$$\frac{1}{m}\sum_{z=1}^{m}(c_{2i}\alpha_{2i}^{z}Q_{2i})\Big)$$

$$\text{s.t.} \sum_{i=1}^{N}\left(\frac{1}{m}\sum_{z=1}^{m}c_{2i}\alpha_{2i}^{z}Q_{2i}\right)\leqslant B \tag{6-38}$$

其中，$D_i^{gz}=a_i+b_i\alpha_{2i}^zQ_{2i}+\xi_i^g$，$\xi_i^g$ 表示随机需求 ξ_i 的第 g 个样本的观测值，$g=1, \cdots, n$，α_{2i}^z 表示随机产出率 α_{2i} 的第 z 个样本的观测值，$z=1, \cdots, m$，$m=200$。供应商对产品 i 的产出率样本数据观测值是在以 $l_{2i}=\mu_{2i}-\sqrt{3}\sigma_{2i}$ 和 $u_{2i}=\mu_{2i}+\sqrt{3}\sigma_{2i}$ 为区间的下界和上界中随机生成的。结合需求样本 ξ_i^g，求解问题(6-38)，得不同预算 B 下的零售商最优库存策略。同样，计算不同预算 B 下问题(6-38)的最优库存策略用于均匀分布下的平均利润绩效。

在仅有可信赖和不可信赖供应商情况下，将上述基于 SAA 方法得到的平均利润绩效与鲁棒库存策略用于均匀分布下所得到的利润绩效进行比较，以对比 DRO 方法和 SAA 方法的性能。

为了进一步检验需求概率分布的相关参数对零售商的订货决策和利润绩效的影响，考虑两组不同类型产品，这两组产品分别具有较低和较高的边际利润率，边际利润率定义为 p_i-c_{ji} 与 p_i-s_i 之比。其中，具有较低边际利润率的一组产品的单位成本向量和残值向量分别为 $\boldsymbol{c}_j=(35, 33, 22, 18)^T$ 和 $\boldsymbol{s}=(14, 12, 7, 4)^T$；另一组具有较高边际利润率产品的单位成本向量和残值向量分别为 $\boldsymbol{c}_j=\boldsymbol{c}_0$ 和 $\boldsymbol{s}=(15, 13, 9, 5)^T$。

令产品需求均值 $\boldsymbol{\nu}$ 和标准差 $\boldsymbol{\tau}$ 分别为：

$$\boldsymbol{\nu}=\boldsymbol{\nu}_0+k_1\boldsymbol{\nu}_0 \text{ 和 } \boldsymbol{\tau}=\boldsymbol{\tau}_0+t_1\boldsymbol{\tau}_0 \tag{6-39}$$

其中，$\boldsymbol{\nu}$ 和 $\boldsymbol{\tau}$ 随着 k_1 和 t_1 的变化而变化。

针对不可信赖供应商，令产出率均值 $\boldsymbol{\mu}_u$ 和标准差 $\boldsymbol{\sigma}_u$ 分别为：

$$\boldsymbol{\mu}_u=\boldsymbol{\mu}_0+k_2\boldsymbol{\mu}_0, \ \boldsymbol{\sigma}_u=\boldsymbol{\sigma}_0+t_2\boldsymbol{\sigma}_0 \tag{6-40}$$

进一步地，令 $B=210000$，分别在 $j=1$ 和 $j=2$ 的情况下分析库存弹性 b_i 和产出率不确定性对零售商库存策略和利润的影响。

6.5.1.2 两个供应商下的库存策略

本节将针对两个供应商情形，分析单位采购成本、产出率均值和标准差对零售商库存策略的影响，探究零售商的最优供货源。供应商 1 完全可信赖，其产出率均值和标准差分别为 $\mu_{1i}=1$ 和 $\sigma_{1i}=0$；供应商 2 不可信赖，其产出率均值和标准差分别为 $\mu_{2i}<1$ 和 $\sigma_{2i}>0$。为描述简便，令符号☆、★和◎分别表示仅向供应商 1 订货、仅向供应商 2 订货和向两个供应商订货。

进一步考虑两种情况：$\boldsymbol{c}_r\leqslant\boldsymbol{c}_u$ 和 $\boldsymbol{c}_r>\boldsymbol{c}_u$。针对此两种情况，分别探究预算 B、产出率均值 $\boldsymbol{\sigma}_u$ 和产出率标准差 $\boldsymbol{\mu}_u$ 对零售商库存策略的影响。

6.5.1.3　多个供应商下的库存策略

本节将分别针对具有多个同类供应商和多个非同类供应商情况，探究零售商的最优库存策略。假设零售商数量 $M=5$。为了分析产出率相关系数对零售商利润的影响，令 $\boldsymbol{\rho}_0^i=((\rho_{jh}^i)_0)j$，$h=1$，…，5，当 $j=h$ 时，$(\rho_{jh}^i)_0=1$。令 $\rho_{jh}^i=\theta(\rho_{jh}^i)_0\leqslant1$，$\forall j\neq h$，$j$，$h=1$，…，5，$i=1$，…，4，相关系数 ρ_{jh}^i 随 θ 的值的变化而变化。考虑以下两组相关系数：

$$(\text{I}):\ \boldsymbol{\rho}_0^1=\begin{pmatrix}1 & 0.600 & 0.452 & 0.572 & 0.562\\ 0.600 & 1 & 0.600 & 0.592 & 0.300\\ 0.452 & 0.600 & 1 & 0.572 & 0.280\\ 0.572 & 0.592 & 0.572 & 1 & 0.320\\ 0.562 & 0.300 & 0.280 & 0.320 & 1\end{pmatrix}$$

$$\boldsymbol{\rho}_0^2=\begin{pmatrix}1 & 0.510 & 0.380 & 0.622 & 0.420\\ 0.510 & 1 & 0.612 & 0.562 & 0.642\\ 0.380 & 0.612 & 1 & 0.420 & 0.360\\ 0.622 & 0.562 & 0.420 & 1 & 0.330\\ 0.420 & 0.642 & 0.360 & 0.330 & 1\end{pmatrix}$$

$$\boldsymbol{\rho}_0^3=\begin{pmatrix}1 & 0.421 & 0.324 & 0.623 & 0.380\\ 0.421 & 1 & 0.610 & 0.550 & 0.520\\ 0.324 & 0.610 & 1 & 0.420 & 0.420\\ 0.623 & 0.550 & 0.420 & 1 & 0.290\\ 0.380 & 0.520 & 0.420 & 0.290 & 1\end{pmatrix}$$

$$\boldsymbol{\rho}_0^4=\begin{pmatrix} 1 & 0.560 & 0.655 & 0.370 & 0.410 \\ 0.560 & 1 & 0.505 & 0.470 & 0.650 \\ 0.655 & 0.505 & 1 & 0.450 & 0.380 \\ 0.370 & 0.470 & 0.450 & 1 & 0.650 \\ 0.410 & 0.650 & 0.380 & 0.650 & 1 \end{pmatrix}$$

（Ⅱ）：$\boldsymbol{\rho}_0^i$ 为全 1 矩阵，$\forall i=1, 2, 3, 4$。

首先，考虑多个同类供应商情况，验证命题 6.4.5 中的结论。相关参数附值为：$\boldsymbol{c}_j=\boldsymbol{c}_0$，$\boldsymbol{\mu}_j=\boldsymbol{\mu}_0$，$\boldsymbol{\sigma}_j=\boldsymbol{\sigma}_0$ 和 $B=210000$。当仅向其中一个供应商订货时，求解问题(6-32)，得最优订货量 Q_i^* 和相应的期望利润。进一步地，令 $\sum_{j=1}^{M} Q_{ji}=Q_i^*$，求解问题(6-22)，得最优订货量 $\boldsymbol{Q}_i^*$ 和期望利润。此外，在不同 θ 下，计算 $\boldsymbol{Q}_i=\boldsymbol{Q}_i^*$ 时的期望利润。

其次，考虑多个非同类供应商情况。假设供应商 1 完全可信赖，其他供应商不可信赖，探究当 $c_i-\frac{(p_i-s_i)b_i}{2}-\frac{(p_i+s_i)}{2}<0$，$|a_i+\nu_i+(b_i-1)\boldsymbol{\mu}_i^T\boldsymbol{X}_i|<|a_i+\nu_i+(b_i-1)\boldsymbol{\mu}_i^T\boldsymbol{Y}_i|$ 和 $|a_i+\nu_i+(b_i-1)\boldsymbol{\mu}_i^T\boldsymbol{X}_i|<|a_i+\nu_i+(b_i-1)\boldsymbol{\mu}_i^T\boldsymbol{Q}_i|$，$\forall i=1, \cdots, 4$ 时，仅向供应商 1 订货是否能使零售商比向所有供应商或向 4 个不可信赖供应商订购相同数量产品时获得更高的利润。相关参数附值为：$\mu_{1i}=1$，$\boldsymbol{\sigma}_1=(0, 0.02, 0.08, 0.10, 0.15)^T$，$\boldsymbol{\sigma}_2=(0, 0.03, 0.12, 0.13, 0.25)^T$，$\boldsymbol{\sigma}_3=(0, 0.04, 0.18, 0.20, 0.30)^T$，$\boldsymbol{\sigma}_4=(0, 0.05, 0.22, 0.27, 0.32)^T$ 和 $B=210000$，其他参数值不变。当仅向可信赖供应商 1 订货时，将问题(6-22)中的订货量决策 $\boldsymbol{Q}_i$ 替换为 $\boldsymbol{X}_i=(\Omega_{1i}, 0, \cdots, 0)^T$，求解问题(6-22)，得最优订货量决策 $\boldsymbol{X}_i^*=(\Omega_{1i}^*, 0, \cdots, 0)^T$。当向所有 5 个供应商订货时，将产品 i 的订货量 Ω_{1i}^* 随机分配给 5 个供应商。不失一般性，随机生成 4 组随机数 $\hat{\mathcal{T}}^h=\{\hat{r}_j^h\}_{j=1,2,\cdots,5}$，$\forall h=1, 2, \cdots, 4$，其中 $\hat{r}_j^h\in[0, 1]$，满足 $\sum_{j=1}^{5}\hat{r}_j^h=1$，则向供应商 j 订购产品 i 的数量为 $\hat{r}_j^h\Omega_{1i}^*$。相似地，当向 4 个不可信赖供应商订货时，以随机生成的另外 4 组随机数 $\mathcal{T}^h=\{r_j^h\}_{j=2,3,4,5}$(其中 $r_j^h\in[0, 1]$，满足 $\sum_{j=2}^{5}r_j^h=1$，$h=1, 2, \cdots, 4$)为比例，将产品 i 的订货量 Ω_{1i}^* 随机分配给 4 个不可信赖供应商。

基于上述订货量决策，在两组相关系数及不同 θ 下，计算 $H(\boldsymbol{Q}_1, \cdots, \boldsymbol{Q}_N)$(6-34)和 $H(\boldsymbol{Y}_1, \cdots, \boldsymbol{Y}_N)$(6-36)及期望利润。令 Π_r、Π_M^h 和 $\Pi_u^h(h=1, \cdots, 4)$ 分别表示向单一可信赖供应商、所有 5 个供应商和 4 个不可信赖供应商订货时的期望利润。

6.5.1.4　实际应用

进一步地，将 DRO 方法应用于实际，分析单一不可信赖供应商下零售商的库存策略，相关参数赋值为：$N=4$，$\boldsymbol{p}=(53, 48, 36, 37)^T$，$\boldsymbol{s}=(17, 15, 10, 9)^T$，$\boldsymbol{a}=(1380, 1350, 1470, 1630)^T$，$\boldsymbol{b}=(0.22, 0.24, 0.23, 0.25)^T$ 和 $\boldsymbol{c}=(36, 34, 21, 20)^T$。基于随机生成的样本数据集 $D^{N^*}=\{\hat{\boldsymbol{\xi}}^1, \hat{\boldsymbol{\xi}}^2, \cdots, \hat{\boldsymbol{\xi}}^{N^*}\}$ 和 $Y^{N^*}=\{\hat{\boldsymbol{\alpha}}^1, \hat{\boldsymbol{\alpha}}^2, \cdots, \hat{\boldsymbol{\alpha}}^{N^*}\}$，采用 Bootstrap 方法估计随机需求和产出率的均值和标准差，其中，$N^*=100$，$\hat{\boldsymbol{\xi}}^{n^*}=(\hat{\xi}_1^{n^*}, \cdots, \hat{\xi}_N^{n^*})^T$，$\hat{\boldsymbol{\alpha}}^{n^*}=(\hat{\alpha}_1^{n^*}, \cdots, \hat{\alpha}_N^{n^*})^T$，$n^*=1, \cdots, N^*$。$\hat{\xi}_i^{n^*}$ 和 $\hat{\alpha}_i^{n^*}$ 分别表示产品 i 的第 n^* 个需求和产出率样本数据。具体地，采用 Bootstrap 方法抽取 1000 组随机需求和产出率样本，用于估计需求和产出率分布的总体均值和标准差，并构建总体均值和标准差的 95%置信区间。基于估计的均值和标准差，在 $j=2$ 下求解问题(6-17)，得最优鲁棒库存策略，并计算不同预算 B 下的绩效损失率。令需求和产出率的均值或标准差的置信区间为$[\boldsymbol{L}_x, \boldsymbol{U}_x]$，其中 $\boldsymbol{x} \in \{\boldsymbol{\nu}, \boldsymbol{\tau}, \boldsymbol{\mu}_u, \boldsymbol{\tau}_u\}$，$\boldsymbol{L}_x$ 和 $\boldsymbol{U}_x$ 分别表示区间的下界和上界。

令需求(产出率)的均值 $\boldsymbol{\nu}(\boldsymbol{\mu}_u)$ 和标准差 $\boldsymbol{\tau}(\boldsymbol{\sigma}_u)$ 如式(6-39)、式(6-40)所示，分析参数不确定性对库存策略和利润的影响。此外，在 $j=2$ 和 $B=260000$ 条件下，求解问题(6-17)，分析库存弹性 b_i 对订货量和利润的影响。

为了在不同样本规模下测试 DRO 方法的样本外性能，分别令 N^* 为 100、200、300、400、500、600 和 700。步骤如下：

（1）将需求数据集 D^{N^*} 随机划分为 K 个不相交子集 B_k^D，将产出率数据集 Y^{N^*} 随机划分为 K 个不相交子集 B_k^Y，$k=1, \cdots, K$。每对子集 B_k^D 和 B_k^Y，$k=1, \cdots, K$，依次作为测试数据集，其余子集的并集作为训练数据集，分别记为 C_k^D 和 C_k^Y。特别地，令 $K=5$。

（2）针对每对训练数据集 C_k^D 和 C_k^Y，利用 Bootstrap 抽样方法，计算得出

1000 个随机需求和随机产出率的均值和标准差，计算平均值作为总体统计量的估计值，并用于求解问题（6-17），其中 $j=2$，以确定最优鲁棒库存策略和最优利润 Π_{RO}^{k}。进一步地，根据 $\Pi_{OS}^{k}=\frac{1}{|V^k|}\sum_{l=1}^{|V^k|}\Pi_{OS}^{kl}$，计算样本外利润的平均值，其中，$\Pi_{OS}^{kl}$ 表示将鲁棒库存策略应用于测试数据集 B_k^D 和 B_k^Y 中第 l 个观测值时的样本外利润，$|V^k|=\frac{N^*}{K}$表示测试数据集的大小。

（3）根据 $\Pi_{RO}=\frac{1}{K}\sum_{k=1}^{K}\Pi_{RO}^{k}$ 和 $\Pi_{OS}=\frac{1}{K}\sum_{k=1}^{K}\Pi_{OS}^{k}$，分别计算鲁棒利润和利润 Π_{OS}^{k} 的平均值。

6.5.2 数值结果

下述数值结果的顺序与实验设计的顺序相同。

6.5.2.1 单一供应商下的数值结果

本节依次给出了单一可信赖和单一不可信赖供应商下的数值结果，并分析了库存弹性和产出率不确定性对库存策略和利润绩效的影响。

（1）单一可信赖供应商。当 $j=1$ 时，令预算 B 以 2000 为步长从 200000 增加到 220000。应用算法 6.4.1 计算不同 B 下的利润绩效，结果如图 6-2 所示。由图可以看出，鲁棒订货量、鲁棒利润、订货成本和均匀分布下将鲁棒订货量应用于模型（6-13）时的利润均随着预算 B 的增加而增加。然而，当 $B>216000$ 时，由于需求数量的限制，决策和利润不再随 B 的变化而变化。鲁棒最优利润绩效与均匀分布下的最优利润绩效非常接近。绩效损失高于 0.49 低于 373.88。当 $B=200000$ 时，绩效损失比率最大，为$\frac{109937-109563}{109937}\times100\%=0.34\%$。此值相对较小，表明 DRO 方法可有效对抗需求的不确定性扰动。

在比较 DRO 方法和 SAA 方法时，令 B 以 2000 为步长从 200000 变化到 216000，在两种方法下得到的库存策略应用于均匀分布时的利润绩效随预算变化的情况如图 6-3 所示。

（a）订货量

（b）期望利润和订货成本

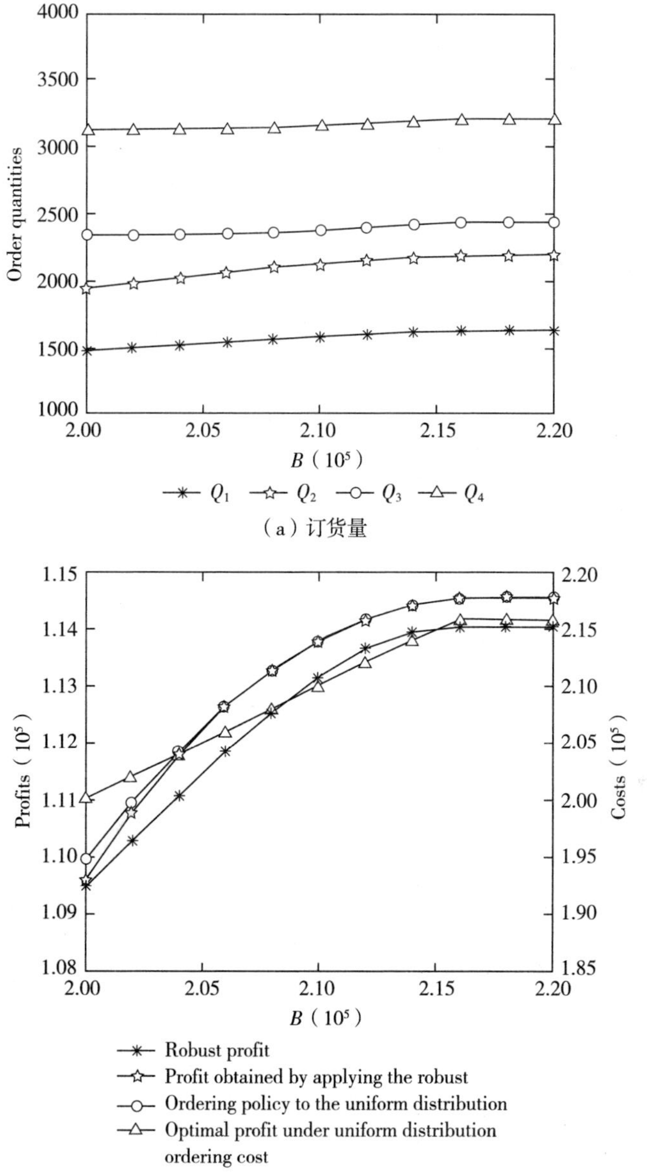

图 6-2　单一可信赖供应商的不同预算 B 下订货量、利润和订货成本

由图 6-3 可以看出，将 DRO 方法下的鲁棒订货量用于均匀分布下的期望利润普遍高于将 SAA 方法下的订货量用于均匀分布下的平均利润。结果表明，与

SAA 方法相比，本章 DRO 方法可有效抑制需求的不确定性对利润的影响。

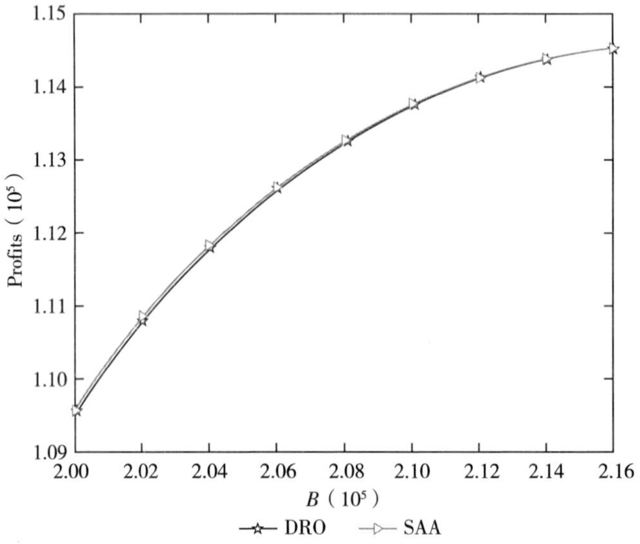

图 6-3　单一可信赖供应商下基于 DRO 方法和 SAA 方法的零售商利润

零售商期望利润与需求均值 $\boldsymbol{\nu}$ 和标准差 $\boldsymbol{\tau}$ 之间的关系如图 6-4 所示。基于式（6-39），令 k_1 和 t_1 分别以 0.1 为步长从 0 增加到 1。预算 $B=210000$。由图 6-4 可以看出，需求均值越大，利润越高；需求标准差越大，利润越低，说明需求的不确定性程度越高，对零售商利润的影响越大。此外，在相同的均值、标准差和预算下，边际利润率高的产品的利润绩效要高于边际利润率低的产品的利润绩效。

（2）单一不可信赖供应商。当 $j=2$ 时，令预算 B 以 2000 为步长从 200000 增加到 220000。图 6-5 中的结果揭示了与单一可信赖供应商情况相类似的变化规律。鲁棒订货量、订货成本、鲁棒利润和将鲁棒订货量决策用于均匀分布下的期望利润均随预算 B 的增加而增加。然而，当 $B>218000$ 时，这些数值结果不再发生变化。在不同的预算 B 下，绩效损失值从 0.86 增加到 81.86。当 $B=200000$ 时，绩效损失比率最高，为 $\frac{107857-107775}{107857}\times100\%=0.076\%$，此值很小，进一步证实了 DRO 方法在应对不确定性方面的有效性。

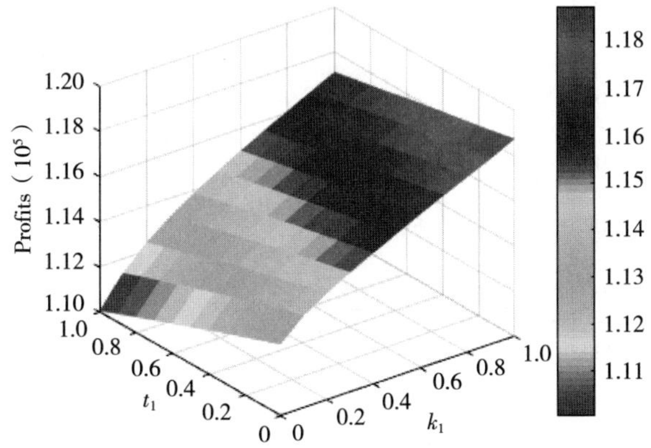

（a）高边际利润率

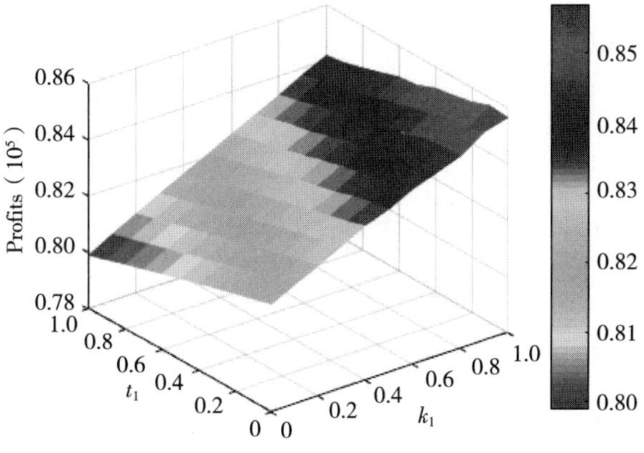

（b）低边际利润率

图 6-4　$B=210000$ 时利润与需求均值 ν 和标准差 τ 之间的关系

DRO 方法和 SAA 方法下的利润绩效如图 6-6 所示，预算 B 以 2000 为步长从 200000 变化到 216000。在相同的预算下，将鲁棒订货量决策用于均匀分布下的利润几乎均高于将 SAA 方法下的订货量决策用于均匀分布下的平均利润。结果进一步证实，与 SAA 方法相比，DRO 方法在处理需求和产出率不确定性方面更具有效性。

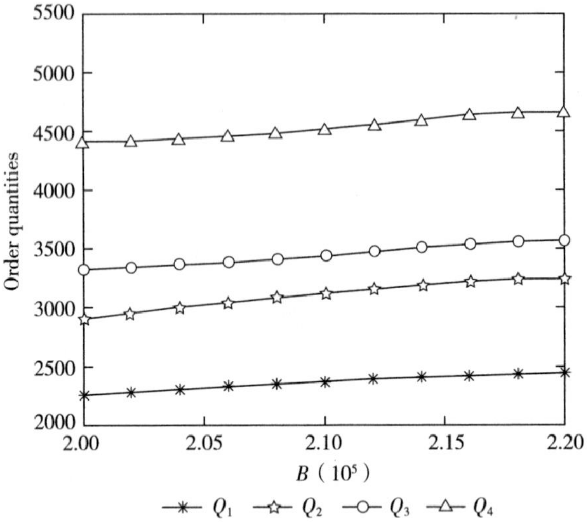

（a）订货量

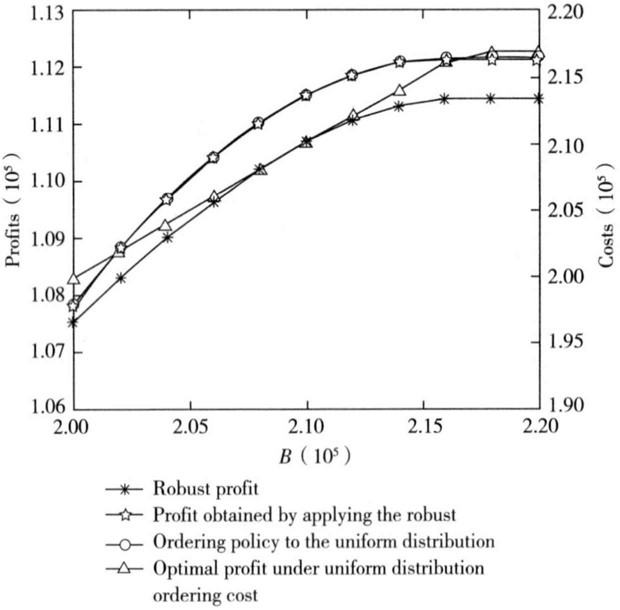

（b）期望利润和订货成本

图 6-5　单一不可信赖供应商的不同预算 B 下订货量、利润和订货成本

产出率均值 $\boldsymbol{\mu}_u$ 和标准差 $\boldsymbol{\sigma}_u$ 对利润的影响如图 6-7 所示。基于式(6-5)，令 $k_2(t_2)$ 以 0.1 为步长在-0.60(0)到 0.4(1)之间变化。预算 $B=210000$。由图 6-7

可以看出，零售商的利润随着 k_2 的增加而单调递增，表明当供应商的产出率较高时，零售商可获得更高利润。此外，零售商的利润随着 t_2 的增加而单调递减，说明产出率的不确定性水平越高，对零售商利润的负面影响越大。

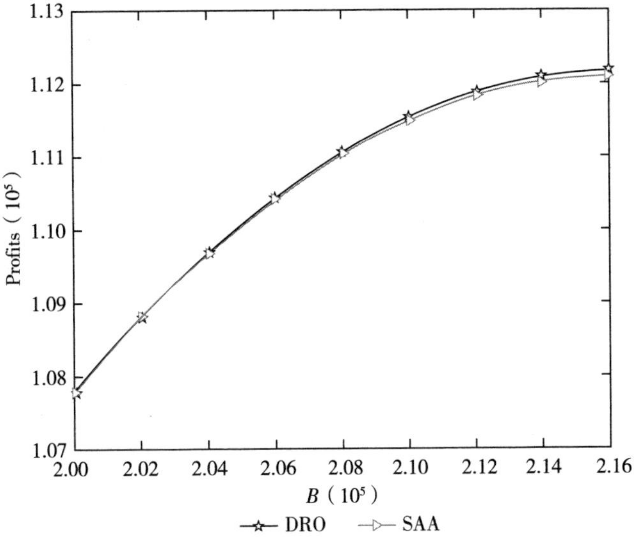

图 6-6　单一不可信赖供应商下基于 DRO 方法和 SAA 方法的零售商利润

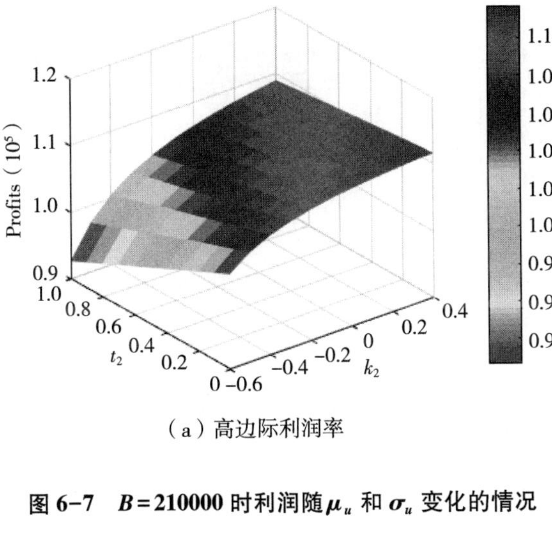

（a）高边际利润率

图 6-7　$B=210000$ 时利润随 μ_u 和 σ_u 变化的情况

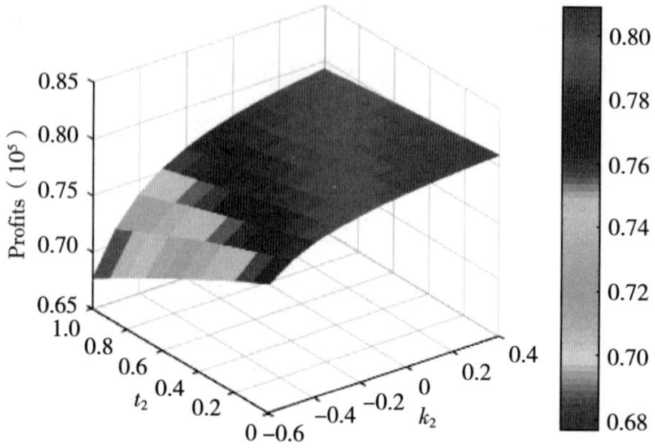

（b）低边际利润率

图 6-7　B=210000 时利润随 $\boldsymbol{\mu}_u$ 和 $\boldsymbol{\sigma}_u$ 变化的情况（续）

需求均值 $\boldsymbol{\nu}$ 和标准差 $\boldsymbol{\tau}$ 对利润绩效的影响与单一可信赖供应商情况一致。如图 6-8 所示，高边际利润率和低边际利润率产品的利润均随着 k_1 的增加而增加，但随着 t_1 的增加而减少。

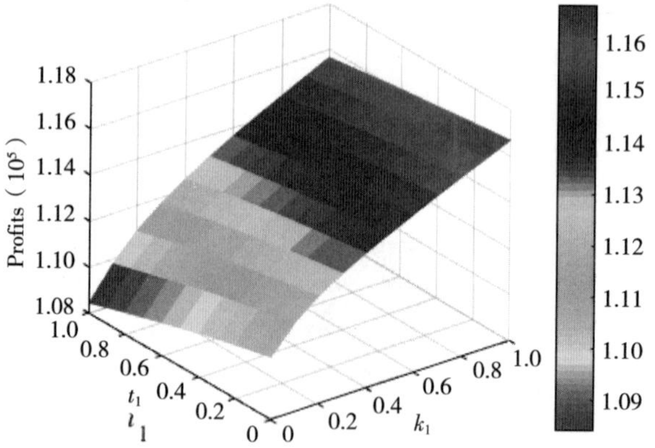

（a）高边际利润率

图 6-8　B=210000 时利润随 $\boldsymbol{\nu}$ 和 $\boldsymbol{\tau}$ 变化的情况

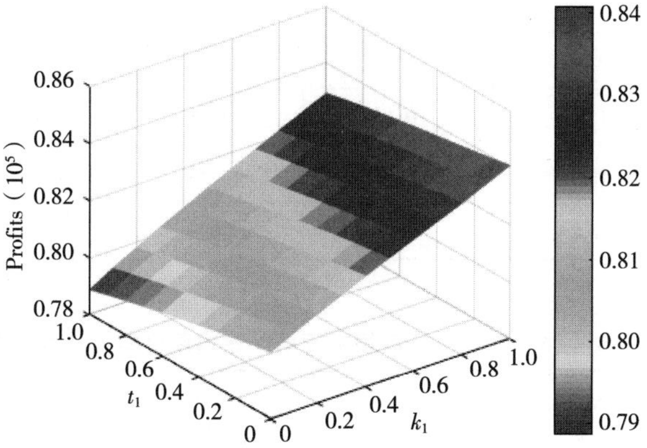

（b）低边际利润率

图 6-8　$B=210000$ 时利润随 ν 和 τ 变化的情况（续）

（3）库存弹性和产出率不确定性对零售商利润绩效及库存策略的影响。针对单一可信赖供应商和单一不可信赖供应商，库存弹性 b_i 对订货量决策和利润的影响分别见表 6-2 和表 6-3。由表 6-2 和表 6-3 可以看出，随着 b_i 的增加，零售商的利润单调递增，表明当库存弹性较高时，零售商可获得更高利润。

表 6-2　单一可信赖供应商下零售商订货量和利润

库存弹性	Q_{11}	Q_{12}	Q_{13}	Q_{14}	利润
b_i-50%	1443	1885	2136	2796	99543
b_i-40%	1477	1940	2190	2870	102138
b_i-30%	1513	1998	2246	2948	104871
b_i-20%	1551	2060	2306	3031	107753
b_i-10%	1590	2126	2369	3118	110797
b_i	1581	2125	2376	3158	113163
b_i+10%	1556	2096	2410	3229	114359
b_i+20%	1533	2038	2468	3323	115240

续表

库存弹性	Q_{11}	Q_{12}	Q_{13}	Q_{14}	利润
b_i+30%	1527	1949	2538	3426	116067
b_i+40%	1541	1830	2614	3537	116916
b_i+50%	1570	1684	2696	3656	117794

表 6-3　单一不可信赖供应商下零售商订货量和利润

库存弹性	Q_{21}	Q_{22}	Q_{23}	Q_{24}	利润
b_i−50%	2152	2766	3103	4016	96911
b_i−40%	2203	2848	3184	4129	99511
b_i−30%	2257	2935	3269	4248	102252
b_i−20%	2313	3028	3359	4375	105145
b_i−10%	2368	3119	3445	4499	108199
b_i	2369	3121	3435	4510	110702
b_i+10%	2355	3097	3450	4568	112279
b_i+20%	2329	3037	3502	4674	113374
b_i+30%	2305	2941	3585	4811	114299
b_i+40%	2294	2808	3687	4967	115186
b_i+50%	2303	2636	3800	5137	116084

通过比较表 6-2 和表 6-3 的数值结果可以看出，对于任意给定的 b_i，订货量 Q_{1i} 均小于订货量 Q_{2i}。当产出率不确定时，零售商需要增加订货量来对抗产出率不确定性产生的风险，因此，单一可信赖供应商下的零售商利润高于单一不可信赖供应商下的零售商利润。

6.5.2.2　两个供应商下数值结果

本节给出了两种情况 $\boldsymbol{c}_r \leqslant \boldsymbol{c}_u$ 和 $\boldsymbol{c}_r > \boldsymbol{c}_u$ 下预算 B、产出率均值 $\boldsymbol{\sigma}_u$ 和产出率标准差 $\boldsymbol{\mu}_u$ 对零售商库存策略的影响结果。特别地，在探究预算对库存策略的影响时，令 B 以 2000 为步长从 200000 增加到 220000。

（1）情况 1：$\boldsymbol{c}_r \leqslant \boldsymbol{c}_u$。本节仅给出了 $\boldsymbol{c}_r = \boldsymbol{c}_u$ 时零售商的最优库存策略。$\boldsymbol{c}_r < \boldsymbol{c}_u$

时零售商最优库存策略与 $\boldsymbol{c}_r=\boldsymbol{c}_u$ 时零售商的最优库存策略相同，因此不再给出。令单位采购成本 $\boldsymbol{c}_r=\boldsymbol{c}_u=(34,\ 30,\ 19,\ 15)^T$。由表 6-4 可以看出，当 $\boldsymbol{c}_r=\boldsymbol{c}_u$ 时，无论设定多少预算，向可信赖供应商订货是最优策略。

表 6-4 $c_r=c_u$ 时不同预算 B 下零售商库存策略

B	订货策略				利润	
	产品 1	产品 2	产品 3	产品 4	从供应商 2 订货	库存策略
200000	☆	☆	☆	☆	107566	109461
202000	☆	☆	☆	☆	108308	110279
204000	☆	☆	☆	☆	109008	111075
206000	☆	☆	☆	☆	109652	111838
208000	☆	☆	☆	☆	110224	112545
210000	☆	☆	☆	☆	110702	113163
212000	☆	☆	☆	☆	111070	113643
214000	☆	☆	☆	☆	111312	113933
216000	☆	☆	☆	☆	111430	114016
218000	☆	☆	☆	☆	111442	114016
220000	☆	☆	☆	☆	111442	114016

表 6-5 给出了产出率不确定性 $\boldsymbol{\sigma}_u$ 对库存策略的影响。产出率标准差 $\boldsymbol{\sigma}_u$ 的值如表第一列所示，令 $B=210000$。结果表明，无论产出率的不确定性扰动程度如何，向可信赖供应商订货对零售商更有利。

表 6-5 $c_r=c_u$ 时不同产出率标准差 $\boldsymbol{\sigma}_u$ 下零售商库存策略

$\boldsymbol{\sigma}_u$	订货策略				利润	
	产品 1	产品 2	产品 3	产品 4	从供应商 2 订货	库存策略
$(0.02,\ 0.03,\ 0.04,\ 0.05)^T$	☆	☆	☆	☆	110702	113163
$(0.05,\ 0.06,\ 0.07,\ 0.08)^T$	☆	☆	☆	☆	107289	113163
$(0.08,\ 0.09,\ 0.10,\ 0.11)^T$	☆	☆	☆	☆	103518	113163
$(0.11,\ 0.12,\ 0.13,\ 0.14)^T$	☆	☆	☆	☆	99625	113163
$(0.14,\ 0.15,\ 0.16,\ 0.17)^T$	☆	☆	☆	☆	95678	113163

续表

$\boldsymbol{\sigma}_u$	订货策略				利润	
	产品 1	产品 2	产品 3	产品 4	从供应商 2 订货	库存策略
$(0.17, 0.18, 0.19, 0.20)^T$	☆	☆	☆	☆	91701	113163
$(0.20, 0.21, 0.22, 0.23)^T$	☆	☆	☆	☆	87706	113163
$(0.23, 0.24, 0.25, 0.26)^T$	☆	☆	☆	☆	83761	113163
$(0.26, 0.27, 0.28, 0.29)^T$	☆	☆	☆	☆	79903	113163
$(0.29, 0.30, 0.31, 0.32)^T$	☆	☆	☆	☆	76151	113163
$(0.32, 0.33, 0.34, 0.35)^T$	☆	☆	☆	☆	72516	113163

产出率均值对库存策略的影响如表 6-6 所示。表第 1 列中给出了产出率均值 $\boldsymbol{\mu}_u$ 的不同取值，预算 $B=210000$。如表 6-6 所示，无论 $\boldsymbol{\mu}_u$ 如何变化，向可信赖供应商订货是最优策略。

表 6-6　$c_r=c_u$ 时不同产出率均值 $\boldsymbol{\mu}_u$ 下零售商库存策略

$\boldsymbol{\mu}_u$	订货策略				利润	
	产品 1	产品 2	产品 3	产品 4	从供应商 2 订货	库存策略
$(0.03, 0.04, 0.05, 0.06)^T$	☆	☆	☆	☆	52524	113163
$(0.07, 0.08, 0.09, 0.10)^T$	☆	☆	☆	☆	79426	113163
$(0.11, 0.12, 0.13, 0.14)^T$	☆	☆	☆	☆	90941	113163
$(0.15, 0.16, 0.17, 0.18)^T$	☆	☆	☆	☆	96969	113163
$(0.19, 0.20, 0.21, 0.22)^T$	☆	☆	☆	☆	100630	113163
$(0.23, 0.24, 0.25, 0.26)^T$	☆	☆	☆	☆	103079	113163
$(0.27, 0.28, 0.29, 0.30)^T$	☆	☆	☆	☆	104822	113163
$(0.31, 0.32, 0.33, 0.34)^T$	☆	☆	☆	☆	106120	113163
$(0.35, 0.36, 0.37, 0.38)^T$	☆	☆	☆	☆	107121	113163
$(0.39, 0.40, 0.41, 0.42)^T$	☆	☆	☆	☆	107912	113163
$(0.43, 0.44, 0.45, 0.46)^T$	☆	☆	☆	☆	108551	113163

（2）情况 2：$\boldsymbol{c}_r>\boldsymbol{c}_u$。令 $\boldsymbol{c}_r=(35, 33, 22, 18)^T$，不同预算 B 下的最优库存策略如表 6-7 所示。结果表明，仅向供应商 1 订货时的利润低于最优库存策略下的利润。此外，最优库存策略与预算 B 无关。

表 6-7　$c_r>c_u$ 时不同预算 B 下零售商库存策略

B	订货策略				利润	
	产品 1	产品 2	产品 3	产品 4	从供应商 1 订货	库存策略
200000	★	★	★	★	78874	107566
202000	★	★	★	★	79454	108308
204000	★	★	★	★	80059	109008
206000	★	★	★	★	80678	109652
208000	★	★	★	★	81275	110224
210000	★	★	★	★	81888	110702
212000	★	★	★	★	82484	111070
214000	★	★	★	★	83083	111312
216000	★	★	★	★	83686	111430
218000	★	★	★	★	84279	111442
220000	★	★	★	★	84876	111442

表 6-8 给出了当 $B=210000$ 时，不同 $\boldsymbol{\sigma}_u$ 下的最优库存策略，其中，表中第一列为 $\boldsymbol{\sigma}_u$ 的不同取值。结果表明，供应商 2 产出率的不确定性程度越高，零售商越会为多种类的产品制定双源采购策略，但零售商所得利润越低。

表 6-8　$c_r>c_u$ 时不同产出率标准差 $\boldsymbol{\sigma}_u$ 下零售商库存策略

$\boldsymbol{\sigma}_u$	订货策略				利润		
	产品 1	产品 2	产品 3	产品 4	从供应商 1 订货	从供应商 2 订货	库存策略
$(0.02, 0.03, 0.04, 0.05)^T$	★	★	★	★	87695	111442	111442
$(0.05, 0.06, 0.07, 0.08)^T$	★	★	★	★	87695	107835	107835
$(0.08, 0.09, 0.10, 0.11)^T$	◎	★	★	★	87695	103894	104389
$(0.11, 0.12, 0.13, 0.14)^T$	◎	★	★	★	87695	99850	101209
$(0.14, 0.15, 0.16, 0.17)^T$	◎	★	★	★	87695	95778	98055
$(0.17, 0.18, 0.19, 0.20)^T$	◎	★	★	★	87695	91720	94921
$(0.20, 0.21, 0.22, 0.23)^T$	◎	◎	★	★	87695	87706	92443
$(0.23, 0.24, 0.25, 0.26)^T$	◎	◎	★	◎	87695	83761	90598
$(0.26, 0.27, 0.28, 0.29)^T$	◎	◎	◎	◎	87695	79903	89834

续表

$\boldsymbol{\sigma}_u$	订货策略				利润		
	产品 1	产品 2	产品 3	产品 4	从供应商 1 订货	从供应商 2 订货	库存策略
$(0.29, 0.30, 0.31, 0.32)^T$	◎	◎	◎	◎	87695	76151	89371
$(0.32, 0.33, 0.34, 0.35)^T$	◎	◎	◎	◎	87695	72516	89052

表 6-9 给出了当 $B=210000$ 时，不同产出率均值$\boldsymbol{\mu}_u$ 下的最优库存策略，表中第一列给出了产出率均值$\boldsymbol{\mu}_u$ 的不同取值。结果表明，当不可信赖供应商的单位采购成本低于可信赖供应商的单位采购成本时，随着供应商 2 的产出率均值的增加，零售商越会为多种类的产品制定单源采购策略，即向不可信赖供应商进行采购。零售商利润随产出率均值$\boldsymbol{\mu}_u$ 增加而增加。

表 6-9　$c_r>c_u$ 时不同产出率均值$\boldsymbol{\mu}_u$ 下零售商库存策略

$\boldsymbol{\mu}_u$	订货策略				利润		
	产品 1	产品 2	产品 3	产品 4	从供应商 1 订货	从供应商 2 订货	库存策略
$(0.03, 0.04, 0.05, 0.06)^T$	◎	◎	◎	◎	87695	52524	88187
$(0.07, 0.08, 0.09, 0.10)^T$	◎	◎	◎	◎	87695	79426	89461
$(0.11, 0.12, 0.13, 0.14)^T$	◎	★	★	◎	87695	90966	92744
$(0.15, 0.16, 0.17, 0.18)^T$	◎	★	★	★	87695	97148	97900
$(0.19, 0.20, 0.21, 0.22)^T$	◎	★	★	★	87695	100946	101203
$(0.23, 0.24, 0.25, 0.26)^T$	◎	★	★	★	87695	103494	103521
$(0.27, 0.28, 0.29, 0.30)^T$	★	★	★	★	87695	105310	105310
$(0.31, 0.32, 0.33, 0.34)^T$	★	★	★	★	87695	106663	106663
$(0.35, 0.36, 0.37, 0.38)^T$	★	★	★	★	87695	107706	107706
$(0.39, 0.40, 0.41, 0.42)^T$	★	★	★	★	87695	108530	108530
$(0.43, 0.44, 0.45, 0.46)^T$	★	★	★	★	87695	109196	109196

6.5.2.3　多个供应商下数值结果

依次针对多个同类供应商及多个非同类供应商的情况进行分析。

(1) 同类供应商下的数值结果。在分析产出率相关系数对零售商利润的影响时，为了确保协方差矩阵$\Sigma_i=(\rho_{jh}^{i}\sigma_{ji}\sigma_{hi})_{j,h=1,\cdots,5}$ 的半正定性，针对第(Ⅰ)组和第(Ⅱ)

组中的相关系数，令 θ 以 0.1 为步长分别在−0.4~1.3 和−0.2~1.0 变化。

当仅向一个供应商订货时，最优订货量决策为 $Q_1^*=2368.55$，$Q_2^*=3120.76$，$Q_3^*=3435.09$ 和 $Q_4^*=4510.17$，最优利润为 110702。当向所有供应商订货时，令 $\sum_{j=1}^{5} Q_{ji}=Q_i^*$，$\forall i=1$，…，4，计算不同 θ 值下的零售商利润如图 6-9 所示。结

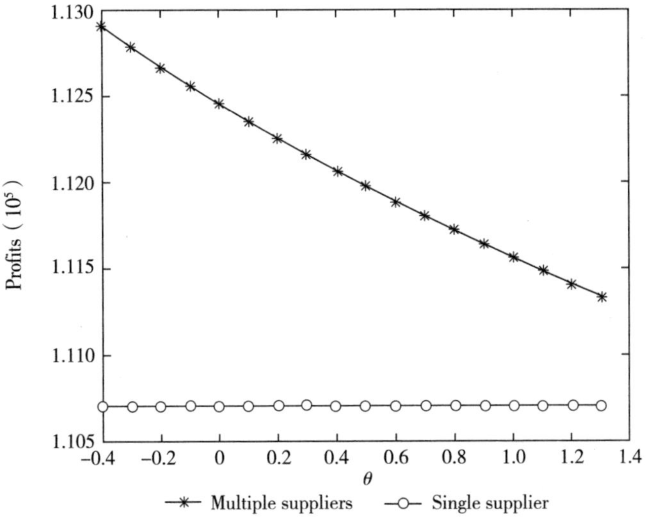

（a）第（Ⅰ）组

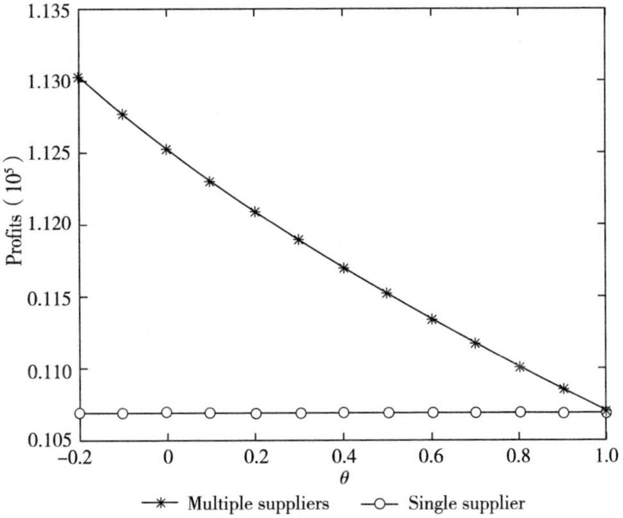

（b）第（Ⅱ）组

图 6-9　产出率相关系数对利润的影响

果表明，除了 $\rho_{jh}^{i}=1$，$\forall j\neq h$，j，$h=1$，…，5，$i=1$，…，4，这一特殊情况外，向多个供应商订货时的利润高于向单一供应商订货时的利润。此外，向多个供应商订货时的利润随着 θ 的减小而增加，这是由于 θ 值越小，ρ_{jh}^{i} 值越小，从而产出率不确定性越低。显然，这些数值结果证实了第 7.3.2.2 节中相关理论的正确性。

（2）非同类供应商下的数值结果。当向多个非同类供应商订货时，针对第（Ⅰ）组和第（Ⅱ）组中的相关系数，令 θ 以 0.1 为步长分别从 -0.6 增加到 1.3，从 -0.3 增加到 1.0。当仅向可信赖供应商订货时，最优订货量为 $\mathcal{Q}_{11}^{*}=1580.71$，$\mathcal{Q}_{12}^{*}=2125.07$，$\mathcal{Q}_{13}^{*}=2376.34$ 和 $\mathcal{Q}_{14}^{*}=3157.53$，最优利润为 113163。向所有 5 个供应商或向 4 个不可信赖供应商订货时，得到的利润如图 6-10 所示。结果表明，向可信赖供应商订货时的利润高于向所有 5 个供应商订货或向 4 个不可信赖供应商订货时的利润。此外，向多个供应商订货时的利润随 θ 的增加而减小，说明降低产出率的相关性可以有效提高零售商利润。

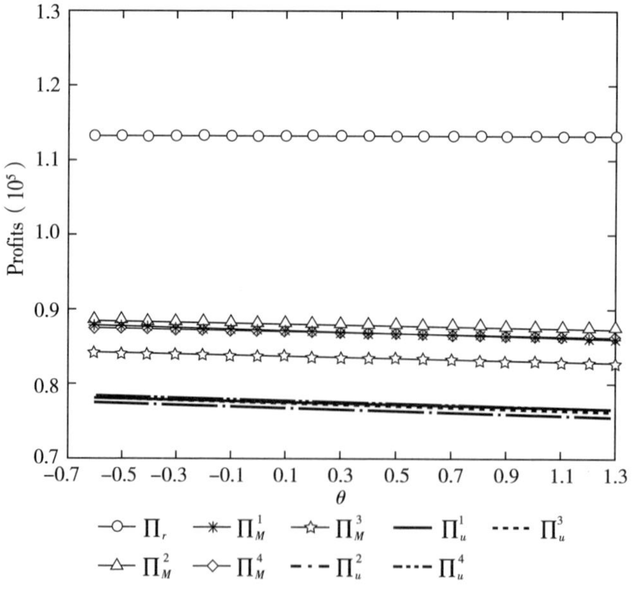

（a）第（Ⅰ）组

图 6-10 利润与产出率相关系数之间的关系

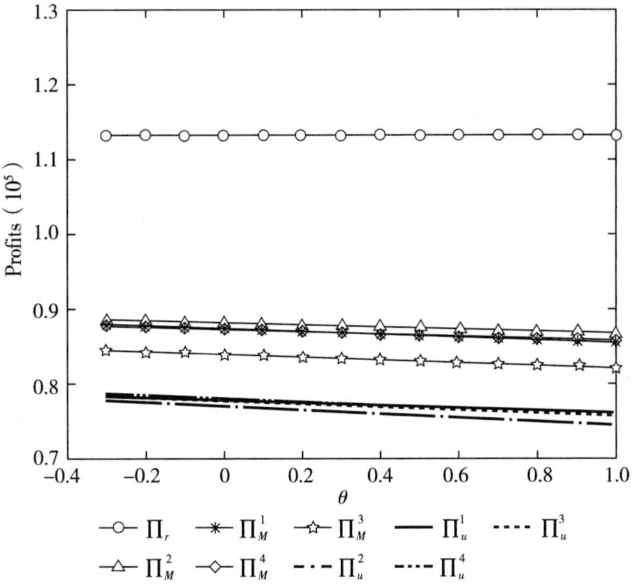

（b）第（Ⅱ）组

图 6-10 利润与产出率相关系数之间的关系（续）

6.5.2.4 实际应用结果

在实际应用中，令 B 以 2000 为步长从 256000 增至 276000，对模型（6-15）的性能进行评估，利用 Bootstrap 方法估计需求和产出率的均值和标准差分别为 $\boldsymbol{\nu}=(310, 357, 400, 478)^T$，$\boldsymbol{\tau}=(157.88, 161.72, 179.72, 182.61)^T$，$\boldsymbol{\mu}_u=(0.67, 0.67, 0.71, 0.71)^T$ 和 $\boldsymbol{\sigma}_u=(0.11, 0.12, 0.14, 0.13)^T$。需求和产出率的均值和标准差的置信区间的边界分别为 $\boldsymbol{L}_{\boldsymbol{\nu}}=(280, 326, 362, 441)^T$，$\boldsymbol{U}_{\boldsymbol{\nu}}=(342, 390, 434, 512)^T$，$\boldsymbol{L}_{\boldsymbol{\tau}}=(148, 150, 167, 168)^T$，$\boldsymbol{U}_{\boldsymbol{\tau}}=(172, 178, 197, 201)^T$，$\boldsymbol{L}_{\boldsymbol{\mu}_u}=(0.65, 0.65, 0.68, 0.69)^T$，$\boldsymbol{U}_{\boldsymbol{\mu}_u}=(0.69, 0.69, 073, 0.74)^T$，$\boldsymbol{L}_{\boldsymbol{\sigma}_u}=(0.10, 0.11, 0.13, 0.12)^T$ 和 $\boldsymbol{U}_{\boldsymbol{\sigma}_u}=(0.12, 0.13, 0.15, 0.15)^T$，结果如图 6-11 所示。由图 6-11 可以看出，随着预算 B 的增加，鲁棒订货量、订货成本、鲁棒利润和将鲁棒订货量用于均匀分布下的期望利润均增加。当 $B>274000$ 时，这些值不再变化。绩效损失从 73.84 增加到 498.72。当 $B\geqslant 274000$ 时，绩效损失率最高，为 $\frac{132537-132038}{132537}\times 100\%=0.38\%$。此值很小，进一步证实了所提

DRO 方法的鲁棒性。

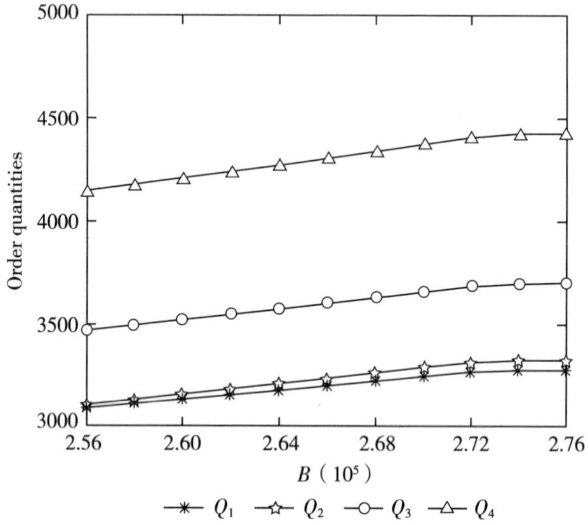

（a）订货量

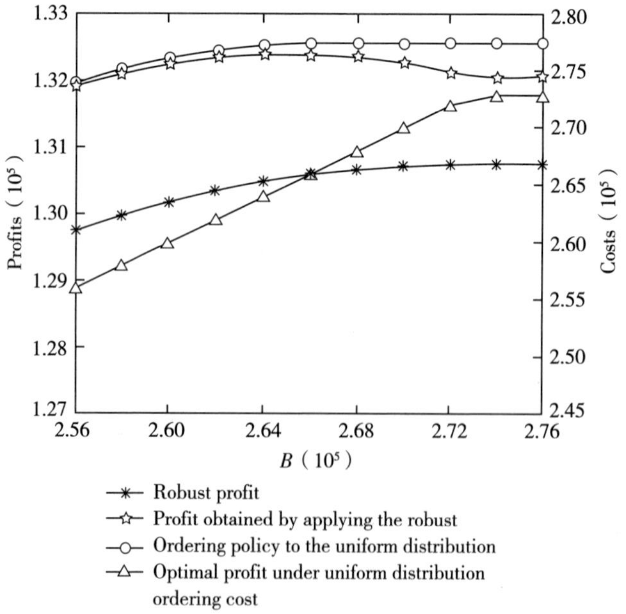

（b）利润和订货成本

图 6-11　不同预算 *B* 下的订货量、利润和订货成本

零售商利润与需求(产出率)均值 $\boldsymbol{\nu}(\boldsymbol{\mu}_u)$ 和标准差 $\boldsymbol{\tau}(\boldsymbol{\sigma}_u)$ 之间的关系如图 6-12 所示。根据式(6-39)和(6-40)，令 k_1，t_1 和 t_2 以 0.02 为步长从-0.06 增加到 0.06；k_2 以 0.01 为步长从-0.02 增加到 0.02。预算 $B=260000$。由图 6-12 可以看出，需求或产出率的均值越大，利润越高；需求或产出率的标准差越大，利润越低，说明不确定性程度越高，对利润绩效的不利影响越大。

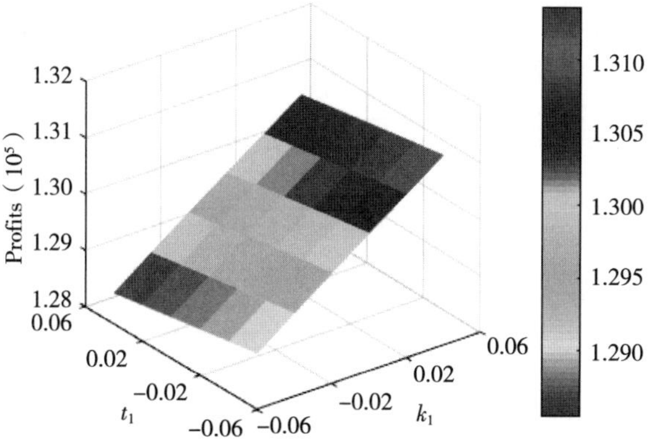

（a）利润随 $\boldsymbol{\nu}$ 和 $\boldsymbol{\tau}$ 的变化

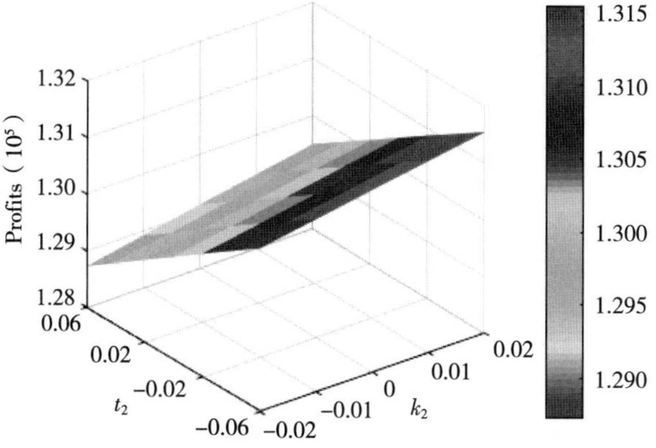

（b）利润随 $\boldsymbol{\mu}_u$ 和 $\boldsymbol{\sigma}_u$ 的变化

图 6-12　$B=260000$ 时利润随 $\boldsymbol{\nu}$，$\boldsymbol{\tau}$，$\boldsymbol{\mu}_u$ 和 $\boldsymbol{\sigma}_u$ 的变化情况

表 6-10 给出了库存弹性 b_i 对订货量和利润的影响。可见，利润随 b_i 的增加而增加，说明较高的库存弹性有利于提高零售商的利润绩效。

表 6-10 实际应用中订货量和利润

库存弹性	Q_{21}	Q_{22}	Q_{23}	Q_{24}	利润
b_i-50%	2791	2785	3062	3558	109638
b_i-40%	2877	2878	3169	3698	113323
b_i-30%	2967	2978	3285	3852	117247
b_i-20%	3063	3085	3411	4022	121437
b_i-10%	3144	3176	3520	4178	125908
b_i	3136	3163	3523	4210	130175
b_i+10%	3125	3137	3535	4258	133980
b_i+20%	3109	3093	3562	4327	137335
b_i+30%	3092	3022	3607	4423	140301
b_i+40%	3077	2914	3675	4550	142971
b_i+50%	3071	2758	3769	4711	145452

对样本外性能进行评估，结果如图 6-13 所示。平均样本外利润 Π_{OS} 和平均鲁棒利润 Π_{RO} 均随着 N^* 的增加而增加，并且当给定 N^* 时，Π_{OS} 均高于 Π_{RO}，表明 DRO 下的库存策略具有良好的样本外性能。研究结果亦表明，在实践中，零售商应妥善记录每日的销售数据，以提高利润绩效。

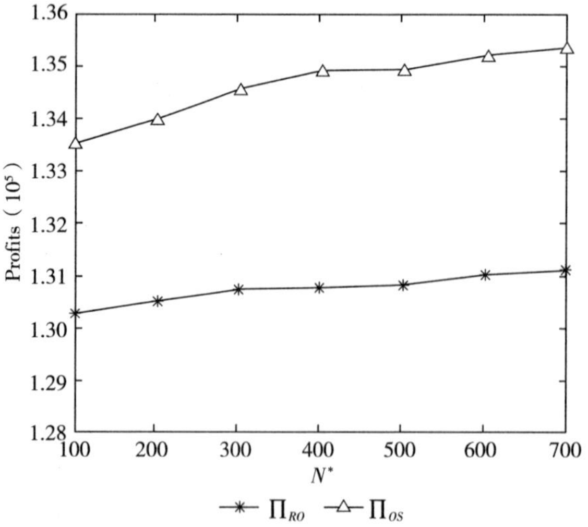

图 6-13 $B=260000$ 时利润随 N^* 的变化情况

6.6 管理启示

本章提出的 DRO 方法可为管理者在供应商产出率和需求不确定条件下制定合理的库存策略提供有效的决策支持。基于模型分析和数值结果，管理见解总结如下：

（1）库存弹性越大，代表顾客对高质量服务的期望越高。增加库存弹性可提高零售商的最优库存水平，从而增加需求量和利润。

（2）当存在两个供应商（一个完全可信赖，另一个不可信赖）时，仅以较低或相等的单位成本向可信赖供应商订货才会对零售商更有利。当可信赖供应商的单位采购成本高于不可信赖供应商的单位采购成本时，零售商应向不可信赖供应商订货或进行双源采购，但需进一步根据单位采购成本及不可信赖供应商的产出率均值和标准差来确定。

（3）当存在多个同类供应商，其具有相同的单位采购成本及产出率均值和标准差时，选择向多个供应商订货对零售商更有利。当存在多个非同类供应商，其中一些完全可信赖，另一些不可信赖，单位采购成本相同时，如果命题 6.4.6 中的条件成立，则向可信赖供应商订货才会对零售商更有利。

（4）当向多个供应商订货时，可以通过降低供应商产出率之间的相关性来降低产出率的不确定性，提高零售商利润。

（5）在经营过程中，零售商应注重收集日常销售数据。特别地，建议零售商将 DRO 方法与 Bootstrap 方法相结合进行库存决策，以有效应对不确定性扰动，从而改进库存策略的制定水平。

6.7 本章小结

本章采用 DRO 方法研究供需不确定下的多供应商多产品库存决策问题，并提出 Bootstrap 方法估计未知参数的矩信息。在仅能获取随机产出率和随机需求的一阶矩和二阶矩信息下，建立了多产品库存分布式鲁棒优化模型。通过数学推导，将所建模型转化为了易于求解的凸优化模型。针对仅存在一个可信赖或不可信赖供应商情况，推导出了订货量的闭式解，并给出了相应的求解算法。此外，分别针对存在两个（一个完全可信赖，另一个不可信赖）供应商和多个同类或非同类供应商情况，刻画了零售商的最优库存策略。数值实验验证了所提 DRO 方法在应对产出率和需求不确定性方面的有效性和实用性，证实了依据本章方法制定的库存策略可以明显改善零售商的利润绩效，且具有良好的样本外性能。

第 7 章　结论与展望

7.1　研究成果和结论

随着企业运营环境不确定性的加剧，企业承受着越来越大的压力。在竞争激烈的市场环境中，如何应对不确定性成为企业的关键问题。不确定性是影响企业运作绩效的主要因素之一。本书针对不同运作背景下的多产品库存决策问题进行了深入分析，得到了能够有效对抗不确定性扰动的数据驱动多产品库存鲁棒运作策略，旨在为决策者在不确定环境下制定库存决策提供理论依据。下面对相关研究成果和结论进行总结阐述。

（1）针对联合订货下的多产品库存决策问题，首先，假设每种产品的需求可能存在多种情景，每种情景发生的概率未知，隶属于某一不确定集，采用鲁棒优化方法建立了考虑联合订货成本的多产品库存鲁棒优化模型。其次，基于 K_0-凸函数的定义和相关性质，证明了存在最优的（$\boldsymbol{s}$，$\boldsymbol{S}$）库存策略，并给出了最优订货量决策的闭式解。进一步地，利用 ϕ-散度构建了满足一定置信水平的不确定概率的置信域，在此基础上，建立了联合订货下基于 ϕ-散度的数据驱动多产品库存鲁棒优化模型，并利用拉格朗日对偶理论将所建模型转化为了易于求解的数学模型，确定了最优（$\boldsymbol{s}$，$\boldsymbol{S}$）库存策略参数。最后，通过数值分析验证了鲁棒库存策略在应对需求不确定性方面的有效性。在不同置信水平下分析了样本规模对决策和成本绩效的影响，在不同初始库存水平下分析了多产品库存成本绩效情况。

结果表明：①当库存决策者缺乏精准的需求分布信息时，本书构建的联合订货下基于ϕ-散度的数据驱动多产品库存鲁棒优化模型能够有效抑制需求不确定性的影响，确保库存管理者获得理想的运作绩效。另外，相对于已知真实需求数据下的最优情况损失较小，表明本书中所建模型具有良好的鲁棒性。②获得的需求信息随着样本规模的增加变得愈加准确，从而绩效损失随着样本规模的增加而减小。决策者在日常经营过程中应注重数据的收集，提高需求隶属区间范围的精度，从而降低因难以掌握完备需求信息所带来的绩效损失。③在决策制定过程中，库存管理者可选择较高的置信水平来改进决策效果。在市场波动频繁的情境下，提高置信水平意味着更加谨慎地估计各种风险，并采取更为保守的决策策略。保守性决策有助于避免潜在的损失，并为企业在不确定的环境中保持稳健的库存管理提供支持，但同时，过高的置信水平可能导致过度谨慎和错失机遇。库存管理者需在提高决策可靠性的同时，灵活运用不同的置信水平，以适应市场的变化，确保决策具有良好的鲁棒性。④在（s，S）策略下，企业可通过比较其初始库存水平与再订货点的高低而做出是否采购以及采购多少数量的决策。

（2）针对考虑交叉销售的多产品库存决策问题。首先，定义了产品的有效需求函数，建立了交叉销售下带有预算约束的多产品库存鲁棒优化模型。其次，利用 WGIK 核函数构建了满足一定置信水平的数据驱动不确定集，在此基础上，建立了交叉销售下基于 SVC 的数据驱动多产品库存鲁棒优化模型，进一步地，利用对偶理论将所建模型转化为了易于求解的数学模型，并给出了确定最优库存策略的求解步骤。最后，通过数值分析检验了本书中方法在应对需求不确定性方面的能力，分析了样本规模、不确定集合保守性、交叉销售系数和预算对决策和利润的影响，将本书中方法与传统的基于盒子、椭球的鲁棒优化方法进行了比较分析。

结果表明：①与传统鲁棒优化方法相比，本书中提出的数据驱动鲁棒优化方法能够更有效地抑制需求不确定性扰动。数据驱动的决策能够实现库存的精确管理，有助于提高销售效率，满足客户需求，提升客户满意度，进而促使销售额增加。②本书中方法会导致一定的绩效损失，但损失值很小。绩效损失随着集合保守性的增加而增加，随着样本规模的增加而减小，因此，库存管理者需合理选择保守性水平，以确保决策的鲁棒性，同时需充分利用大规模样本数据，以最小化潜在绩效损失。③零售商的资金越充足，获得的利润越高。因此，库存管理者在决策中应该注重资金的有效配置，提高资金的利用效率。适度的预算投入可能在面对不确定性时发挥关键作用，确保零售商能够更灵活地应对市场波动，并在竞争中保持竞争优势。④一种产品对其他产品的交叉销售影响越大，零售商的利润损失就越大，因此，在采购时，零售商应重点关注产品之间的交叉销售影响，以及采购那些对整体销售组合影响较小的产品。

（3）针对考虑服务水平约束的双渠道多产品库存决策问题，首先，定义了需求为关于价格和在线提前期的线性函数，并将服务水平约束建模为联合机会约束。在此基础上，建立了带有联合机会约束的双渠道多产品库存鲁棒优化模型。其次，给出了当需求分布已知，为正态分布时，机会约束的保守近似，建立了已知分布下带有服务水平约束的双渠道多产品库存优化模型。进一步地，基于Wasserstein度量构建了需求概率分布不确定集，在此基础上，建立了服务水平约束下基于Wasserstein度量的数据驱动多产品库存鲁棒优化模型，并应用对偶理论及CVaR近似将所建模型转化为了双线性规划，进而利用分段仿射松弛近似技术将双线性项线性化，得到易于求解的MIQP。最后，通过数值分析检验了本书中方法在应对需求不确定性方面的能力，评估了样本外绩效，分析了样本规模、机会约束松紧度、成本参数、提前期敏感性、价格敏感性、渠道偏好指数对策略及期望利润的影响。

结果表明：①由于需求分布信息缺失，鲁棒运作策略导致了部分绩效损失，但损失值很小，表明本书中方法具有良好的鲁棒性。此外，鲁棒运作策略具有良好的样本外性能，并且使得零售商获得了高于预设的服务水平。②决策者掌握的信息越多，做出的决策越接近最优情况。③零售商可通过设定较低的服务水平来降低库存，削减持有成本，提升资金周转，从而刺激销售收入增长。然而，短期内高收入可能会伴随客户满意度的降低、潜在忠诚客户的流失以及品牌声誉的下降。因此，零售商在设定服务水平时需全面考虑短期盈利和长远可持续发展之间的平衡。④较长的提前期可能导致需求流失，而过短的提前期可能导致零售商成本激增。因此，零售商在设定在线提前期时需全面考虑消费者预期与投资成本，以避免需求流失或成本大幅上升。⑤当消费者对价格较为敏感时，零售商可适度降低产品价格以吸引更多顾客。然而，过低的价格战可能导致品牌形象受损，并降低产品价值感。因此，零售商在制定价格策略时应注重平衡，确保价格调整不仅能够吸引更多的敏感消费者，还要保持产品和品牌的价值感。⑥适当提高消费者的渠道偏好对零售商是有利的，但企业要积极采取措施使得两渠道均尽可能地吸引新的消费者群体，以寻求企业的未来发展。

（4）针对供需不确定下的多供应商多产品库存决策问题，首先，定义了产品需求为关于当前库存水平的线性函数。在此基础上，建立了带有预算约束的多产品库存鲁棒优化模型。其次，采用 Bootstrap 方法估计了随机参数的统计量，在仅知未知参数的均值和方差信息下构建了未知参数的概率分布不确定集，并确定了最差分布为两点分布。进一步，针对单一供应商情况，建立了带有预算约束的数据驱动多产品库存分布式鲁棒优化模型，并给出了最优订货量的闭式解和求解算法。针对多个供应商情况，建立了带有预算约束的数据驱动多产品库存分布式鲁棒优化模型，并给出了最优订货量的最优性条件以及订货量非负的充要条件。针对两个供应商（一个完全可信赖，另一个不可信赖）、多个同类和多个非同类供应商情况，分析了零售商的最优库存策略，详细讨论了最优供货源及改进利润绩效的措施。最后，通过数值分析检验了本书中方法在抑制需求和产出率不确定性方面的能力，并对相关参数进行了灵敏度分析，探究了选择哪个或哪些供应商对零售商更有利。

结果表明：①相较于 SAA 方法，本书中方法在应对需求和产出率的不确定性扰动方面更为有效。②库存弹性越高，零售商的利润越高，而不确定性水平越高，零售商的利润越低。③在两个供应商情况下，当可信赖供应商的单位采购成本低于或等于不可信赖供应商的单位采购成本时，向可信赖供应商订货是最优策略；当可信赖供应商的单位采购成本高于不可信赖供应商的单位采购成本时，零售商需根据不可信赖供应商的供货能力（即产出率均值）灵活调整采购策略。具体而言，当不可信赖供应商的产出率均值逐渐增加时，零售商可以考虑为更多种类的产品实施单源采购策略，即集中向不可信赖供应商采购。在此情况下，零售商的利润随着产出率均值的增加而增加。当不可信赖供应商的产出率的不确定性增加时，零售商需要更谨慎地制定采购策略。在这种情况下，零售商可能会倾向于为更多种类的产品实施双源采购策略，同时从可信赖供应商和不可信赖供应商处进行采购，以应对不确定性增加造成的影响。然而，双源采购策略可能导致利润降低。④在多个同类供应商情况下，多源采购优于单源采购。多源采购降低了对单一供应商的过度依赖，减少了由于某一供应商而导致的潜在风险。⑤在多个非同类供应商情况下，需依据本书中给出的判定条件选择供货源。⑥零售商应该积极寻求多样化的供应商，以减少它们之间的相关性。这种多元化有助于降低单一供应链的风险。特别地，在经营过程中，零售商应注重收集日常销售数据，以便获取更准确的统计量估计，提高库存管理的效率，减少资金占用和滞销风险。

7.2 主要贡献

本书针对基于数据驱动的多产品库存鲁棒优化问题进行了深入分析和探讨，主要贡献体现在以下四个方面：

7.2.1 研究问题方面

（1）需求不确定下考虑联合订货成本的多产品库存鲁棒优化问题。传统库存决策问题研究在基于已知随机参数的完备信息基础上考虑了联合订货产生的固定成本以及具有（s，S）结构的库存策略。然而，在基于鲁棒优化和/或数据驱动的库存问题研究中，鲜有学者探究多产品库存策略，更是缺乏对多产品联合订货导致的固定成本和具有上述结构的库存策略的分析。本书针对需求不确定下考虑联合订货成本的多产品库存鲁棒优化问题进行研究，重点探究了（s，S）库存策略，丰富了多产品库存管理理论研究，为学术界提供了新的理论视角。

（2）需求不确定下考虑交叉销售的多产品库存鲁棒优化问题。现有关于考虑交叉销售的多产品库存问题的研究大多关注于已知完备需求信息下的多产品库存策略，并且很少考虑预算约束。本书从产品间的交叉销售影响出发，在仅知历史需求数据的基础上，探究预算资金有限情况下零售商的多产品库存策略，在理论上丰富了多产品库存问题的研究框架，并具有一定的实践参考价值。

(3) 需求不确定下带有服务水平约束的双渠道多产品库存鲁棒优化问题。本书将服务水平约束纳入分析中，在仅能获取历史需求数据的基础上，探究了线上、线下双渠道运营的零售商的最优价格、订货量和在线提前期决策。本书在仅知历史需求数据和满足特定服务水平的情况下进行决策，扩展了已有关于双渠道库存问题的研究。本书研究问题的结构比较复杂，但问题更加贴近实际。

(4) 供需不确定下带有预算约束的多供应商多产品库存鲁棒优化问题。不同于已有的关于供需不确定环境下的库存问题研究，本书专注于多产品库存系统，通过历史销售数据获取随机需求和随机产出率的均值和标准差，并在供应商的产出率具有一定相关性的情况下探讨了零售商的订货量决策。特别地，针对同类和非同类供应商，分析了零售商的最优供货源。本书深化了关于多供应商多产品库存优化问题的研究，结果表明更具指导性和实际应用性。

7.2.2 模型建立方面

针对上述研究问题，本书将数据驱动思想与鲁棒优化方法相结合，在仅知未知参数历史数据基础上，采用基于 ϕ-散度、SVC 和 Wasserstein 度量的数据驱动方法，构建了具有一定置信水平的需求（概率分布）不确定集，采用 Bootstrap 方法对需求均值和标准以及产出率均值和标准差进行估计，构建了关于未知参数的概率分布不确定集。在此基础上，建立了相应的基于数据驱动的多产品库存（分布式）鲁棒优化模型，所建模型更具柔性和应用的广泛性。本书中方法可有效改进传统鲁棒优化建模的保守性，为企业管理者在不确定环境下制定更为切实可行的库存策略提供了有效的决策支持。

7.2.3 模型求解方面

基于所建不确定集构建的多产品库存鲁棒优化模型可能具有非凸性、非线性，对模型求解提出了挑战。本书将线性对偶和拉格朗日对偶理论应用于所建模型，或进一步结合 CVaR 近似、线性化技术等一系列手段将所建模型等价或近似转化为易于求解的数学模型。最终，利用一阶最优性条件、拉格朗日乘子技术和 KKT 最优性条件推得最优决策的闭式解，或通过给出的求解算法对最终模型进行求解，获得最优库存策略。本书研究为基于数据驱动的多产品库存鲁棒优化模型的处理提供了技术支持。

7.2.4　应用研究方面

本书对相关企业的运作流程、收入来源和支出状况等进行分析，采集建模所需的企业历史经营数据。特别地，当企业的实际运营数据获取难度较大时，根据建模需要，利用计算机模拟，随机生成样本数据。基于这些数据，将所建模型运用于实际情况，为决策者在不确定环境下制定多产品库存鲁棒运作策略提供了理论支持和实践指导，给出了基于数据驱动的多产品库存鲁棒决策模型及运作策略应用范例。本书不仅为学术界提供了具有推广价值的研究成果，同时也为企业实践提供了切实可行的指导，推动了理论与实践的结合。

7.3　研究局限

本书尚存在一些局限性，具体如下：

（1）本书虽然为多产品库存管理提供了有价值的见解，但仅关注了单周期环境下的多产品库存策略，忽视了多周期环境。现实中，很多产品由于季节性需求、促销活动、市场趋势等因素，在特定季节或活动期间需求较高，而在其他时候需求较低。因此，库存管理需要能够根据这些周期性的变化做出相应的调整，周期性地补充库存，以最大限度地满足市场需求，从而确保一定的服务水平和提高供应链的弹性。

（2）本书采用基于一般的 ϕ-散度函数对多产品库存问题中的离散需求概率分布进行建模，未探讨具体哪一种散度函数能够使得模型的绩效表现更优。不同散度函数 $\phi(\cdot)$ 的选择直接影响对两个概率分布之间距离的度量，从而影响着模型的绩效。

（3）本书采用基于 SVC 的数据驱动方法对交叉销售多产品库存问题中的离散需求进行描述，未对需求概率分布进行建模。在库存管理中，需求概率分布对于理解需求波动性和不确定性至关重要。通过对需求概率分布的精确建模，企业可以更准确地估算库存持有成本、避免库存水平的过度或不足，并有效地制定服务水平目标，这对于实现供应链的高效性和适应性至关重要，尤其是在面对市场波动和需求不确定性的复杂环境中。

（4）在双渠道多产品库存问题研究中，本书未考虑上下游企业之间的竞争，并且在线网络和传统零售渠道之间缺乏互联互通。实践中，越来越多的零售商（如沃尔玛、家乐福等）采用全渠道运营模式吸引广大的消费者。作为响应，一些供应商也开通了在线直销渠道与零售商进行博弈，并逐渐开始探索线上线下融合的全渠道模式（如茵曼、Blue Nile 等）。这些企业为消费者提供跨渠道取货和退货等服务，使得消费者在多个渠道之间灵活转换，而本书尚未关注多渠道融合。

（5）在多供应商多产品库存问题研究中，本书仅考虑了供应商产出之间的相关性，而未考虑需求和供应商产出之间的相关性。需求和供应商产出之间的相关性是一个至关重要的因素，对于实现有效的库存管理和供应链协同具有重要作用。在现实中，市场需求波动时，生产计划可能会随时进行调整，以避免缺货或库存积压，从而影响着供应商的实际供货量。

7.4 研究展望

在当今更迭变化的市场环境下，制定能够有效抑制各种不确定性扰动的库存策略是保证企业可持续发展的关键之一。可见，这一研究课题具有重要的研究价值和广阔的探索空间。基于上述研究的局限性，对后续研究工作提出如下建议：

（1）后续研究可将本书所提方法扩展至多周期环境，探究不同运作环境下的多周期多产品库存决策问题。特别地，多周期运作环境中需动态制定各个周期的订货策略，以更好地适应周期性需求的波动。可探究是否存在具有某种结构的最优库存策略，这将有助于提高库存管理的效率。在多周期环境中，库存管理不仅涉及订货策略，还涉及定价和提前期等决策。未来研究可以考虑这些决策的相互影响，还可以确定订货时机以及周期之间的协调机制，以建立更全面的多周期库存优化模型。未来研究可以深入探讨在不同环境下设定一定的服务水平，以平衡成本和服务水平的关系，提高库存模型的实用性。另外，可以采用其他先进的不确定性建模方法，例如机器学习、蒙特卡洛模拟，以有效抑制不确定性扰动对企业绩效的影响。

（2）正如第 7.3 节中提到的，在利用 ϕ-散度对不确定性进行描述时，应进一步探讨如何选择合适的 ϕ-散度以改进库存策略。此外，在研究交叉销售多产品库存问题时，可利用其他数据驱动方法构建具有一定置信水平的关于需求概率分布的不确定集，并可考虑产品的定价决策，研究考虑交叉销售的多产品价格和库存联合决策问题，分析产品价格和库存水平对绩效的综合影响。

（3）在双渠道多产品库存决策问题研究的基础上，可将供应商纳入研究中。针对由一个或多个供应商和一个或多个零售商组成的多渠道供应链，采用基于数据驱动的鲁棒优化方法研究分散和集中决策下的供应链鲁棒定价与库存决策，进而考虑供应链协调问题，基于协调准则设计契约协调机制。或者，可在供应商不开辟和开辟线上直销渠道两种情况下，探究供应商和零售商的全渠道布局，研究双方在开展和未开展全渠道战略合作时的供应链鲁棒定价与库存决策，并设计契约协调机制以实现全渠道供应链完美协调。

（4）在多供应商多产品库存决策问题研究的基础上，可将需求和产出率的相关性纳入库存模型中，并分析此相关性对零售商库存策略和利润绩效的影响。特别地，当存在多个非同类供应商，并且不可信赖供应商的单位成本低于可信赖供应商的单位成本时，需要确定一个平衡点，即分析这两种供应商的单位成本的差额为多少时，零售商从不可信赖供应商和从可信赖供应商订货得到的利润相同。

参考文献

[1] Abdel-Aal M A M, Selim S Z. Risk-averse multi-product selective newsvendor problem with different market entry scenarios under CVaR criterion [J]. Computers & Industrial Engineering, 2017, 103: 250-261.

[2] Abdel-Aal M A M, Selim S Z. Robust optimization for selective newsvendor problem with uncertain demand [J]. Computers & Industrial Engineering, 2019, 135: 838-854.

[3] Abdel-Aal M A M, Syed M N, Selim S Z. Multi-product selective newsvendor problem with service level constraints and market selection flexibility [J]. International Journal of Production Research, 2017, 55 (1): 96-117.

[4] Abdel-Malek L L, Otegbeye M. Separable programming/duality approach to solving the multi-product newsboy/gardener problem with linear constraints [J]. Applied Mathematical Modelling, 2013, 37 (6): 4497-4508.

[5] Abdel-Malek L, Montanari R, Meneghetti D. The capacitated newsboy problem with random yield: The Gardener Problem [J]. International Journal of Production Economics, 2008, 115 (1): 113-127.

[6] Abdel-Malek L, Montanari R, Morales L. Exact, approximate, and generic iterative models for the multi-product newsboy problem with budget constraint [J]. International Journal of Production Economics, 2004, 91 (2): 189-198.

[7] Abdel-Malek L, Montanari R. An analysis of the multi-product newsboy problem with a budget constraint [J]. International Journal of Production Economics,

2005, 97 (3): 296-307.

[8] Adida E, Perakis G. Dynamic pricing and inventory control: Robust vs. stochastic uncertainty models-a computational study [J]. Annals of Operations Research, 2010, 181 (1): 125-157.

[9] Akcay A, Corlu C G. Simulation of inventory systems with unknown input models: A data-driven approach [J]. International Journal of Production Research, 2017, 55 (19): 5826-5840.

[10] Ardestani-Jaafari A, Delage E. Robust optimization of sums of piecewise linear functions with application to inventory problems [J]. Operations Research, 2016, 64 (2): 474-494.

[11] Ban G Y, Rudin C. The big data newsvendor: Practical Insights from Machine learning [J]. Operations Research, 2019, 67 (1): 90-108.

[12] Ban G Y. Confidence intervals for data-driven inventory policies with demand censoring [J]. Operations Research, 2020, 68 (2): 309-326.

[13] Bayraksan G, Love D K. Data-driven stochastic programming using phi-divergences [J/OL]. Informs Tutorials in Operations Research, 2015. https://doi.org/10.1287/educ.2015.0134.

[14] Ben-Hur A, Horn D, Siegelmann H T, Vapnik V. Support vector clustering [J]. Journal of Machine Learning Research, 2002, 2 (2): 125-137.

[15] Ben-Tal A, den Hertog D, De Waegenaere D, Melenberg B, Rennen G. Robust solutions of optimization problems affected by uncertain probabilities [J]. Management Science, 2013, 59 (2): 341-357.

[16] Ben-Tal A, El Ghaoui L, Nemirovski A. Robust optimization [M]. Princeton, NJ: Princeton University Press, 2009.

[17] Ben-Tal A, Golany B, Nemirovski A, Vial J P. Retailer supplier flexible commitments contracts: A robust optimization approach [J]. Manufacturing & Service Operations Management, 2005, 7 (3): 248-271.

[18] Ben-Tal A, Nemirovski A. Robust convex optimization [J]. Mathematics of Operations Research, 1998, 23 (4): 769-805.

[19] Ben-Tal A, Nemirovski A. Robust solutions of uncertain linear programs [J]. Operations Research Letters, 1999, 25 (1): 1-13.

[20] Bertsimas D, Brown D B. Constructing uncertainty sets for robust linear optimization [J]. Operations Research, 2009, 57 (6): 1483-1495.

[21] Bertsimas D, Goyal V, Lu B Y. A tight characterization of the performance of static solutions in two-stage adjustable robust linear optimization [J]. Mathematical Programming, 2015, 150 (2): 281-319.

[22] Bertsimas D, Gupta V, Kallus N. Data-driven robust optimization [J]. Mathematical Programming, 2018, 167 (2): 235-292.

[23] Bertsimas D, Pachamanova D, Sim M. Robust linear optimization under general norms [J]. Operations Research Letters, 2004, 32 (6): 510-516.

[24] Bertsimas D, Shtern, S Sturt B. A data-driven approach to multistage stochastic linear optimization [J]. Management Scienc, 2023, 69 (1): 51-74.

[25] Bertsimas D, Sim M, Zhang M. Adaptive distributionally robust optimization [J]. Management Science, 2019, 65 (2): 604-618.

[26] Bertsimas D, Sim M. Robust discrete optimization and network flows [J]. Mathematical Programming, 2003, 98 (1): 49-71.

[27] Bertsimas D, Sim M. The price of robustness [J]. Operations Research, 2004, 52 (1): 35-53.

[28] Calafiore G C, El Ghaoui L. On distributionally robust chance-constrained linear programs [J]. Journal of Optimization Theory and Applications, 2006, 130 (1): 1-22.

[29] Cao Y, Shen Z J M. Quantile forecasting and data-driven inventory management under nonstationary demand [J]. Operations Research Letters, 2019, 47 (6): 465-472.

[30] Cao Y, Zhu X, Yan H. Data-driven Wasserstein distributionally robust mitigation and recovery against random supply chain disruption [J]. Transportation Research Part E: Logistics and Transportation Review, 2022, 163: 102751.

[31] Carrizosa E, Olivares-Nadal A V, Ramírez-Cobo P. Robust newsvendor

problem with autoregressive demand [J]. Computers & Operations Research, 2016, 68 (1): 123-133.

[32] Chao X, Gong X, Zheng S. Optimal pricing and inventory policies with reliable and random-yield suppliers: Characterization and comparison [J]. Annals of Operations Research, 2016, 241 (1): 35-51.

[33] Chassein A, Dokka T, Goerigk M. Algorithms and uncertainty sets for data-driven robust shortest path problems [J]. European Journal of Operational Research, 2019, 274 (2): 671-686.

[34] Chen L H, Chen Y. A multiple-item budget-constraint newsboy problem with a reservation policy [J]. Omega: The International Journal of Management Science, 2010, 38 (6): 431-439.

[35] Chen X, Wang Y. Robust dynamic pricing with demand learning in the presence of outlier customers [J]. Operations Research, 2023, 71 (4): 1362-1386.

[36] Chen Y, Lu Y, Xu M. Optimal inventory control policy for periodic-review inventory systems with inventory-level-dependent demand [J]. Naval Research Logistics, 2012, 59 (6): 430-440.

[37] Chen Z, Kuhn D, Wiesemann W. Data-driven chance constrained programs over Wasserstein balls [J/OL]. Operations Research, 2022. https://doi.org/10.1287/opre.2022.2330.

[38] Chen Z, Sim M, Xu H. Distributionally robust optimization with infinitely constrained ambiguity sets [J]. Operations Research, 2019, 67 (5): 1328-1344.

[39] Cheng C, Tang L. Robust policies for a multi-stage production/inventory problem with switching costs and uncertain demand [J]. International Journal of Production Research, 2018, 56 (12): 4264-4282.

[40] Chernonog T, Goldberg N. On the multi-product newsvendor with bounded demand distributions [J]. International Journal of Production Economics, 2018, 203: 38-47.

[41] Cherukuri A, Hota A R. Consistency of distributionally robust risk and chance-constrained optimization under Wasserstein ambiguity sets [J/OL]. 2020. arXiv: 2012.

08850v1.

[42] De La Vega J, Moreno A, Morabito R. Munari P. A robust optimization approach for the unrelated parallel machine scheduling problem [J]. TOP, 2023, 31: 31-66.

[43] Delage E, Ye Y. Distributionally robust optimization under moment uncertainty with application to data - driven problems [J]. Operations Research, 2010, 58 (3): 595-612.

[44] Duan C, Fang W, Jiang L, Yao L, Liu J. Distributionally robust chance-constrained approximate AC-OPF with Wasserstein metric [J]. IEEE Transactions on Power Systems, 2018, 33 (5): 4924-4936.

[45] Dutta P. A multi-product newsboy problem with fuzzy customer demand and a storage space constraint [J]. International Journal of Operational Research, 2010, 8 (2): 230-246.

[46] El Ghaoui L, Oustry F, Lebret H. Robust solutions to uncertain semidefinite programs [J]. SIAM Journal on Optimization, 1998, 9 (1): 33-52.

[47] Erdoğan E, Iyengar G. Ambiguous chance constrained problems and robust optimization [J]. Mathematical Programming, 2006, 107 (1): 37-61.

[48] Erlebacher S. Optimal and heuristic solutions for the multi-item newsvendor problem with a single capacity constraint [J]. Production and Operations Management, 2000, 9 (3): 303-318.

[49] Esfahani P M, Kuhn D. Data-driven distributionally robust optimization using the Wasserstein metric: Performance guarantees and tractable reformulations [J]. Mathematical Programming, 2018, 171 (1): 115-166.

[50] Fan T, Mo J, Chen G, Li J. The multi-product newsboy problem with compound contracts under service level constraint [C]. International Conference on Service Systems & Service Management, IEEE, 2015.

[51] Feng J, Liu L, Wan Y W. Order-based backorders in multi-item inventory systems [J]. Operations Research Letters, 2010, 38 (1): 27-32.

[52] Gabrel V, Murat C, Thiele A. Recent advances in robust optimization: An

overview [J]. European Journal of Operational Research, 2014, 235 (3): 471-483.

[53] Gallego G, Moon I. The distribution free newsboy problem: Review and extensions [J]. Journal of the Operational Research Society, 1993, 44 (8): 825-834.

[54] Gallego G, Sethi S. *K*-convexity in R^n [J]. Journal of Optimization Theory and Applications, 2005, 127 (1): 71-88.

[55] Gao J, Ning C, You F, Data-driven distributionally robust optimization of shale gas supply chains under uncertainty [J]. AIChE Journal, 2019, 65 (3): 947-963.

[56] Gao R, Kleywegt A J. Distributionally robust stochastic optimization with Wasserstein distance [J/OL]. 2016. arXiv: 1604.02199.

[57] Gao X, Zhang H. An efficient learning framework for multiproduct inventory systems with customer choices [J]. Production and Operations Management, 2022, 31 (6): 2492-2516.

[58] Gorissen B L, Yanıkoğlu İ, de Hertog D. A practical guide to robust optimization [J]. Omega: The International Journal of Management Science, 2015, 53: 124-137.

[59] Govindarajan A, Sinha A, Uichanco J. Distribution-free inventory risk pooling in a multilocation newsvendor [J]. Management Science, 2021, 67 (4): 2272-2291.

[60] Guillaume R, Kasperski A, Zieliński P. Robust inventory problem with budgeted cumulative demand uncertainty [J]. Optimization Letters, 2022, 16 (9): 2543-2556.

[61] Gupta V. Near-optimal bayesian ambiguity sets for distributionally robust optimization [J]. Management Science, 2019, 65 (9): 4242-4260.

[62] Hadley G, Whitin T M. Analysis of inventory systems [M]. Prentice Hall, 1963.

[63] Han B, Shang C, Huang D. Multiple kernel learning-aided robust optimization: Learning algorithm, computational tractability, and usage in multi-stage decision-making [J]. European Journal of Operational Research, 2021, 292 (3): 1004-

1018.

[64] Hanasusanto G A, Kuhn D, Wallace S W, Zymler S. Distributionally robust multi-item newsvendor problems with multimodal demand distributions [J]. Mathematical Programming, 2015, 152 (1): 1-32.

[65] Hanasusanto G A, Kuhn D. Conic programming reformulations of two-stage distributionally robust linear programs over wasserstein balls [J]. Operations Research, 2018, 66 (3): 849-869.

[66] Hanasusanto G A, Roitch V, Kuhn D, Wiesemann W. A distributionally robust perspective on uncertainty quantification and chance constrained programming [J]. Mathematical Programming, 2015, 151 (1): 35-62.

[67] Hanks R W, Weir J D, Lunday B J. Robust goal programming using different robustness echelons via norm-based and ellipsoidal uncertainty sets [J]. European Journal of Operational Research, 2017, 262 (2): 636-646.

[68] Heese H S, Swaminathan J M. Inventory and sales effort management under unobservable lost sales [J]. European Journal of Operational Research, 2010, 207 (3): 1263-1268.

[69] Hong L J, Huang Z, Lam H. Learning-based robust optimization: Procedures and statistical guarantees [J]. Management Science, 2021, 67 (6): 3447-3467.

[70] Hooshangi-Tabrizi P, Doulabi H H, Contreras I, Bhuiyan N. Two-stage robust optimization for perishable inventory management with order modification [J]. Expert Systems with Applications, 2022, 193 (1): 116346.

[71] Hota A R, Cherukuri A, Lygeros J. Data-driven chance constrained optimization under Wasserstein ambiguity sets [J/OL]. 2018. arXiv: 1805.06729v4.

[72] Hu J, Li J, Mehrotra S. A data-driven functionally robust approach for simultaneous pricing and order quantity decisions with unknown demand function [J]. Operations Research, 2019, 67 (6): 1564-1585.

[73] Huang D, Zhou H, Zhao Q. A competitive multiple-product newsboy problem with partial product substitution [J]. Omega: The International Journal of Manage-

ment Science, 2011, 39 (3): 302-312.

[74] Huang G, Ding Q, Dong C, Pan Z. Joint optimization of pricing and inventory control for dual-channel problem under stochastic demand [J]. Annals of Operations Research, 2021, 298: 307-337.

[75] Huang H, Xu H. Dual sourcing and backup production: Coexistence versus exclusivity [J]. Omega: The International Journal of Management Science, 2015, 57: 22-33.

[76] Huber J, Müller S, Fleischmann M, Stuckenschmidt H. A data-driven newsvendor problem: From data to decision [J]. European Journal of Operational Research, 2019, 278 (3): 904-915.

[77] Huh W T, Levi R, Rusmevichientong P, Orlin J B. Adaptive data-driven inventory control with censored demand based on kaplan-meier estimator [J]. Operations Research, 2011, 59 (4): 929-941.

[78] Jain A, Rudi N, Wang T. Demand estimation and ordering under censoring: stock-out timing is (almost) all you need [J]. Operations Research, 2015, 63 (1): 134-150.

[79] Ji R, Lejeune M. Data-driven distributionally robust chance-constrained optimization with Wasserstein metric [J]. Journal of Global Optimization, 2021, 79: 779-811.

[80] Jiang R, Guan Y. Data-driven chance constrained stochastic program [J]. Mathematical Programming, 2015, 158 (1): 291-327.

[81] Jiang R, Guan Y. Risk-averse two-stage stochastic program with distributional ambiguity [J]. Operations Research, 2018, 66 (5): 1390-1405.

[82] Kartal H, Oztekin A, Gunasekaran A, Cebi F. An integrated decision analytic framework of machine learning with multi-criteria decision making for multi-attribute inventory classification [J]. Computers & Industrial Engineering, 2016, 101: 599-613.

[83] Klabjan D, Simchi-Levi D, Song M. Robust stochastic lot-sizing by means of histograms [J]. Production & Operations Management, 2013, 22 (3): 691-710.

[84] Kouki C, Babai M Z, Jemai Z, Minner S. A coordinated multi–item inventory system for perishables with random lifetime [J]. International Journal of Production Economics, 2016, 181: 226–237.

[85] Kumar M G, Uthayakumar R. Multi–item inventory model with variable backorder and price discount under trade credit policy in stochastic demand [J]. International Journal of Production Research, 2019, 57 (1): 298–320.

[86] Kundu A, Chakrabarti T. A multi–product continuous review inventory system in stochastic environment with budget constraint [J]. Optimization Letters, 2012, 6(2): 299–313.

[87] Kwon K, Cheong T. A minimax distribution–free procedure for a newsvendor problem with free shipping [J]. European Journal of Operational Research, 2014, 232 (1): 234–240.

[88] Lau H, Lau A. The newsstand problem: A capacitated multiple–product single–period inventory problem [J]. European Journal of Operational Research, 1996, 94 (1): 29–42.

[89] Lee Y P, Dye C Y. An inventory model for deteriorating items under stock–dependent demand and controllable deterioration rate [J]. Computers & Industrial Engineering, 2012, 63 (2): 474–482.

[90] Levi R, Perakis G, Uichanco J. The data–driven newsvendor problem: New bounds and insights [J]. Operations Research, 2015, 63 (6): 1294–1306.

[91] Li T, Sethi S P, Zhang J. Supply diversification with responsive pricing [J]. Production and Operations Management, 2013, 22 (2): 447–458.

[92] Li T, Zhao X, Xie J. Inventory management for dual sales channels with inventory–level–dependent demand [J]. Journal of the Operational Research Society, 2015, 66 (3): 488–499.

[93] Li X, Li C, Chen G, Dong Z Y. A data–driven joint chance–constrained game for renewable energy aggregators in the local market [J]. IEEE Transactions on Smart Grid, 2023, 14 (2): 1430–1440.

[94] Li Z, Ding R, Floudas C A. A comparative theoretical and computational

study on robust counterpart optimization: I Robust linear optimization and robust mixed integer linear optimization [J]. Industrial & Engineering Chemistry Research, 2011, 50 (18): 10567-10603.

[95] Liang Y, Zhao J, Kumar D S, Ye K, Srinivasan D. Robust data-driven sparse estimation of distribution factors considering PMU data quality and renewable energy uncertainty-part II: Scalability and applications [J]. IEEE Transactions on Power Systems, 2023, 38 (5): 4813-4825.

[96] Lim S. A note on a robust inventory model with stock-dependent demand [J]. Journal of the Operational Research Society, 2019, 70 (5): 851-866.

[97] Lim Y F, Jiu S, Ang M. Integrating anticipative replenishment allocation with reactive fulfillment for online retailing using robust optimization [J]. Manufacturing & Service Operations Management, 2021, 23 (6): 1616-1633.

[98] Lim Y F, Wang C. Inventory management based on target-oriented robust optimization [J]. Management Science, 2017, 63 (12): 4409-4427.

[99] Lin J, Ng T S. Robust multi-market newsvendor models with interval demand data [J]. European Journal of Operational Research, 2011, 212 (2): 361-373.

[100] Liu B, Esogbue A O. Decision criteria and optimal inventory processes [M]. Springer US, 1999.

[101] Liu L, Hu Z, Duan X, Pathak N. Data-driven distributionally robust optimization for real-time economic dispatch considering secondary frequency regulation cost [J]. IEEE Transactions on Power Systems, 2021, 36 (5): 4172-4184.

[102] Liu Y, Pichler A, Xu H. Discrete approximation and quantification in distributionally robust optimization [J]. Mathematics of Operations Research, 2019, 44 (1): 19-37.

[103] Lu M, Shen Z J M. A review of robust operations management under model uncertainty [J]. Production and Operations Management, 2021, 30 (6): 1927-1943.

[104] Luo F, Mehrotra, S. Decomposition algorithm for distributionally robust

optimization using wasserstein metric with an application to a class of regression models [J]. European Journal of Operational Research, 2019, 278 (1): 20-35.

[105] Mamani H, Nassiri S, Wagner M R. Closed-form solutions for robust inventory management [J]. Management Science, 2017, 63 (5): 1625-1643.

[106] Mardan E, Amalnik M S, Rabbani M. An integrated emergency ordering and production planning optimization model with demand and yield uncertainty [J]. International Journal of Production Research, 2015, 53 (20): 6023-6039.

[107] Mehrotra S, Zhang H. Models and algorithms for distributionally robust least squares problems [J]. Mathematical Programming, 2014, 146 (1-2): 123-141.

[108] Mei Y, Liu J, Chen Z. Distributionally robust second-order stochastic dominance constrained optimization with Wasserstein ball [J]. Siam Journal on Optimization, 2022, 32 (2): 715-738.

[109] Modak N M, Kelle P. Managing a dual-channel supply chain under price and delivery-time dependent stochastic demand [J]. European Journal of Operational Research, 2019, 272 (1): 147-161.

[110] Mohseni S, Pishvaee M S. Data-driven robust optimization for wastewater sludge-to-biodiesel supply chain design [J]. Computers & Industrial Engineering, 2020, 139: 105944.

[111] Moon I, Shin E, Sarkar B. Min-max distribution free continuous-review model with a service level constraint and variable lead time [J]. Applied Mathematics & Computation, 2014, 229: 310-315.

[112] Moon I, Silver E A. The multi-item newsvendor problem with a budget constraint and fixed ordering costs [J]. Journal of the Operational Research Society, 2000, 51 (5): 602-608.

[113] Morrison E W, Milliken F J. Organizational silence: A barrier to change and development in a pluralistic world [J]. The Academy of Management Review, 2000, 25 (4): 706-725.

[114] Mulvey J M, Vanderbei R J, Zenios S A. Robust optimization of large-

scale systems [J]. Operations Research, 1995, 43 (2): 264-281.

[115] Nahmias S, Schmidt C P. An efficient heuristic for the multi-item newsboy problem with a single constraint [J]. Naval Research Logistics, 1984, 31 (3): 463-474.

[116] Natarajan K, Sim M, Uichanco J. Asymmetry and ambiguity in newsvendor models [J]. Management Science, 2018, 64 (7): 2973-3468.

[117] Niederhoff J A. Using separable programming to solve the multi-product multiple ex-ante constraint newsvendor problem and extensions [J]. European Journal of Operational Research, 2007, 176 (2): 941-955.

[118] Ning C, You F. Data-driven adaptive nested robust optimization: General modeling framework and efficient computational algorithm for decision making under uncertainty [J]. AIChE Journal, 2017, 63 (9): 3790-3817.

[119] Ning C, You F. Data-driven decision making under uncertainty integrating robust optimization with principal component analysis and kernel smoothing methods [J]. Computers & Chemical Engineering, 2018, 112: 190-210.

[120] Ning C, You F. Optimization under uncertainty in the era of big data and deep learning: When machine learning meets mathematical programming [J]. Computers and Chemical Engineering, 2019, 125: 434-448.

[121] Pardo L. Statistical inference based on divergence measures [M]. Chapman & Hall/CRC Press, New York, 2006.

[122] Park K, Lee K. Distribution-robust single-period inventory control problem with multiple unreliable suppliers [J]. OR Spectrum, 2016, 38 (4): 949-966.

[123] Poormoaied S. Inventory decision in a periodic review inventory model with two complementary products [J]. Annals of Operations Research, 2022, 315: 1937-1970.

[124] Popescu I. Robust mean-covariance solutions for stochastic optimization [J]. Operations Research, 2007, 55 (1): 98-112.

[125] Qiu R, Ma L, Sun M. A robust omnichannel pricing and ordering optimization approach with return policies based on data-driven support vector clustering

[J]. European Journal of Operational Research. 2023, 305 (3): 1337-1354.

[126] Qiu R, Shang J, Huang X. Robust inventory decision under distribution uncertainty: A CVaR-based optimization approach [J]. International Journal of Production Economics, 2014, 153: 13-23.

[127] Qiu R, Sun M, Lim Y F. Optimizing (s, S) policies for multi-period inventory models with demand distribution uncertainty: Robust dynamic programming approaches [J]. European Journal of Operational Research, 2017, 261 (3): 880-892.

[128] Qiu R, Sun Y, Fan Z, Sun M. Robust multi-product inventory optimization under support vector clustering-based data-driven demand uncertainty set [J]. Soft Computing, 2020, 24: 6259-6275.

[129] Qiu R, Sun, Y, Sun M, Yu Y. Affinely adjustable robust optimization for a multi-period inventory problem with capital constraints and demand uncertainties [J]. International Transactions in Operational Research, 2024, 31: 415-447.

[130] Rahimian H, Bayraksan G, Homem-de-Mello T. Controlling risk and demand ambiguity in newsvendor models [J]. European Journal of Operational Research, 2019, 279 (3): 854-868.

[131] Rahmani D, Ramezanian R, Fattahi P, Heydari M. A robust optimization model for multi-product two-stage capacitated production planning under uncertainty [J]. Applied Mathematical Modelling, 2013, 37 (20-21): 8957-8971.

[132] Ren K, Bidkhori H. A study of data-driven distributionally robust optimization with incomplete joint data under finite support [J]. European Journal of Operational Research, 2023, 305 (2): 754-765.

[133] Roy A, Sana S S, Chaudhuri K. Joint decision on EOQ and pricing strategy of a dual channel of mixed retail and e-tail comprising of single manufacturer and retailer under stochastic demand [J]. Computers & Industrial Engineering, 2016, 102: 423-434.

[134] Roy B. Robustness in operational research and decision aiding: A multi-faceted issue [J]. European Journal of Operational Research, 2010, 200 (3): 629-638.

[135] Sachs A L, Minner S. The data-driven newsvendor with censored demand observations [J]. International Journal of Production Economics, 2014, 149 (1): 28-36.

[136] Sadghiani N S, Torabi S A, Sahebjamnia N. Retail supply chain network design under operational and disruption risks [J]. Transportation Research Part E: Logistics and Transportation Review, 2015, 75: 95-114.

[137] Sadralashrafi S S, Pasandideh S H R, Niaki S T A, Nahavandian M H. The gardener problem with reservation policy and discount [J]. Computers & Industrial Engineering, 2018, 123: 82-102.

[138] Saghafian S, Tomlin B. The newsvendor under demand ambiguity: Combining data with moment and tail information [J]. Operations Research, 2016, 64 (1): 167-185.

[139] Saif A, Delage E. Data-driven distributionally robust capacitated facility location problem [J]. European Journal of Operational Research, 2021, 291 (3): 995-1007.

[140] Sarkar B, Chaudhuri K, Moon I. Manufacturing setup cost reduction and quality improvement for the distribution free continuous-review inventory model with a service level constraint [J]. Journal of Manufacturing Systems, 2015, 34: 74-82.

[141] Sarkar B, Zhang C, Majumder A, Sarkar M, Seo Y W. A distribution free newsvendor model with consignment policy and retailer's royalty reduction [J]. International Journal of Production Research, 2018, 56 (15): 5025-5044.

[142] Scarf H. A min-max solution of an inventory problem [J]. Studies in the Mathematical Theory of Inventory & Production, 1958, 25 (2): 352-352.

[143] Schlapp J, Fleischmann M. Technical note—Multiproduct inventory management under customer substitution and capacity restrictions [J]. Operations Research, 2018, 66 (3): 740-747.

[144] Schneider F, Klabjan D. Inventory control in multi-channel retail [J]. European Journal of Operational Research, 2013, 227 (1): 101-111.

[145] Schölkopf B, Smola A J. Learning with kernels: Support vector machines,

regularization, optimization, and beyond [M]. MIT press, 2002.

[146] Serel D A. Multi-item quick response system with budget constraint [J]. International Journal of Production Economics, 2012, 137 (2): 235-249.

[147] Shahrzad T, Hamid M S. A two-stage heuristic approach for a multi-item inventory system with limited budgetary resource and all-units discount [J]. Computers & Industrial Engineering, 2018, 124: 293-303.

[148] Shang C, Huang X, You F. Data-driven robust optimization based on kernel learning [J]. Computers & Chemical Engineering, 2017, 106: 464-479.

[149] Shapiro A. Distributionally robust modeling of optimal control [J]. Operations Research Letters, 2022, 50 (5): 561-567.

[150] Shi C, Chen W, Duenyas I. Technical note—Nonparametric data-driven algorithms for multiproduct inventory systems with censored demand [J]. Operations Research, 2016, 64 (2): 362-370.

[151] Shi J, Zhang G, Sha J. Jointly pricing and ordering for a multi-product multi-constraint newsvendor problem with supplier quantity discounts [J]. Applied Mathematical Modelling, 2011, 35 (6): 3001-3011.

[152] Shi J, Zhang G. Multi-product budget-constrained acquisition and pricing with uncertain demand and supplier quantity discounts [J]. International Journal of Production Economics, 2010, 128 (1): 322-331.

[153] Shin Y, Lee S, Moon I. Robust multiperiod inventory model considering trade-in program and refurbishment service: Implications to emerging markets [J]. Transportation Research Part E: Logistics and Transportation Review, 2020, 138: 101932.

[154] Shin Y, Lee S, Moon I. Robust multiperiod inventory model with a new type of buy one get one promotion: "My Own Refrigerator" [J]. Omega: The International Journal of Management Science, 2021, 99: 102170.

[155] Shin Y, Woo Y B, Moon I. Distributionally robust multiperiod inventory model for omnichannel retailing considering buy-online, pickup-in-store and out-of-stock, home-delivery services [J]. IEEE Transactions on Engineering Management,

2024, 71: 2606-2622.

[156] Soyster A L. Technical note—Convex programming with set-inclusive constraints and applications to inexact linear programming [J]. Operations Research, 1973, 21 (5): 1154-1157.

[157] Sun Y, Qiu R, Sun M. A robust optimization approach for inventory management with limited-time discounts and service-level requirement under demand uncertainty [J]. International Journal of Production Economics, 2024, 267, 109096.

[158] Uichanco J A V. Data-driven optimization and analytics for operations management applications [D]. Massachusetts Institute of Technology, 2013.

[159] Vairaktarakis G L. Robust multi-item newsboy models with a budget constraint [J]. International Journal of Production Economics, 2000, 66 (3): 213-226.

[160] Van Parys B P G, Esfahani P M, Kuhn D. From data to decisions: Distributionally robust optimization is optimal [J]. Management Science, 2021, 67 (6): 3387-3402.

[161] Wang C X, Webster S, Zhang S. Robust price-setting newsvendor model with interval market size and consumer willingness-to-pay [J]. International Journal of Production Economics, 2014, 154: 100-112.

[162] Wang D, Qin Z, Kar S. A novel single-period inventory problem with uncertain random demand and its application [J]. Applied Mathematics & Computation, 2015, 269: 133-145.

[163] Wang Z, Glynn P W, Ye Y. Likelihood robust optimization for data-driven problems [J]. Computational Management Science, 2016, 13 (2): 241-261.

[164] Wang Z, You K, Song S, Zhang Y. Wasserstein distributionally robust shortest path problem [J]. European Journal of Operational Research, 2020, 284 (1): 31-43.

[165] Wiesemann W, Kuhn D, Sim M. Distributionally robust convex optimization [J]. Operations Research, 2014, 62 (6): 1358-1376.

[166] Wittmann-Hohlbein M, Pistikopoulos E N. Approximate solution of mp-MILP problems using piecewise affine relaxation of bilinear terms [J]. Computers &

Chemical Engineering, 2014, 61: 136-155.

[167] Wong R C W, Fu A W C, Wang K. Data mining for inventory item selection with cross-selling consideration [J]. Data Mining and Knowledge Discovery, 2005, 11 (1): 81-112.

[168] Xin L, Goldberg D A. Time (in) consistency of multistage distributionally robust inventory models with moment constraints [J]. European Journal of Operational Research, 2021, 289 (3): 1127-1141.

[169] Xiong X, Li Y, Yang W, Shen H. Data-driven robust dual-sourcing inventory management under purchase price and demand uncertainties [J]. Transportation Research Part E: Logistics and Transportation Review, 2022, 160: 102671.

[170] Xue W, Choi T M, Ma L. Diversification strategy with random yield suppliers for a mean-variance risk-sensitive manufacturer [J]. Transportation Research Part E: Logistics and Transportation Review, 2016, 90: 90-107.

[171] Yan X, Ji Y, Wang Y. Supplier diversification under random yield [J]. International Journal of Production Economics, 2012, 139 (1): 302-311.

[172] Yang B, Xu X, Gong Y, Rekik Y. Data-driven optimization models for inventory and financing decisions in online retailing platforms [J/OL]. Annals of Operations Research, 2023. https: //doi. org/10. 1007/s10479-023-05234-4.

[173] Yang J, Zhang X, Fu H, Liu C. Inventory competition in a dual-channel supply chain with delivery lead time consideration [J]. Applied Mathematical Modelling, 2017, 42: 675-692.

[174] Yaníkoglu I, Gorissen B L, den Hertog D. A survey of adjustable robust optimization [J]. European Journal of Operational Research, 2019, 277 (3): 799-813.

[175] Yu H, Deng J. A partial robust optimization approach to inventory management for the offline-to-online problem under different selling prices [J]. Journal of Systems Science and Systems Engineering, 2017, 26 (6): 774-803.

[176] Yuan Y, Li Z, Huang B. Robust optimization approximation for joint chance constrained optimization problem [J]. Journal of Global Optimization, 2017,

67 (4): 805-827.

[177] Yuan Y, Li Z, Huang B. Robust optimization under correlated uncertainty: Formulations and computational study [J]. Computers & Chemical Engineering, 2016, 85: 58-71.

[178] Zhang B, Du S. Multi-product newsboy problem with limited capacity and outsourcing [J]. European Journal of Operational Research, 2010, 202 (1): 107-113.

[179] Zhang B, Xu X, Hua Z. A binary solution method for the multi-product newsboy problem with budget constraint [J]. International Journal of Production Economics, 2009, 117 (1): 136-141.

[180] Zhang J, Xie W, Sarin S C. Multiproduct newsvendor problem with customer-driven demand substitution: A stochastic integer program perspective [J]. Informs Journal on Computing, 2020, 33 (3): 1229-1244.

[181] Zhang J, Xie W, Sarin S C. Robust multi-product newsvendor model with uncertain demand and substitution [J]. European Journal of Operational Research, 2021, 293 (1): 190-202.

[182] Zhang R, Kaku I, Xiao Y. Model and heuristic algorithm of the joint replenishment problem with complete backordering and correlated demand [J]. International Journal of Production Economics, 2012, 139 (1): 33-41.

[183] Zhang R, Yi M, Wang Q, Chen X. Polynomial algorithm of inventory model with complete backordering and correlated demand caused by cross-selling [J]. International Journal of Production Economics, 2018, 199: 193-198.

[184] Zhang R, Zhang L, Zhou W, Saigal R, Wang H. The multi-item newsvendor model with cross-selling and the solution when demand is jointly normally distributed [J]. European Journal of Operational Research, 2014, 236 (1): 147-159.

[185] Zhang R. An extension of partial backordering EOQ with correlated demand caused by cross-selling considering multiple minor items [J]. European Journal of Operational Research, 2012, 220 (3): 876-881.

[186] Zhang X, Ding T, Qu, M. An algorithmic approach for inner max-min

model under norm-2 type uncertainty set in data-driven distributionally robust optimization [J]. IEEE Transactions on Power Systems, 2023, 38 (2): 1755-1758.

[187] Zhang X, Ye Z S, Haskell W B. Asymptotic analysis for data-driven inventory policies [J/OL]. 2020. arXiv: 2008.08275v1.

[188] Zhang Y, Jin X, Feng Y, Rong G. Data-driven robust optimization under correlated uncertainty: A case study of production scheduling in ethylene plant [J]. Computers & Chemical Engineering, 2018, 109: 48-67.

[189] Zhang Y, Song S, Zhang H, Wu C, Yin W. A hybrid genetic algorithm for two-stage multi-item inventory system with stochastic demand [J]. Neural Computing & Applications, 2012, 21 (6): 1087-1098.

[190] Zhao C, Guan Y. Data-driven risk-averse stochastic optimization with Wasserstein metric [J]. Operations Research Letters, 2018, 46 (2): 262-267.

[191] Zhao S, You F. Resilient supply chain design and operations with decision dependent uncertainty using a data-driven robust optimization approach [J]. AIChE Journal, 2019, 65 (3): 1006-1021.

[192] Zhao S, Zhang K. A distributionally robust optimization approach to reconstructing missing locations and paths using high-frequency trajectory data [J]. Transportation Research Part C: Emerging Technologies, 2019, 102: 316-335.

[193] Zhou X, Lin D K J, Hu X, Jiang T. Robust parameter design based on Kullback-Leibler divergence [J]. Computers & Industrial Engineering, 2019, 135: 913-921.

[194] Zhu Z, Zhang J, Ye Y. Newsvendor optimization with limited distribution information [J]. Optimization Methods and Software. 2013, 28 (3): 640-667.

[195] Zymler S, Kuhn D, Rustem B. Distributionally robust joint chance constraints with second-order moment information [J]. Mathematical Programming, 2013, 137 (1): 167-198.

[196] 艾学铁. 基于 RFID 技术的生鲜产品联合补货及其投资评价模型研究 [D]. 武汉: 华中科技大学, 2017.

[197] 陈杰, 胡江南. 交叉销售下两产品报童模型最优订货及促销价格决策

[J]. 工业工程与管理，2018，23（1）：96-109.

[198] 陈杰，唐萍，高腾. 带有多元马氏需求的多产品报童模型 [J]. 中国管理科学，2017，25（2）：57-67.

[199] 胡艳杰，黄思明，Adrien N，武昱. 对偶性在线性规划预处理中的应用分析 [J]. 中国管理科学，2016，24（12）：117-126.

[200] 戢守峰，曹楚，黄小原. 基于 CPFR 分销系统库存优化模型 [J]. 管理工程学报，2008，22（2）：98-101.

[201] 陆芬，徐和，周品. 随机产出环境下联产品的产量及价格策略研究 [J]. 运筹与管理，2019，28（2）：106-117.

[202] 邱若臻，王奕智，黄小原. 基于不确定中断概率的鲁棒供应链网络设计 [J]. 计算机集成制造系统，2016，22（10）：2458-2468.

[203] 邱若臻，肖欣，孙艺萌，时顺鹏. 不确定环境下的鲁棒多产品、多周期供应链网络设计模型 [J]. 计算机集成制造系统，2019，25（10）：2655-2665.

[204] 邱若臻，苑红涛，黄小原. 基于似然估计的零售商库存鲁棒均值——风险模型 [J]. 中国管理科学，2016，24（8）：123-131.

[205] 邱若臻，苑红涛，李翔，朱珠. CVaR 下基于 ϕ-散度的单周期库存鲁棒优化模型 [J]. 系统工程理论与实践，2015，35（12）：3056-3064.

[206] 邱若臻，张多琦，孙艺萌，关志民. 供需不确定条件下基于 CVaR 的零售商库存鲁棒优化模型 [J]. 中国管理科学，2020，28（12）：98-107.

[207] 冉伦，吴东来，焦子豪，王珊珊，袁书宁. 不确定需求下基于分布式鲁棒机会约束的车辆调度问题研究 [J]. 系统工程理论与实践，2018，38（7）：1792-1801.

[208] 孙琦，戢守峰，董明. 数据驱动下收货方质量偏好与电商配送服务质量优化 [J]. 中国管理科学，2019，27（6）：41-52.

[209] 孙艺萌，邱若臻，张多琦，关志民. 不确定条件下的零售商库存鲁棒均值-CVaR 决策模型 [J]. 计算机集成制造系统，2020，26（10）：2812-2826.

[210] 孙艺萌，邱若臻. 服务水平约束下基于可调节鲁棒优化的供应链分销网络设计模型 [J]. 管理工程学报，2021，35（3）：158-171.

[211] 吴茜茜. 数据驱动的供应链绩效优化问题研究 [D]. 南京：南京大

学，2020.

［212］于辉，李西，王念．“供应侧”鲁棒报童模型［J］．系统科学与数学，2017，37（2）：436-448.

［213］张多琦．供需不确定下单周期库存鲁棒优化模型研究［D］．沈阳：东北大学，2017.

［214］张文思，李金林，王建才，冉伦．需求分布未知下含数量折扣的多产品库存与定价［J］．管理工程学报，2016，30（4）：210-220.

［215］周佳琪，张人千．交叉销售产品的报童模型与博弈分析［J］．管理科学学报，2015，18（7）：59-69.

［216］周欣，霍佳震．循环取货下基于随机提前期波动压缩的库存优化模型［J］．系统工程理论与实践，2012，32（4）：760-768.

［217］左晓露．供应不确定下的联合订货定价决策与技术创新策略［D］．武汉：华中科技大学，2014.